权威·前沿·原创

皮书系列为
"十二五""十三五""十四五"时期国家重点出版物出版专项规划项目

B

BLUE BOOK

智库成果出版与传播平台

金融科技蓝皮书
BLUE BOOK OF FINTECH

中国金融科技发展报告
（2024）

ANNUAL REPORT ON FINTECH DEVELOPMENT IN CHINA

(2024)

组织编写 / 北京金融科技产业联盟

社会科学文献出版社
SOCIAL SCIENCES ACADEMIC PRESS（CHINA）

图书在版编目（CIP）数据

中国金融科技发展报告 . 2024 ／ 北京金融科技产业
联盟组织编写 . -- 北京：社会科学文献出版社，2024.
11. --（金融科技蓝皮书）. -- ISBN 978-7-5228-4367
-4

Ⅰ . F832

中国国家版本馆 CIP 数据核字第 2024JG2871 号

金融科技蓝皮书

中国金融科技发展报告（2024）

组织编写／北京金融科技产业联盟

出 版 人／冀祥德
责任编辑／高　雁
责任印制／王京美

出　　　版／社会科学文献出版社·经济与管理分社（010）59367226
　　　　　　地址：北京市北三环中路甲 29 号院华龙大厦　邮编：100029
　　　　　　网址：www. ssap. com. cn
发　　　行／社会科学文献出版社（010）59367028
印　　　装／天津千鹤文化传播有限公司

规　　　格／开 本：787mm×1092mm　1/16
　　　　　　印 张：20.75　字 数：310 千字
版　　　次／2024 年 11 月第 1 版　2024 年 11 月第 1 次印刷
书　　　号／ISBN 978-7-5228-4367-4
定　　　价／158.00 元

读者服务电话：4008918866

马 淞	马晓珺	闵金明	彭飞龙	彭 乾
秦 逞	秦 璐	全 成	邵 鹏	盛 菲
史楠迪	宋 宏	孙宝安	孙 伟	孙 曦
孙亚军	孙 悦	铁锦程	汪 航	王慧娟
王健宗	王 可	王世媛	王天润	王 旭
王旭东	王 雪	王晔华	王雨田	魏璐然
文 韬	翁艳波	吴 娟	吴沛然	吴 岳
夏 康	肖 敏	肖郑进	徐省委	徐晓宇
徐 旭	许青邦	薛金曦	杨盛波	杨 潇
叶家炜	于 航	余功菊	袁 蓉	原菁菁
原 野	张 剑	张 洁	张敬之	张开翔
张 蕾	张林曦	张鸣皓	张 楠	张瑞媛
张晓蒙	张艳君	张依漪	张 义	张 艺
张忠伟	赵 超	赵家豪	赵一薇	郑 鑫
周 洋	朱 斌	朱昌堆	朱晨红	

核　稿　黄本涛　刘宝龙　姚文韬　周豫齐　孙　星
　　　　　张　蕾　王　硕　韩一林　余冠宇　魏中宣

参编单位　中国金融电子化集团有限公司
　　　　　中国工商银行股份有限公司
　　　　　中国农业银行股份有限公司
　　　　　中国银行股份有限公司
　　　　　中国建设银行股份有限公司
　　　　　中国邮政储蓄银行股份有限公司
　　　　　华夏银行股份有限公司
　　　　　兴业银行股份有限公司

中国民生银行股份有限公司

上海浦东发展银行股份有限公司

恒丰银行股份有限公司

浙商银行股份有限公司

深圳前海微众银行股份有限公司

中国平安保险（集团）股份有限公司

华泰证券股份有限公司

中国银联股份有限公司

建信金融科技有限责任公司

华为技术有限公司

浪潮电子信息产业股份有限公司

新华三技术有限公司

深圳市腾讯计算机系统有限公司

蚂蚁科技集团股份有限公司

中国联合网络通信有限公司

天翼电子商务有限公司

北京国家金融科技认证中心有限公司

重庆国家金融科技认证中心有限责任公司

北京银联金卡科技有限公司

北京中科金财科技股份有限公司

北京区块链技术应用协会

北京芯盾时代科技有限公司

复旦大学

北京科技大学

重庆大学

主要编撰者简介

吕仲涛　中国工商银行首席技术官，兼任北京金融科技产业联盟理事长。历任中国工商银行信息科技部副总经理、软件开发中心总经理、信息科技部总经理、信息科技业务总监。主持中国工商银行"十二五""十三五"信息科技发展规划的制定工作，牵头实施"两地三中心"基础设施新架构、信息化银行、IT 架构转型及 ECOS 智慧银行等重大工程。获中国人民银行"银行科技发展奖"特等奖、一等奖等奖项，全国五一劳动奖章、全国劳动模范等荣誉称号，享受国务院政府特殊津贴。

潘润红　工学博士，教授级高级工程师。中国金融电子化集团有限公司党委委员、副总经理，北京金融科技产业联盟常务副理事长、北京国家金融科技认证中心执行董事、重庆国家金融科技认证中心董事长。历任中国人民银行科技司信息化发展研究室主任、标准化与规划处处长、银行卡与电子支付技术管理处处长。主要从事中国人民银行信息系统建设、金融标准化、金融科技创新应用等工作。

朱烨东　北京大学金融学硕士、政治经济学博士，清华大学五道口金融学院 EMBA。北京中科金财科技股份有限公司董事长、创始人，北京区块链技术应用协会会长，新三板企业家委员会首席区块链专家。获中国软件和信息服务业十大领军人物、2015 年中国互联网金融年度人物、2016年度中国金融科技创新人物、首届中国创客十大年度人物、2017 年度中国金融科技最具影响力人物、2018 区块链行业十大领军人物、2018 中国新经济产业百人、2021 中关村科学城创新工匠等称号。自 2016 年起陆续任《中国金融科技发展报告》《中国监管科技发展报告》《中国区块链发展报告》《中国元宇宙发展报告》执行主编。

摘　要

　　《中国金融科技发展报告（2024）》作为金融科技领域前沿性和实践性的专业报告，以中国人民银行《金融科技发展规划（2022—2025年）》为纲领，全面回顾并总结了2023年我国金融科技发展情况，分析新技术在金融领域应用所面临的机遇与挑战，通过实际应用案例，展望全行业发展趋势，提出有针对性的意见和建议。

　　本书由六部分构成，分为总报告、数字技术应用篇、数据要素赋能篇、数字金融服务篇、数字基础设施篇和金融科技治理篇。第一部分总报告回顾了我国金融科技发展总体情况，对做实做细"五篇大文章"、完善治理体系、释放数据要素价值、建设新型数字基础设施、应用关键核心技术、新动能不断释放、加速智慧升级七方面工作进展情况进行了概述，从探索提质增效路径、释放数据要素乘数效应等方面提出金融科技发展建议。第二部分数字技术应用篇，内容涵盖分布式数据库、区块链、人工智能、云计算、量子技术等新技术在金融机构的典型场景应用现状，阐述新技术在金融领域的应用，以及针对新技术金融应用的主要问题和挑战提出了应对措施和解决方案，并探讨了相关技术在金融应用的发展方向。第三部分数据要素赋能篇，围绕充分释放数据要素潜能的相关要求，系统分析近年来金融数据要素治理和安全保护方面的政策要求及应用现状，阐述数据要素在共享、融合等应用方面的实践，以及所面临的问题和挑战，提出解决方案，为行业提供借鉴和参考。第四部分数字金融服务篇，主要包括证券机构一体化运营中台、金融服务流程智慧再造、金融服务多元融通渠道建设、数字绿色金融发展创新与实践等内容，分析了金融科技赋能金融服务提质增效的实践情况。第五部分数字基础设施篇，围绕打造新型数字基础设施的要求，在详细梳理金融网络、算力体系发展要求的基础上对绿色高可用数据中心、金融网络架设、算力体系布局三个方面的情况进行系统分析，遴选有代表性的实践案例，总结了数字化转型过程中基础设施的升级思路和实施方法。第六部分金融科技治理篇，围绕强化金融科技审慎监管这一主线，介绍了金融科技治理现状，阐述了金融领域科技伦理治理情况，分析了金融科技发展过程中存在的伦理风险和提出应对措施，整理了金融科技领域的法律法规、标准建设等持续完善的情况，全面梳理了金融科技数字化人才培养实践，为金融科技可持续发展奠定了基础。

关键字： 金融科技　数据要素　人工智能

目 录 ⤵

Ⅰ 总报告

Ⅱ 数字技术应用篇

V 数字基础设施篇

VI 金融科技治理篇

皮书数据库阅读使用指南

总 报 告

B.1

金融科技发展回顾与展望

吕仲涛*

摘 要: 《金融科技发展规划（2022—2025年）》发布以来，金融科技产业各方深刻领悟金融是国民经济的血脉，是国家核心竞争力的重要组成部分。金融科技赋能在做好"五篇大文章"、完善治理体系、释放数据要素价值、建设新型数字基础设施、应用关键核心技术、释放数字化经营新动能以及加速智慧升级方面取得了显著进展。未来，金融科技将持续助力提高金融服务实体经济的质量和水平，积极探索数字普惠发展机制，加强数字基础设施建设布局，健全无障碍金融服务体系，深入推进中小型银行数字化转型。一是充分释放数据要素乘数效应，强化数据综合治理，推动数据规范共享，深化数据融合应用，切实做好数据保护；二是不断积累金融科技发展动能，积极培育金融科技新质生产力，营造良好的科技发展氛围；三是抢抓发展机遇，做好守正创新，推动产学研深度融合，助力满足人民群众金融服务需求，支撑金融强国建设。

---

* 吕仲涛，北京金融科技产业联盟理事长。

关键词： 金融科技　数据要素　数据融合

　　2023 年 10 月，中央金融工作会议指出"高质量发展是全面建设社会主义现代化国家的首要任务，金融要为经济社会发展提供高质量服务"，强调"做好科技金融、绿色金融、普惠金融、养老金融、数字金融'五篇大文章'"。习近平总书记对做好"五篇大文章"做出重要部署。"五篇大文章"擘画了以金融高质量发展助力国家重大战略实施和强国建设的宏伟蓝图，指明了金融支持经济高质量发展的发力点和经济金融结构优化的基本方向，是新时代新征程金融服务实体经济高质量发展的根本遵循和行动指南，也是从金融大国迈向金融强国的必由之路。当今世界，科技创新已经成为提高综合国力的关键支撑，成为社会生产方式和生活方式变革的强大动力。《金融科技发展规划（2022—2025 年）》发布以来，中国人民银行加强数字金融顶层制度设计，实施金融数字化转型提升工程，深化金融科技创新监管工具应用，实施金融科技赋能乡村振兴示范工程。推动高质量发展成为金融行业的共识和行动指南。金融业准确把握金融与科技融合发展的内涵，调整完善金融机构定位和治理，围绕重大战略、重点领域和薄弱环节下功夫，充分发挥金融科技支撑赋能作用，做好、做实、做精、做细"五篇大文章"，为金融高质量发展做出更大贡献。

一　金融科技发展回顾

（一）金融科技践行做好"五篇大文章"

　　一是加大对科技强国建设的金融支持。通过大数据分析和人工智能算法，金融机构精准地评估科技企业的创新潜力和风险特征，从而为其提供量身定制的金融服务。智能信贷审批系统大幅缩短了贷款审批时间，让科技企业能够迅速获得资金支持，加速研发和市场拓展。区块链技术确保了知识产权的可信登记和交易，为科技成果转化和保护提供了坚实保障。此外，金融科技还促进了风险投资与科技企业的高效对接，拓宽了科技企业的融资渠道，激发了创新的活力源泉。国家知识产权局在国新办新闻发布会上介绍，知识产权质押贷款持续增量扩面，2023 年全国专利商标质押融资额同比增长 75.4%。"创新积分贷""科技人才贷"落地推广，供应链金融服务线上化数字化水平明显提升，科技型企业融资渠道不断拓宽，科创票据累计发行 5600 亿元。二是为实现"双碳"目标提供高质量金融支持。在绿色金融的应用中，借助卫星遥感、物联网等技术，金融机构能够实时监测企业的碳排放和环境表现，为绿色项目的评估提供准确数据。大数据分析帮助金融机构筛选出真正具有环境效益和可持续性的项目，引导资金流向绿色产业。区块链技术提高了绿色债券和碳交易的透明度和效率，降低了交易成本。金融科技的创新应用，让绿色金融不再是一句口号，而是实实在在的行动，推动经济向绿色低碳转型。三是构建多层次、广覆盖、可持续的普惠金融服务体系。金融科技是实现普惠金融的强大引擎。移动支付的普及让边远地区和低收入群体也能享受到便捷的金融服务，打破了地理和经济条件的限制。通过大数据风控模型，金融机构能够为那些缺乏传统信用记录的人群提供信贷支持，帮助他们创业、改善生活。线上小额贷款以其高效、灵活的特点，满足了小微企业的资金需求，促进了就业和经济增长。四是支撑养老金融服务养老事业。随着老龄化社会的到来，养老金融迎来了新的机遇和挑战，金融科技成为应对这些挑战的重要因素，为养老金融提供更专业、更精细的服务。智能投资顾问根据个人的年龄、收入、风险偏好等，为其制订个性化的养老投资计划，实现资产的长期稳健增值。大数据分析预测养老需求的变化，帮助金融机构开发更贴合市场需求的养老金融产品。适老化的数字金融服务平台，为老年人提供便捷的信息查询、业务办理渠道，让他们能够轻松规划自己的晚年生活。金融科技的融入，让养老金融更加贴心、高效，为人们的幸福晚年增添了一份安心和保障。五是塑造金融服务的新范式。数字金融正在引领金融行业的变革，从线上的金融交易流程到虚拟现实的金融服务体验，金融科技不断刷新着人们对金融服务的认知。云计算为金融机构提供了强大的计算和存储能力，支持海量数据的处理和分析。生物识别技术确保了客户身份认证的安全与便捷，提升金融服务的安全性和用户体验。数字金融不仅改变了金融服务的方式，更拓展了金融服务的边界，让金融服务无处不在，无时不在，更好赋能实体经济。2023 年，科技创新再贷款、设备更新改造专项再贷款等货币政策工具撬动投放贷款近 2 万亿元，有力支持包括数字产业化和产业数字化在内的重点领域发展。①

（二）金融科技治理体系不断完善

一是加快数字央行建设，为中国人民银行履职提升科技支撑。中国人民银行不断提升应用系统信息技术创新能力，加快金融大数据平台及数据中台等先进数字基础设施建设，推动技术架构向高可靠、高性能、弹性可扩展转型，以业务需求为导向，构建以数据驱动为主的信息化发展新模式，打通内部司局单位之间、总分机构之间、与行外相关部委机构之间的数据共享通道，形成多方开放共享的数字化合作环境，推动实现更充分的数据融合应用，通过支撑多层次、多维度应用服务能力，提升履职水平。二是以发展规划为指导，不断强化金融科技治理及推进数字化转型升级。中国人民银行持续打造金融科技创新监管工具，指导金融机构运用科技手段累计推出 300 余项惠民利企创新应用，不断强化对金融科技创新全生命周期审慎管理。金融机构积极推进治理结构、管理模式、组织方式的调整优化，破解数字化转型过程中的体制机制问题，逐步落实数字化转型顶层设计，强化科技赋能，深化数据驱动，优化协同联动，不断加大数字化转型的战略驱动力度。同时，金融机构加强数字化转型评价，依据中国人民银行发布的《金融数字化能力成熟度指引》（JR/T 0271—2023）行业标准，开展数字化转型评估，形成金融科技治理闭环。根据《中国金融科技发展指数报告 2023》，210 家主要商业银行中，92.86%金融机构持续完善了数字化转型工作治理结构，如成立由银行领导组成的数字化转型领导小组、数字化转型委员会或金融科技

---

① 马梅若：《再贷款落地追踪！科创企业成长背后的力量》，《金融时报》2024 年 8 月 13 日。

管理委员会；90.48%的金融机构发布了数字化转型战略规划；62.38%以上金融机构建立了金融科技发展情况评价和改进机制。三是直面金融科技伦理挑战，不断完善治理机制。中国人民银行发布的《金融领域科技伦理指引》（JR/T0258—2022），指导金融科技伦理治理工作，金融业从制度规范、体制机制、行业自律及伦理意识等多方面推动开展金融科技伦理治理工作。大型金融机构系统性开展伦理治理工作，不断增强伦理意识，抵制违背金融科技伦理要求的行为。2023年11月，北京金融科技产业联盟（以下简称"金科联盟"）发布《金融领域科技伦理自律公约》，并联合主要商业银行、科技公司发起"金融领域科技伦理倡议"，推动行业自律，倡导金融科技创新向善的正确理念。根据《金融科技发展指数（FIDI）报告（2023-2024）》，210家主要商业银行中51.90%的被调研银行将科技伦理审查、信息披露、员工培训等纳入科技伦理治理日常工作。四是持续构造完善产业生态，扎实推进金融科技产业联合创新发展。金科联盟作为金融行业科技领域的社团组织，不断完善专委会标准研制、课题研究、成果转化和人才培养等工作机制，在促进金融科技发展、繁荣产业生态、创新行业治理、扩大合作交流等方面发挥积极作用。标准研制方面，践行以标准手段规范引领守正创新发展的金融科技治理机制。截至2023年底，金科联盟组织会员单位共完成由中国人民银行发布的《人工智能算法金融应用信息披露指南》（JR/T 0287—2023）、《机器人流程自动化技术金融应用指南》（JR/T 0298—2023）等金融行业标准制定24项，完成由金科联盟发布的《金融数据资源目录编制指南》（T/BFIA 020—2023）、《5G消息银行应用技术规范》（T/BFIA 019—2023）等团体标准36项，并依据《信息技术 中文编码字符集》（GB 18030—2022）和《金融服务生僻字处理指南》（JR/T 0253—2022）组织推进金融生僻字认证制度。同时，积极承担企业标准领跑者评估工作，推动标准实施，推动金融机构以标准化手段提升金融服务水平。课题研究方面，金科联盟组织不同层次、不同类型、不同领域的课题研究和交流研讨，发布了"金融数据资产估值与交易研究""量子通信金融应用研究""区块链金融行业应用发展报告"等99项课题研究成果，激发行业活跃度，促进产学研交流。成果转化与人才培养方面，金科联盟将已有成果转化成培训课程，开设金融科技大讲堂进行线上公益知识传导，在线学习 2.5 万人次，并组织线下金融科技师培育专题研修班，聚焦于分布式数据库、开源技术、运维管理、数据等方向开展 4 期培训，惠及学员 287 人，并协同国家金融科技认证中心推进金融科技师人才评价和认证体系建设。

（三）金融数据要素价值持续释放

一是数据治理框架基本形成。金融机构将战略驱动、数据分级分类及数据治理作为数据能力建设的主要内容，纷纷制定数据发展规划，推动体系化的数据能力建设。构建企业级大数据平台，建立统一数据字典，规范跨部门信息共享，广泛应用大数据辅助决策，在多维度、多层面开展数据治理工作。编制《金融数据资源目录编制指南》（T/BFIA 020—2023）团体标准，开展海量数据处理技术金融应用探索研究。被调研的 210 家主要商业银行中，69.5%制定了数据发展战略规划，81.90%成立了数据管理专职部门。二是稳妥推动数据有序共享。在满足监管合规的要求下，金融机构积极研究隐私计算平台，探索数据安全共享与应用，布局可信执行环境，确保数据"可用不可见"。中国银联联合各金融机构和相关企业制定《金融业隐私计算互联互通平台技术规范》（T/BFIA 031—2024）团体标准，为实现异构隐私计算平台互联互通提供了行业级的技术规范和框架，加快推进金融业跨主体数据安全有序共享，为构建跨行业数据要素流通基础设施奠定基础。积极探索金融数据资产估值与交易研究，加速数据资产定价机制的落地和创新模式发掘，发挥数据定价的价值尺度作用，推动数据要素市场建设。金融机构目前主要开展了面向公共服务机构的跨机构数据共享，并积极开展跨行业、跨地域的数据应用。被调研的 210 家主要商业银行中，开展跨机构数据共享的占比约为 58.10%、跨行业的约为 27.14%、跨地域的约为 46.19%，分别同比提升 6.23 个百分点、4.25 个百分点、20.96 个百分点。三是拓展数据综合应用深度与广度。主要金融机构设置数据分析师岗位、组建分析师队伍，全面提升数据价值挖掘和综合分析能力，不断拓展普惠金融、供应链金融、农村金融、绿色金融等重要领域多维数据融合应用场景。加大公共服务领域、重要战略领域的数据综合应用，加强与公共领域数据互联互通，在缴费、医疗、交通、电商等领域提升便民服务水平。2023 年，被调研的 210 家主要商业银行与外部机构开展数据应用项目合计 7094 个，与工商、司法、税务、电信等领域开展数据融合应用的银行均超过半数，公共数据项目占比达 25.4%；外部数据应用项目合计投入 42.86 亿元，机构投入均值为 2060.48 万元。四是数据安全体系更为完备。《中国人民银行业务领域数据安全管理办法（征求意见稿）》针对数据处理活动全流程，明确数据处理者数据安全管理、保护及运营要求，为金融机构系统化的数据安全管理提供了明晰路径与指导。金融机构积极推动落实数据安全保护相关的法律法规和标准规范，调研结果显示，210 家主要商业银行中 85.92% 的银行探索建立健全数据全生命周期安全管理长效机制和保护措施，66.99% 的银行探索建立历史数据安全清理机制。金融机构严格遵守数据收集的"最小必要"原则，采取多种安全保护技术，确保数据全生命周期合规，逐步建立完善事前评估、事中控制、事后审计的安全防护能力，切实保障用户数据安全。

（四）新型数字基础设施建设提速

一是绿色高可用数据中心建设成效显著。中国人民银行发布《金融数据中心能力建设指引》（JR/T 0265—2023），指导金融机构数据中心的规划建设。金科联盟发布《金融业绿色数据中心白皮书》和《金融数据中心能效管理指南》（T/BFIA 025—2023），为金融机构数据中心实现绿色高质量发展提供指引和参考。金融机构不断加大数据中心统筹规划力度，数据中心建设逐步迈峰，面向绿色高可用方向的迭代升级和布局优化加快发展。目前"两地三中心"数据中心布局成为行业主流，部分大型机构和互联网银行向"多地多中心"发展；同时金融机构加强企业级一体化数据中心基础设施管理，加快巡检机器人等智能化技术的应用，提升风险预警、自动化处置能力，提升数据中心的智能化运维水平；此外，金融机构通过可再生能源利用等多方面渠道加大绿色节能技术应用，探索液冷服务器应用创新，降低数据中心能耗水平。调研结果显示，210家主要商业银行的329个数据中心运行PUE平均为1.64，同比继续下降，其中有104个达1.5及以下。二是新一代安全泛在金融网络快速演进。金科联盟发布《金融业IPv6发展演进白皮书》《物联网技术金融应用研究报告》，为金融机构持续深入推进IPv6发展、开展物联网金融应用提供参考。新一代金融网络建设进程加快，金融机构加大软件定义网络（SDN）、IPv6、5G、物联网、区块链等技术的创新应用。IPv6技术在金融业得到广泛应用，进一步突破IPv4协议栈的瓶颈。以SRv6为代表的"IPv6+"体系加快端到端部署落地，通过可编程网络实现流量按需调度，大幅提升数据转发质量。物联网技术应用力度逐步加大，通过物联网传感器、物联网通信技术、物联网平台、安全认证等，实现数据采集、传输、解析及预处理，推动金融服务嵌入更多业务场景。三是先进高效算力供给稳步构建。多云管理的一体化云平台贯通研发、运维、容灾体系，实现应用资源效能全景可视化，分布式云架构与传统集中式算力资源的协同、运维统一管理。借助边缘计算数据处理与传输性能的优势，探索在营销、风控等领域满足数据实时反馈需求，提高数据共享效率。金融机构探索应用量子计算在金融衍生品定价、投资组合优化、金融风险管理、信用评估等场景落地实践，推动解决金融行业计算密集型问题。数据显示，210家主要商业银行总算力规模为4423.09PFLOPS，同比增长38.80%；以GPU、FPGA为代表的新型算力规模为1930.71PFLOPS，同比增长235.59%，新型算力占总算力规模比重提升至43.65%，呈现快速发展态势。

（五）关键核心技术应用常态发展

一是不断加大核心技术研究攻关。在核心技术创新应用中，多途径开展技术路线选型并加大落地应用研发，加强核心技术成果转化及应用适配能力。金融机构建立新技术创新成果推广应用机制，形成工程化实施模式，实现规模化应用，促进科技创新向现实生产力转化。积极跟踪、研判前沿技术发展趋势，开展前沿性和战略性关键技术研究攻关，特别是在X86架构终端应用与迁移、GPU 服务器技术路线、AI 工程化、服务器芯片架构等核心技术领域，取得实质性进展。如数据库方面，部分金融机构选择开源技术或与厂商联合创新，打造适用金融场景的数据库技术产品。二是增强金融核心技术供应链韧性。金融机构通过遴选不同供应商，避免出现核心技术的单一厂商绑定局面，同时加大备品备件储备、应急规划，确保供应链安全，提高以大模型为代表的前沿关键技术发展对硬件设备基础的供应保障。金融机构通过内部自评和第三方测评等开展多种形式的适配测试，提升核心技术选型的匹配度，满足金融业务场景的特定需求。其通过行业调研、多渠道沟通交流、供应商监督管理、战略资源池管理等多种手段加强核心技术产品应用、运行风险监测和处置，不断加强关键核心技术提供方的服务支持水平。三是加快形成与新质生产力相适应的开放创新生态。金融机构积极与产业侧、国家实验室、高校、社会组织等不同机构开展关键核心技术应用创新合作，通过研究课题、试点项目等方式引入外部力量，发挥各自优势、共享研究成果，为行业输出共性服务能力。金科联盟搭建金融科技产业层面联合创新工作平台，完成超过 100 项共创成果，并不断完善开放创新生态，探索将已有创新成果推广应用，在现有 80 多家主要金融机构基础上，服务并助力更多金融机构的数字化转型发展。

（六）数字化经营新动能不断释放

一是加快适应数字化发展的敏捷型创新体系建设。金融机构通过组建由科技和业务人员构成的项目团队，进行扁平化管理，快速响应市场需求，及时进行产品服务迭代更新，提升金融科技创新和数字化转型管理、决策效率。在重大创新项目中，金融机构加大科技与业务部门之间的协同联动、资源调配，采取多种创新模式，推动金融科技创新成果落地应用。加快完善创新容错试错机制，提供多种形式创新资源投入和支持，持续推进模式创新与体制机制变革。被调研的 210 家主要商业银行中有过半数银行建立了跨职能、跨部门、跨条线的任务型团队，有超过 50 家银行探索开展了金融科技管理模式创新、研发创新激励以及研发组织创新等领域，有 7 家银行建立了拨备资金、保险计划等金融科技创新风险补偿机制。二是形成高效协同的一体化运营中台。金融机构通过技术中台、数据中台、业务中台等不同类型中台，打通企业前后端资源，对内形成共享，对外推动开放，切实促进业务发展、提升运营效率。技术中台实现了平滑的衔接，屏蔽了不同技术后台的产品差异性，提供了统一的技术标准，同时通过提升公共技术能力，为前台应用系统解决了共性的技术问题，也为各类前台业务场景提供了通用的技术机制和解决方案。数据中台打通数据壁垒，统筹规划数据产品目录，构建全流程数据产品体系，实现业务导向的数据服务封装，为企业提供高效的数据支持。业务中台实现核心业务能力沉淀与复用，加速业务创新，避免重复建设与高试错成本。据不完全统计，被调研的 210 家主要商业银行在技术和数据中台运行的业务系统数量达到 26378 个，呈翻倍增长态势。三是数字化营销助力提升"获客""活客"及"留客"能力。金融机构应用人工智能、大数据、生物识别等技术，加快线上渠道建设、传统线下渠道智能化转型和多渠道协同融合，将金融服务融入生产生活场景，实现场景化"获客"。其通过多维数据应用分析，进行客户画像、客户需求预测，提供更多个性化和定制化的金融服务，不断提升"活客"能力。金融机构通过搭建"一站式"应用场景生态链，打造透明、便捷、高效的一体化客户营销服务洞察能力，提升金融服务的便捷化、精准化，不断改善用户体验，增强客户黏性，提升留客能力。被调研的 210 家主要商业银行中，约 87.14%搭建了线上线下一体化的营销模式；约有 65.71%开展了探索全生命周期营销范式；开展金融与非金融场景融合、场景化营销模式创新、具备智能化内容推送及产品服务等智慧化营销举措探索的银行占比均超过 50%。

（七）人工智能技术加速智慧升级

一是金融机构服务智能化水平显著提升。自 2022 年底以来，大模型技术成为全球关注的焦点，并在金融领域展现出巨大的应用潜力。得益于数据密集型的行业优势及强劲的数字化基础，金融行业在大模型应用方面取得了显著进展。金融机构将金融服务与大模型有机结合，运用机器人流程自动化（RPA）、自然语言处理（NLP）等技术与金融场景相融合，打造

"数字员工"等产品，在运营管理、风险管理、内部管控等多领域开展业务流程自动化创新应用、扩展应用边界、增强认知决策能力，研究探索生成式人工智能（AIGC）金融应用，帮助银行员工自动地完成大量重复、规则性的工作，保障信息的时效性，实现业务运营提质增效。二是多元渠道融合发展提升触达水平。金融机构持续完善线上渠道体系，利用知识图谱、计算机视觉等技术，通过集中运作智能化、业务交易自动化等方式，实现多项业务在线申请，有效节省人力成本，提高工作效率。同时，加快企业微信、互联网流量平台、远程银行、智能外呼等多种线上渠道体系建设，提升服务的自动化、智能化水平。数据显示，被调研的 210 家主要商业银行的线上用户数合计 87.90 亿户，同比增加 9.17 亿户，2023 年增速约 12%，其中个人线上用户占比超过 98%。三是以数智化全面激发金融服务向"新"力。金融机构通过场景化、智能化、融合化的创新产品，将金融科技嵌入民生、交通、港口、医疗等领域全流程，实现传统银行服务方式的突破式变革，助力实现智慧化转型。整合"三农"数据，推动电子信用档案建设，融合金融业务与农村平台，创新农村金融服务场景。加大供应链金融创新，融合数字金融与产业链，解决农牧产品流通问题，实现数字增信和服务转型。对绿色金融数据进行人工智能处理，支持决策，开发产品，建立模型，提升服务数字化水平。数据显示，被调研的 210 家主要商业银行服务覆盖的战略性新兴产业贷款客户以及绿色信贷客户总量持续增加，同比分别增加 8.24 万户、27.82 万户。四是智能化让金融服务有爱无"碍"。无障碍金融服务包括移动终端定制化应用程序发布和传统网点无障碍改造。金融机构利用技术判定弱势人群性质，借助有效的人工智能及数字化工具扩大服务半径，消除服务障碍，提高服务效率让服务精准直达，实现数字化弥合。同时完善网点无障碍设施配备，利用新技术打造适老化服务，加强对老年客户辅导，为特殊客户提供上门服务，让金融服务既有力度又有温度。金科联盟搭建生僻字信息系统，建立金融业生僻字服务能力认证制度，将生僻字服务能力划分为支持级、实现级、无障碍级 3个等级，引导金融机构提升生僻字处理能力。

二　金融科技发展展望

（一）持续支撑做好"五篇大文章"

中央金融工作会议提出做好科技金融、绿色金融、普惠金融、养老金融、数字金融"五篇大文章"。要发挥好金融科技赋能作用，围绕发展新质生产力，切实把支持"五篇大文章"融入金融场景中，助力提高金融服务实体经济的质量和水平。

科技金融作为"五篇大文章"的首位，强调了金融的含"科"量，更体现了金融资源的投入方向。金融机构要结合科技型企业发展规律和特点，发挥金融科技能力，研发适配符合科技型企业专业化程度高、轻资产运营、可抵质押资产少等特点的专属金融产品，以不同业务场景下的金融需求为着力点，有针对性地开展流程创新，提高金融服务适配的精准性，为科技型企业提供全生命周期服务、全产业链协同助力、全方位联动的全面赋能。

落实《金融科技发展规划（2022—2025 年）》关于绿色金融的重点部署。建立标准化的绿色金融与金融科技交互语言体系，推动提高 ESG 数据的标准化和透明度，开展绿色定量与定性分析。应用大数据、云计算、人工智能等为改善环境、应对气候变化和高效利用资源的经济活动提供金融科技支撑，提升环保、低碳、节能、清洁能源等领域的项目投融资、项目运营、风险管理等金融服务能力。

推动数字普惠金融与养老产业发展，将数字普惠金融纳入乡村振兴金融支持体系，切实提升金融支持小微企业、服务弱势群体水平。加大金融科技在助力养老产业、养老金融业务的投入力度，探索更加体系化、覆盖全产业生命周期的养老金融服务方案，构建全方位养老金融生态圈。持续推进适老化服务，健全金融服务适老化建设标准，持续优化金融适老基础设施建设，提升基础金融服务均等化水平。聚焦老年人对支付终端的特殊需求，以"操作上做减法、服务上做加法"为原则，持续优化手机银行与智能机具系统适老主题版本功能，降低老年人理解成本。

准确把握数字金融内涵与外延。数字金融不仅包含了原有金融科技的概念，还更加强调科技对金融业务的支撑作用，鼓励技术带来的金融创新。持续扩大数字金融服务覆盖广度，利用新技术提升金融服务的效率，加快发展与数字经济相适应的数字金融，深化科技金融、绿色金融、普惠金融、养老金融范式变革，丰富金融服务供给，更好地满足人民群众和经济社会日益增长的优质金融服务需求。

（二）积极探索提质增效发展路径

金融要为实体经济发展提供重要保障。借助科技力量，金融机构更加注重社会责任和公共利益，推动社会资源合理配置和利益的均衡分配，并进一步推动协同发展目标在各类社会群体中的覆盖和实现。

一是加强数字基础设施建设布局。加强数字新基建统筹布局，强化推动农村偏远地区资源投入和节点建设，通过提高光纤覆盖、更新老旧设备等措施提升信息网络覆盖范围和服务质量，使数字技术惠及更多农村居民、偏远地区人群等弱势群体，夯实普惠金融的数字基础。优化数据中心布局，整合金融科技数据中心建设，提高数据处理和存储能力，保障数据安全，降低金融机构运营成本。

二是健全无障碍金融服务体系。充分发挥金融科技优势健全无障碍金融服务体系，既服务好普通用户，又充分兼顾老年人、残障人士、偏远地区居民等弱势群体的特殊需求。在智能服务方面，聚焦特殊人群生产生活中高频金融场景的需求痛点，因人而异打造大字版、语音版、民族语言版、简洁版等适老化、无障碍移动金融产品和服务。金融机构通过宣传教育、体验学习、经验交流、互助帮扶等手段提升金融用户数字素养，让更多的人民群众想用、敢用、会用数字金融服务。在传统服务方面，鉴于部分弱势人群对网点等渠道依赖性较强，金融机构要充分运用数字手段对传统金融服务方式进行升级改造，从而更好地发挥其兜底保障作用。一方面，加快实体网点的无障碍改造，设立爱心、绿色、手语服务等特殊窗口，配备盲文密码键盘、可播音式验钞机等专用数字设备；另一方面，积极运用智能移动终端延伸金融服务触角，为偏远地区、行动不便、有沟通障碍的人群提供主动上门或远程办理金融业务，做到普惠金融"一个都不能少"。

三是深入推进中小型银行数字化转型。一方面，中小型银行根据自身禀赋，通过合作联社、同业联盟等途径，充分发挥统筹管理和服务农合机构的优势，建设云计算、大数据等基础平台，推动 IT 架构向中台化演进，解决多法人架构技术能力分散、产品创新能力不足等问题。减少 IT 基础设施重复建设，用集约化的方式分摊成本，提升整体生产效率和经营效益。地理位置、机构特点相近的中小型银行在依法合规、数据安全前提下，协同研究推动数字平台和系统模块建设，既能够降低数字化转型成本，又可提升业务需求响应速度和集约化水平。另一方面，中小型银行通过加强与大型银行的交流与合作，促进金融科技成果在同业银行之间的转化与应用。第一，中小型银行积极参与行业组织开展的金融科技成果转化工作，通过加强同业交流互鉴，提升自身数字化转型需求与行业供给之间的匹配度；第二，研究探索建立金融科技成果转化机制，加速商业银行科技成果在中小型银行的复用，减少中小型银行"重复造轮子"，实现数字化转型降本增效；第三，整合形成金融科技成果案例集，涵盖金融科技成果需求方、供给方及社会组织的成果信息交互渠道，解决中小型银行数字化转型信息不对称难题。

（三）充分释放数据要素乘数效应

发挥我国超大规模市场、海量数据资源、丰富应用场景等多重优势，加快探索发挥数据要素价值的典型场景，培育基于数据要素的新产品和新服务，开辟经济增长新空间。

一是强化数据综合治理。落实国家及金融行业有关规定要求，科学制定数据战略规划，明确数据工作机制、基本目标、主要任务和实施路径。聚焦数据质量管控、数据有序交互、数据综合服务、数据风险联防联控等关键领域，建立健全数据标准规则体系，加强金融数据开放利用、技术应用、接口交互、隐私保护等方面的标准规则支撑。建立健全数据市场交易规则、数据安全规则、数据产权规则，助力数据要素价值释放。从数据完整性、有效性、一致性和准确性等维度，完善数据质量评价体系，细化不同应用场景下数据质量标准，提升数据质量管理精准度。

二是推动数据规范共享。加强数据高效归集，夯实数据规范共享底座，推动多来源、多类型、多结构数据统一汇集管理。加强数据交换渠道整合，构建数据实时接口、文件传输、报文交互、权限管控等数据交换管理能力，为数据有序交换和安全共享提供支持，助力解决数据割裂、数据孤岛等难题。合理布局存储型数据中心、算力型数据中心，优化算力服务体系，强化算力统筹和智能调度，提升数据中心跨网络、跨地域数据交互水平和面向特定场景的边缘计算能力。积极运用5G、千兆光网、分段路由（SR）、动态负载均衡等技术手段，优化网络架构和流量路径，提升网络数据传输吞吐量，降低数据传输时延，构建高效泛在、安全可靠的数据交互网络。做好数据分类施策，健全数据规范共享机制，探索运用隐私计算、数据空间等技术，在确保原始数据不出域、保障安全前提下开展数据共享。

三是深化数据融合应用。深化智能算法研究与应用，探索建设高性能、广覆盖的数据与算法引擎，研究生成式人工智能技术在金融数据分析场景中的应用，基于大模型技术提升摘要生成、报告生成、智能对话等领域的数据分析效能。探索建设支持结构化与非结构化的多元数据资源目录管理辅助工具，打造多租户、多元化、定制化企业报表分析工具及面向业务人员的可视化数据工具，降低数据应用门槛。加强技术与业务深度融合，运用业务开发运维一体化（BizDevOps）、数据运营一体化（DataOps）、最小化可行产品（MVP）等方式，实现业务需求与场景应用快速迭代，推动多维数据应用，不断丰富金融数据源和数据维度，缓解供需双方信息不对称问题，提升金融服务的可得性和满意度。

四是切实做好数据保护。建立企业级数据保护工作机制，切实落实数据保护主体责任，强化科技伦理治理，明确数据保护工作责任。落实国家及行业有关要求和标准规则，强化数据保护规划设计，建立健全数据保护长效机制和防护措施，依法依规保护数据主体合法权益不受侵害，探索建立数据保护内审制度，推动各项数据保护策略与措施落地。强化事前、事中、事后全流程数据风险管理，明确信息采集、存储传输、处理使用、销毁等数据管理全生命周期，推进隐私计算、数据空间等数据流通技术研发和集成应用，布局建设数据基础设施，为数据安全、可信、高效流通提供基础支撑。

（四）不断积累金融科技发展动能

金融科技健康发展，需要建立与此相适应的科技创新体制机制，把金融行业已经积累的雄厚科技实力和集中力量办大事的制度优势，转化为支撑行业发展的"内力"，以科技创新体制机制改革的强劲"动能"大幅提升金融行业科技创新的"势能"。

一是为金融科技发展提供有力的要素保障。进一步健全与金融科技创新发展相配套的包括制度、组织、资金相关的支撑保障体系，着力落实各个层面的金融科技规划设计，完善多元投入机制，加大对重点领域、重点工作的支持力度，实现规划与要素供给的协调联动。加快补齐体系化能力短板，探索和优化决策指挥、组织管理、人才激励、市场环境等方面体制机制创新，更好地发挥市场配置资源的决定性作用，强化项目、人才、基地、资金等创新要素的一体化配置，提高要素质量和资源配置效率，全面激活数字化转型发展的内生动力。

二是积极培育金融科技新质生产力。新质生产力作为先进生产力的演进方向，是由技术革命性突破、生产要素创新性配置、产业深度转型升级而催生的先进生产力质态。金融行业要将人工智能、大数据、量子计算等应用于金融领域，创新金融产品、服务模式和业务流程，以提高效率、质量和安全性，降低成本，拓展服务范围，促使产品和服务更加个性化、多样化、智能化，满足不同需求。运用先进技术提升服务效率，优化业务流程，增强风险管理能力，更准确评估和预警风险。同时，与业务场景相结合，促进金融普惠，降低服务门槛。金融科技新质生产力需要加强技术研发与创新，合作攻克难题，健全管理体系和完善法规，加强行业合作与交流，推动标准制定和经验分享。培育金融科技新质生产力是必然趋势，虽然面临诸多挑战，但是实施相关策略有望实现快速发展，为金融科技带来更多变革和机遇，为经济社会发展贡献更大力量。

三是营造良好的科技发展氛围。良好的创新生态靠制度、靠人才。金融科技发展要以人才战略为重要支撑，大力弘扬科学家精神，立足岗位、矢志创新，聚天下英才而用之。将基础研究理论成果、应用成效、转化成实践成果等符合金融科技特点的工作内容纳入从业人员绩效、职称、岗位考核体系，提高人员归属感，加快建立以创新价值、能力、贡献为导向的科技人才评价体系，充分激发广大科技人员的积极性、主动性、创造性。

习近平总书记强调"我们必须抢抓机遇，加大创新力度，培育壮大新兴产业，超前布局建设未来产业，完善现代化产业体系"。新质生产力具有高附加值、高质量等特征，其发展更多依靠技术创新、组织创新、管理创新、服务创新和制度创新等。金融科技作为新质生产力在金融行业的具体表现，是由技术革命性突破、生产要素创新性配置、深度转型升级而催生，创新在其中起着主导作用。金融行业要依靠科技创新塑造发展新动能，强化金融机构科技创新应用主体地位，发挥头部科技企业支撑作用，推动产学研深度合作，促进成果向现实生产力快速转化，促进科技金融、绿色金融、普惠金融、养老金融、数字金融"五篇大文章"深度融合，不断满足人民群众金融服务需求，实现金融服务实体经济的根本宗旨，以金融科技高质量发展助力金融强国建设。

参考文献

新华通讯社：《习近平在第七十五届联合国大会一般性辩论上的讲话（全文）》，2020 年 9 月 22 日，http：//www.xinhuanet.com/politics/leaders/2020–09/22/c_ 1126527652. htm。

中国人民银行：《金融科技发展规划（2022—2025）》，2021 年 12 月 29 日，http：//www.pbc.gov.cn/zhengwugongkai/4081330/4406346/4693549/4470403/index.html。

工业和信息化部：《信息通信行业绿色低碳发展行动计划（2022—2025）》，2022 年 8

月 22 日，https：//ythxxfb. miit. gov. cn/ythzxfwpt/hlwmh/tzgg/xzxk/dxhhlwyw/art/2022/art_386727482f574e5f9ef7f948367af73d. html。

工业和信息化部：《工业能效提升行动计划》，2022 年 6 月 23 日，https：//ythxxfb. miit. gov. cn/ythzxfwpt/hlwmh/tzgg/sbfw/qyshzr/art/2022/art_0c4f930b82b1485da305 4cf87 afd1b62. html。

中国人民银行：《金融业数据能力建设指引》，2021 年 2 月 9 日，https：//cfstc. pbc. gov. cn/bzgk/detail/？id＝0&bzId＝1907。

中国信息通信研究院：《数据中心白皮书（2022 年）》，2022 年 4 月，http：// www. caict. ac. cn/kxyj/qwfb/bps/202204/t20220422_400391. htm。

数字技术应用篇

B.2
数据库在金融领域的发展与应用实践

中国工商银行股份有限公司　北京金融科技产业联盟*

摘　要：　数据库是重要的基础软件之一，能够支撑金融业数字化转型，有利于解决服务场景化、生态化、互联网化趋势中面临的痛点与难点，实现金融服务的提质增效。本报告从2023年金融行业数据库的应用情况展开分析，提出金融行业数据库发展面临数据库选型、转型、迁移改造、数据库运维管理的诸多挑战，并给出了完善标准体系建设、细化数据库选型工作、关注迁移过程的数据转换和兼容性、加强数据库运维管理的建议。同时，介绍工商银行传统数据库转型案例，涵盖数据库技术研发、应用、生态方面的实践和经验，为行业深入发展数据库提供参考。

关键词：　金融服务　云数据库　分布式数据库

---

* 执笔人：林承军、夏康，中国工商银行股份有限公司；张蕾，北京金融科技产业联盟。

一　2023年数据库在金融行业应用情况

近年来，面临当前复杂的世界局势与多变的国际环境，党中央提出了"加快实现高水平科技自立自强"等一系列重大战略部署。中国人民银行发布《"十四五"时期金融科技发展规划》，大力推进金融数字化转型，加快实现金融科技高质量发展。金融科技推动金融业务创新需求的不断产生，金融行业持续开展数据库转型技术攻关，在提升数据处理能力、保障数据安全和隐私安全、广泛采用云化服务、人工智能和数据库技术融合、探索多种新型数据库应用等方面取得了一系列进展。2023年，国产数据库在金融行业呈现出应用规模显著增长和技术创新不断产生的趋势。国产分布式数据库在金融机构核心系统应用比重持续加大，其他类型数据库，包括图数据库、时序数据库等的金融应用探索和实践也已经积极开展。

（一）数据库转型力度不断加大

随着数据量的爆炸性增长，金融行业对数据处理的需求日益增加。2023年，更多的金融机构开始采用高性能的分布式数据库系统，这些系统能够支持大规模的数据读写操作，极大提升了数据查询和处理速度，分布式数据库在国内企业的应用已经非常广泛。截至2023年末，北京金融科技产业联盟调查的210家主要商业银行使用分布式数据库实例数量合计189416个，同比增长131.96%，增长趋势显著，分布式数据库实例数占比的机构均值达20.84%，比2022年均值水平提升了5.79%。其中有49家商业银行在核心系统中使用了分布式数据库。由此推断，未来2~3年数据库产业生态会更加成熟，产品会更为完善，产业布局会更为合理。

（二）数据安全和隐私保护的加强

数据库是数据存储的主要技术手段，数据库系统在整个IT架构中的重要地位不言而喻。攻击数据库、窃取信息是当今信息系统的一个主要安全问题。金融机构在数据库迁移过程中重视目标数据库产品的安全可信能力及安全等保要求,同时也要保障技术供应链的安全合规和稳定可靠,在转型后新系统需达到"安全有保障、容灾有提升、功能不受损、服务不降级"的高要求。目前,主流数据库安全技术包括权限与访问控制、全链路加密、数据脱敏、数据库审计、数据库漏洞扫描和数据库防火墙。国内分布式数据库产品基本具备这些安全特性。2023 年,更多的金融机构开始采用先进的加密技术和隐私保护措施。例如,采用区块链技术的数据库解决方案获得了广泛关注,因为其能提供不可篡改的数据记录功能,增强交易数据的安全性。同时,许多金融机构也开始使用同态加密技术,允许数据在加密状态下被处理和分析,从而保护客户隐私。

(三)云数据库服务的广泛采用

云计算的普及推动了云数据库在金融行业的应用。由于云数据库服务的应用便捷性、高可靠、低成本等优势可降低企业运营成本、加速企业应用创新,云数据库已成为数据库业务未来重要的增长点。云数据库既能够兼容云上事务类场景对数据库的需求,又可以利用云计算分布式、虚拟化、专业运维的优势对用户屏蔽底层资源调度和维护的大量繁杂工作,可以使用户专注于应用本身的优化与运营。一方面可以提高数据库的高可用性(计算和存储解耦,计算节点无状态),另一方面可以提升性价比(计算节点和存储节点独立伸缩)。云化架构还具有版本统一、运维操作简单、统一调度资源等优势,近年来得到迅速发展。但是,金融应用的特殊性仍要求面向开放市场的云数据库不断提升安全防御机制,以面对相较于传统数据库更加多样化、复杂化的风险,防范应用程序漏洞、系统配置错误、恶意管理员等可能对数据安全与隐私保护造成的破坏。

(四)人工智能和机器学习的整合

人工智能(AI)和机器学习(ML)技术的融入使得数据库更加智能化。据毕马威中国发布的《2023 中国金融科技企业首席洞察报告》,超过

80%的银行和证券公司已经开始将人工智能技术与数据库相结合，用于风险管理和预测。通过分析海量的交易数据和市场行情信息，AI算法可以更准确地识别潜在风险，并预测未来的市场走势。金融机构也通过分析用户交易行为、设备信息和地理位置等多维数据，建立起精准的欺诈检测模型，防止异常交易和风险行为，保障用户资金安全。这种结合不仅提高了金融机构对市场变化的应对能力，也减少了不良资产的风险。此外，银行和金融科技公司利用数据库中的客户数据，结合AI算法，为客户提供个性化的金融产品推荐和定制化服务。通过分析客户的交易记录、偏好和行为模式，系统能够智能地识别客户需求，并推送相关产品和服务，提高了客户满意度和忠诚度。达观数据的智能推荐系统与多家银行合作，相关案例显示，采用个性化推荐系统的银行，客户转化率提高了30%以上。国内也有数据库产品利用AI辅助自动化数据清洗和维护工作，提高数据质量和可用性。

（五）新型数据库应用开始发展

金融行业知识图谱应用正处于爆发期。图数据库相比传统关系数据库，在处理高度关联数据、金融风控、金融投研等方面具有优势。目前，已有金融机构利用国产自研的图数据库、知识图谱平台拟定监管和金融行业的知识图谱方案。金融行业数据具有明显的时序特征，时序数据库可以快速进行数据清洗、数据导入、交互式分析、库内分析等，提高金融数据分析的效率，在银行、证券等金融领域的实时风险监控、量化分析、实时交易、实时授信等场景有所应用。虽然金融行业已经开始尝试使用新型数据库技术应对海量复杂数据的分析需求，提高数据分析的效率和效果，但这些技术要大规模应用推广，还需要解决技术成熟度、人才、投入回报等方面的问题。

总之，2023年，数据库技术在金融行业的应用呈现出前所未有的活力和深度，不仅在提升核心竞争力，还在保护数据安全、提升客户体验等方面发挥了重要作用。未来，随着技术的不断进步和金融行业需求的日益增长，数据库技术将继续在金融领域扮演重要角色。

二　金融行业数据库发展面临的挑战

（一）数据库选型难

在国内政策的积极推动和国际环境的复杂多变下，国产数据库行业迎来了前所未有的发展机遇。随着国家对信息化建设的重视，以及对信息安全的日益关注，国产数据库厂商如雨后春笋般涌现，推出了一系列具有自主知识产权的数据库产品。这些产品在性能、稳定性、安全性等方面都有了长足的进步，能够满足不同行业和场景的需求。然而，面对众多数据库厂商提供的多种技术发展路线和部署架构，金融行业在进行数据库选型时，面临着前所未有的挑战。一方面，金融行业需要考虑数据库的性能、稳定性、安全性等基本要素，以确保金融业务的连续性和数据的安全性。另一方面，金融行业还需要考虑数据库的合规性、扩展性、成本效益等其他因素，以适应金融业务的快速发展和创新。金融行业在进行数据库选型时，做出科学合理的决策需要行业整体能力的提升和经验的积累。

（二）数据库转型难

金融机构在长达数十年的发展过程中，已经形成了一套成熟且稳定的IT基础设施。在这些基础设施中，传统数据库扮演着重要角色，支撑着金融机构的业务运作，如交易处理、客户管理、风险控制等。随着时间的积累，这些传统数据库上部署了相当规模的系统，并在其上耦合开发了大量应用，这些形成了一个庞大的业务生态。例如，由传统 Oracle 数据库、RedHat 操作系统、IBM 大小机、X86 服务器、FC-SAN 存储及其网络等构成的典型的技术堆栈。传统数据库系统不仅在技术上与金融机构的业务紧密耦合，而且在组织结构、工作流程、人员技能等方面也实现了深度的融合。金融机构的技术人员和业务人员对这些系统有着深入的了解和丰富的经验。同时意味着需要对现有的 IT 基础设施进行改造和升级，这将会面临一系列的困难。在数据库转型进程不断加速的前提下，金融机构虽然有较多的成功实践，但行业整体仍缺少系统稳健的数据库架构转型方案，在进行不同架构不同应用场景下的转型时，需要能端到端地指引每一步的转型工作，确保"飞机空中更换发动机"之后生产平稳运行。

（三）数据库迁移改造难

在金融行业数据库选型和转型能力积累不足的背景下，数据库迁移改造是一项复杂而艰巨的任务。要成功实现数据库迁移改造，金融机构需要解决以下三个核心问题。一是可用性问题。如何确保系统的高可用性、高可靠性以及强大的容灾能力，是数据库迁移改造过程中首先要考虑的问题。金融机构的传统应用往往历史悠久，业务稳定，且关联应用众多。随着金融业务的持续创新，数据库转型也不断推动底层系统架构的演进和迭代。在此过程中，必须充分考虑数据库在本地、同城、异地的可用性、可靠性及容灾设计，有效控制风险并持续优化，以保障迁移过程中应用服务的平稳运行。二是功能及性能问题。传统数据库及其上构建的应用与数据库高度耦合，减少了系统组件间的交互开销，对性能有较高要求。架构转型时，不仅要满足业务性能指标要求，还要确保性能体验不下降。此外，还需要关注传统数据库功能的平替能力，既要具备传统数据库功能的平替能力，又要能够对平替后的功能进行系统验证，确保功能与性能的无缝衔接。三是平滑安全迁移问题。如何降低整个迁移过程的实施成本并降低风险，是数据库迁移中的又一关键点。同时，金融机构在数据库迁移过程中需重视目标数据库产品的安全可信能力及安全等保要求，也要保障技术供应链的安全合规和稳定可靠。

（四）数据库运维管理难

在金融行业，数据库作为核心的数据存储和管理平台，其运维管理的效率和成本直接影响到整个机构的运营效率和成本结构。数据库运维管理模式正面临着降本增效的挑战。一是随着集群节点的大幅增加，服务器数量的增长带来了运维的复杂性。数据库提高计算和存储能力的同时，不仅增加了部署的复杂性和耗时，还要求运维团队对服务器进行基础环境初始化、配置跟踪和日常维护，工作量显著增加。二是金融行业对数据库安全运行的严格要求，需要数据库具备高可用调度策略，以应对各种故障情况，如单台服务器损坏、机柜供电和网络失效等。这需要更多的机柜设备和物理设施配套，如多机房和两地三中心类型的配置，增加了外部资源的投入和日常维护工作。三是在云化时代，云数据库对网络的深度依赖也是运维的一大挑战。内部引擎对网络带宽和低延迟有更高的要求，通常需要万兆网络和冗余配置。特别是在支持强一致事务的数据库中，网络延迟直接影响到联机交易事务的性能。在多中心部署模式下，云数据库对网络的要求更为严格，运维团队需要对网络端到端进行维护，以确保数据库的高性能稳定运行。四是数据备份和恢复模式的变化给运维带来了新的挑战。运维团队需要利用备份工具，按照备份策略读取数据或日志，并以特定格式存储。数据恢复也需要通过这些工具进行。运维团队需要定制集中备份方案，利用自动化工具或云数据库管理平台进行备份作业管理，并在备份过程中处理各种异常。运维团队需要不断学习和适应新技术，更新管理方法和工具。

三 金融行业数据库发展建议

（一）推动标准体系建设，服务数据库选型

建议金融机构基于现有的数据库技术行业标准和团体标准，结合同业和自身的数据库选型测试实践，形成满足自身要求的数据库测试方法论。在已有业界主流分布式数据库研究和测试成果基础上，对真实测试背景、目标、计划、要求和策略、数据准备、案例、方法、执行、测试结果、测试报告进行梳理和总结。测试方案可从九个方面进行描述，包含：数据库测试需要的资源和部署、基本功能、分布式可用性、分布式事务特性、读写性能、数据迁移和导入导出、运维能力、分布式扩展性和基于典型业务场景的能力支持测试。

（二）采用量化策略，细化数据库选型

金融行业在进行数据库转型时，应采取客观和量化的策略，全面考虑业务场景和技术支撑能力，确保转型工作既满足当前需求又能适应未来变化。转型方案设计应统筹考虑业务场景的差异及演进，技术路线的架构特点、功能性能、运营运维等因素。转型过程中，金融行业应实施标准化和体系化的方法论，将转型工作尽量细化，并注意技术资料的积累和整理，形成可快速复制和推广的模式。同时，建立包括部署、容灾、迁移和测试在内的完整方案体系，配合详尽的操作手册，以降低转型的复杂性和风险。在转型路径选择上，建议采取由浅入深的策略，优先从外围系统开始，逐步向核心业务系统过渡，先从办公系统着手，再逐步迁移至一般业务系统和关键业务系统，确保转型过程的稳定性和可控性。

（三）抓住重点，稳妥完成迁移改造

数据库迁移是一项复杂且风险较高的工作，建议通过以下策略实施：在迁移前，进行全面的业务和数据评估，明确迁移目标和预期成果。选择合适的迁移工具，如数据同步工具、数据映射工具、数据清除工具等，这些工具能提供自动化的数据迁移、转换和验证，显著提高迁移效率和准确性。在迁移过程中，重点关注数据转换和兼容性，始终保证有完整的数据备份。在迁移后，持续监控新数据库的性能和稳定性，及时优化配置和查询。在整个迁移过程中，详细记录每一步的操作过程和结果，形成文档。迁移完成后应进行后期评估，根据反馈进行必要的调整。

（四）多措并举，加强数据库运维管理

在应对多环境、多品牌、多架构、多版本的数据库运维挑战时，建议金融机构从以下几方面考虑：首先，弹性资源管理和模块化系统架构设计思路，能从根本上降低系统间的依赖和复杂性，减轻 DBA 压力。其次，引入自动化运维平台，能够实现数据库监控、备份、恢复等操作的自动化，减少

DBA 工作量。再次，统一的管理界面有助于提升运维人员对整个数据中心的掌控能力，标准化运维流程和操作手册的制定，进一步确保运维活动的一致性和质量。最后，智能化监控系统的开发，团队学习和定期演练，都能提高整体运维团队的专业水平，有助于金融机构实现提升运维效率和系统稳定性的目标。

四 工商银行数据库转型经验

（一）项目背景

工商银行积极落实党中央战略部署和中国人民银行金融科技发展规划，按照 IT 架构体系与全栈信创融合演进、创新发展与自主可控有机结合的总体思路，构建了支撑开放平台核心银行系统的完整数据服务体系和涵盖主流集中式数据库产品，形成了自主可控、满足金融级联机数据处理要求的数据库转型解决方案。

（二）技术特点和成果

解决方案实现了金融核心系统 7×24 小时服务连续性。基于存算分离架构，方案首创建成多集群多中心部署的高可用部署架构（见图 1），满足金融业务系统服务连续性要求。本地 RPO = 0&RTO ≤ 30 秒、同城 RPO = 0&RTO<180 秒和异地 RPO<1 分钟 &RTO<10 分钟，在数据库版本升级异常情况下，可有 RPO=0&RTO<180 秒的回切能力。

通过数据库与 IT 架构体系的融合，实现端到端资源弹性伸缩的云化服务能力和数据库与应用研发全生命周期流程（见图 2）。依托"云计算+分布式"体系和国产软硬件，实现从应用节点到数据库节点全链路的资源弹性伸缩能力。对接元数据管理、版本管理、人机密码分离、配置中心和注册中心等系统，实现数据库与应用研发全生命周期流程打通。对接集中监控告警、异地灾备切换、大事务监控查杀、SQL 监控查杀、性能容量管理和自动

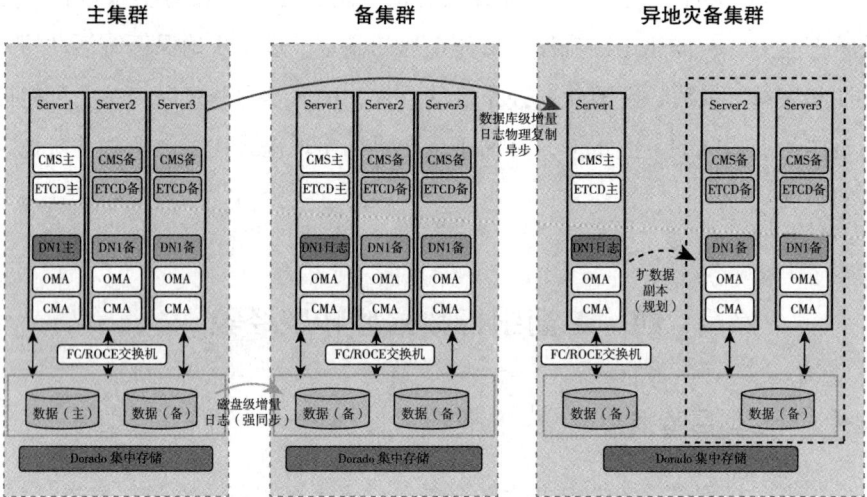

图1 高可用部署架构

化巡检的系统，实现数据库与全流程运维体系的融合。构建了不同金融业务
场景的部署方案、容灾方案体系。

整合国产的软硬件产品和工具体系，研发全流程自动化测试工具，配套
建设完备的技术资产社区和全流程标准化转型工艺，形成平稳、高效、安
全、普遍适用的转型解决方案（见图3）。适配鲲鹏芯片、海光芯片等主流
国芯服务器、麒麟操作系统、东方通和宝蓝德中间件等国产软硬件产品，实
现数据库表、索引、存储过程、序列、视图、触发器、自定义类型等数据库
对象和高级包函数、自治事务、递归调用、自连接等复杂特性的自动化迁移
能力，以及全量和增量数据的自动化同步，自动化迁移成功率达95%以上，
人工改造成本压降90%以上。研发覆盖单元测试、功能测试、性能测试、
生产验证和测试管理过程的自动化测试工具链，降低测试人力投入和测试复
杂度，提升测试效率，程序测试覆盖率达100%，分支覆盖率达95%。建设
异构数据库数据复制工具，实现异构数据库间存量数据和增量数据双向复
制。在双轨运行阶段，通过业务增量归档数据在异构数据库间的双向复制，
实现新旧系统业务数据的准实时一致，确保故障场景下能及时回切，提升对

办公系统
一般业务系统
关键业务系统

数据库转型解决方案

一体化研发体系（Dev Ops）
元数据管理
版本管理
版本流水线
人机分离
配置中心
基本服务

一体化运维体系
集中监控告警
灾备切换
事务监控查看
SQL监控查体系
性能容量管理
自动化巡检

GaussDB数据库
云原生计算存储分离
数据库自治服务
数据库智能运维
安全可信引擎
弹性伸缩
数据库版本灰度升级
多集群高可用架构
：

转型方案体系
迁移方案
部署方案
容灾方案
测试方案
切流方案
数据同步方案

转型工具体系
自动化迁移工具集
自动化测试工具集
数据库开发工具集

信创云+全栈信创软硬件

标准化工艺步骤

全流程技术资产

Oracle
DB2
SQL Server

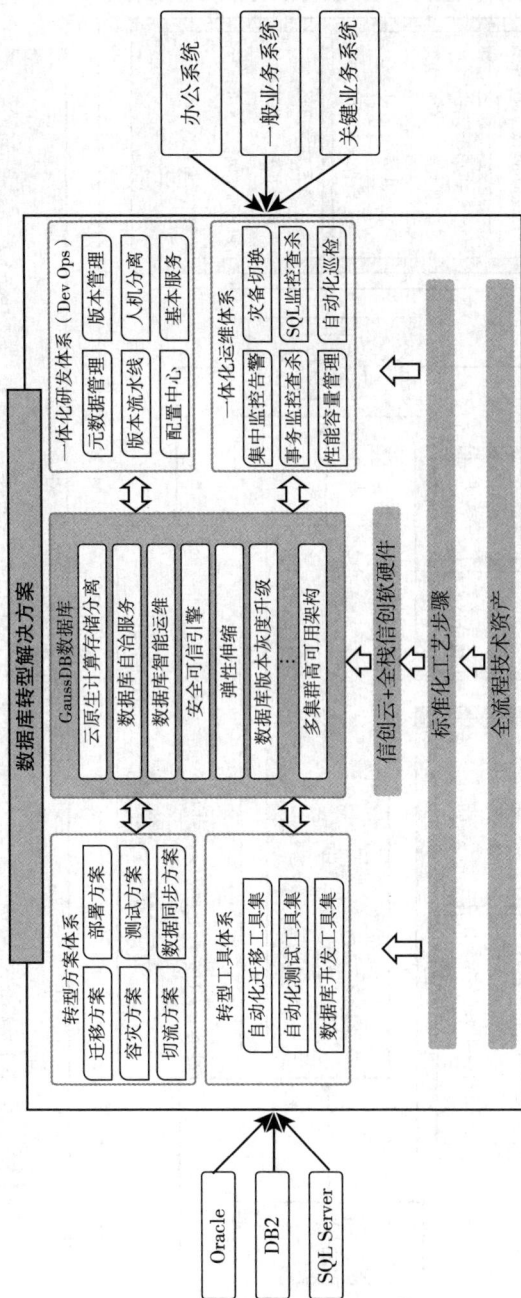

图2 研发全生命周期流程

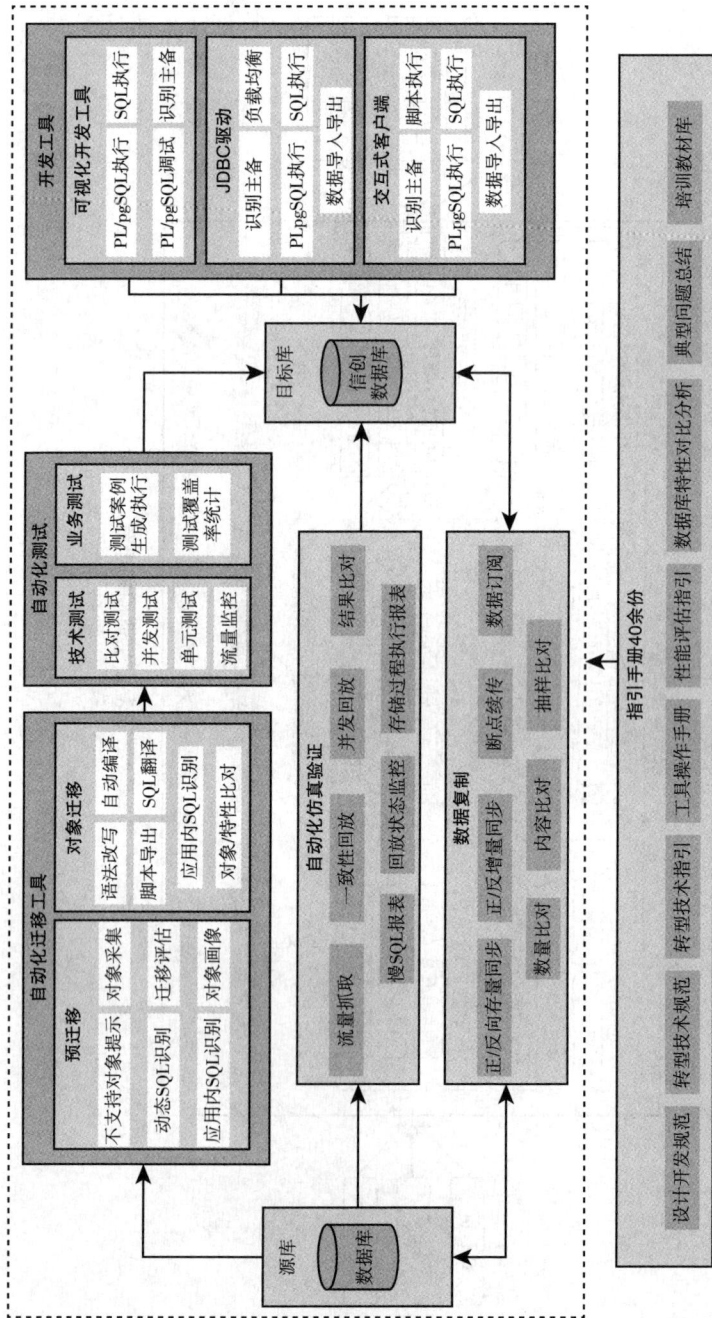

图 3 解决方案

外服务的连续性，数据同步效率可达 150GB/ 小时。整合预迁移、对象迁移、技术测试、业务测试、数据复制、自动化仿真验证 6 大标准工艺步骤，发布包含设计开发规范、转型技术规范、转型技术指引、工具操作手册、性能评估指引、数据库特性对比分析、典型问题总结、培训教材库等涵盖转型全流程的 40 余份文档手册。

（三）项目效益

工商银行的整体方案在确保传统数据库转型的便捷性和稳定性、有序推进金融行业信息系统转型方面具有重要的借鉴和指导意义，取得了良好的社会效益和示范效应：第一，技术进步效益。提升工商银行信息系统自主可控水平，助力工商银行数字化转型和业务赋能，更好地服务我国民生发展和经济发展大局。第二，转型示范效益。通过联合创新、技术攻关，结合工商银行具体系统转型实践，形成了数据库信创转型的示范效益。第三，信息安全效益。解决国外产品垄断、商业闭源带来的信息安全问题，有助于解决基础系统软件领域"卡脖子"问题。第四，供应链安全。有力地避免信息技术基础设施领域供应链中断风险，保证保障国家金融安全和金融稳定。

B.3
区块链技术在金融领域的发展
与应用实践

中国建设银行股份有限公司　深圳前海微众银行股份有限公司　华泰证券股份有限公司*

摘　要：　区块链技术产业在经历快速增量发展后逐步迈向高质量发展阶段，金融业更加聚焦应用场景在广度上的拓展和深度上的挖掘。一方面通过产业实践、标准规范等形式不断探索打破链间"孤岛"效应对行业发展的桎梏；另一方面通过隐私计算、分布式数字身份等技术不断深挖数据要素价值内涵、提升用户隐私安全保障能力，助力金融服务实体经济。为进一步加强区块链赋能金融高质量发展，需要有效应对联盟链治理不完善、区块链商业化能力不足以及面向客群的推广乏力等挑战。未来一个时期，金融业将不断完善和加强区块链基础设施建设，在保障用户隐私数据安全的基础上，打破区块链数据"孤岛"，助力金融区块链互联互通。

关键词：　金融业　区块链技术　数据要素

一　区块链技术发展的总体情况

1.区块链产业发展由增量转为提质，政策机制逐步完善

区块链行业经过多年发展，在不断摸索中稳步前进。2023年，全球共有区块链企业1万余家，中美两国处于全球领先位置，各占四分之一左

---

* 执笔人：黄启亮、张义、薛金曦，中国建设银行股份有限公司；张开翔、邵鹏，深圳前海微众银行股份有限公司；王可、张忠伟，华泰证券股份有限公司。

右①。2019~2022 年，我国新增区块链企业数量持续下降，2022 年 1~9 月新增区块链企业不足 2021 年的三分之一。在标准建设方面，截至 2023 年 12 月，国内累计发布区块链领域技术标准 209 项，其中团体标准最为活跃，占比 77%，主要聚焦在"技术和平台""应用和服务"方面。在监管方面，与 2021 年相比，多数国家积极推动监管框架制定及监管指导，欧美顶层监管框架设计已经开始落地。我国将区块链上升到国家战略层面，截至 2023 年 12 月，已有 29 个省市将发展区块链技术写入"十四五"规划，出台涉及区块链产业政策 500 余份，涵盖数据共享、金融、医疗等多个领域。各地区都在结合各自特点优势，积极探索区块链技术与实体经济的融合，推动区域数字化发展。

2. 区块链应用逐步聚焦，数据要素、数字身份助力数实融合

自 2019 年习近平总书记强调区块链技术重要性后发展至今已有近 5 年时间，我国已基本形成完整的区块链产业链，在应用案例数量上持续增长，聚焦在与经济社会深度融合的社会治理、金融科技、实体经济、民生服务等领域。区块链应用在经历早期大范围试点后，已寻找到与实体经济最佳结合方式，应用场景逐渐聚焦。在数字经济时代，区块链的运用正在加速数据要素升级为数据资产，推动新型基础设施建设，构建数字经济的信任网络，助力金融行业以数字化能力赋能产业转型与经济发展。除此之外，为了更好地促进数字化发展，解决现有互联网身份存在的隐私、安全和不可移植问题，分布式数字身份的建设也逐渐提上日程。

3. 区块链技术稳定发展，互联互通成为重点发展方向

我国目前以自主研发联盟链为主，在性能、网络规模、安全保障方面均有突破。根据中国信息通信研究院"可信区块链"评测数据统计显示，包括蚂蚁链、长安链（ChainMaker）、华为链等联盟链在实验室环境下，CTPS 均超过 5 万，具备百万节点规模的管理运维能力，万级用户、TB 级数据量下的持续稳定运行能力，建设效果显著。但是，由于联盟链技术生态割裂，不同应用平台各自为政造成的区块链"数据孤岛"问题开始显现，互联互

---

① 中国信息通信研究院：《区块链白皮书（2023）》。

通成为行业急需解决的重点问题。2023年，科技部批复国家区块链技术创新中心正式成立，计划组建国家级区块链算力网络，邀请各省市建立骨干节点、各行业建立应用节点，通过政商联合的方式推动更大范围的资源互联互通，进一步服务跨境贸易、供应链金融等国民经济重要行业和关键领域。除此之外，由地方政府和行业龙头搭建的开放联盟链生态体系也在快速发展，如北京市"目录链"、上海市"浦江数链"、中国信息通信研究院"星火·联网"、中国证券业协会证联链、蚂蚁链开放联盟链等。

二 区块链技术在金融领域的探索和应用

1. 数据要素应用路径逐步清晰

数据是数字化的前提，区块链技术能有效释放蕴藏在数据要素中的生产力、充分发挥数据要素的价值，目前已逐步探索出两条具体路径，应用于多个场景之中。

第一种路径常用于较为典型的跨境金融场景，区块链技术与分布式数据传输协议（Distributed Data Transfer Protocol，DDTP）结合，为建立用户主动行使个人信息可携带权的模式，为实现个人信息可携带权、释放数据生产力提供了中国模式。其原理是用户主动发起个人信息数据传输并自行上传，同时借助区块链的不可篡改性实现数据验证以及用户授权记录上链，全流程可溯源、可审计，最终实现跨机构、跨行业、跨场景，乃至跨境的可信数据传输及协作。

在具体实践方面，2022年3月，粤澳跨境数据验证平台正式上线，这是大湾区首个跨境数据验证平台，是服务于粤澳两地机构的数字化基础设施，致力于为两地居民及企业提供便捷的跨境服务体验。该平台的验证能力基于国产区块链底层开源平台FISCO BCOS开发。平台支持由个人自主携带数据跨境，两地运营机构部署区块链节点并搭建验证平台，机构端可"一点接入"平台。基于可验证的数据获取跨境数据验证服务，平台在保护隐私的基础上实现数据要素的跨境核验。截至2024年4月，平台累计上线8家金融机构，4个业务场景，分别为：个人资产证明、企业资产证明、核数证明、个人银行流水。

与粤澳跨境数据验证平台一脉相承，2024 年 5 月，深港跨境数据验证平台上线试运行，将为深港两地居民跨境工作、生活及企业拓展业务提供便利条件。平台首阶段将在跨境金融领域率先开展试运行，首批上线试运行场景有：深圳征信服务有限公司与香港诺华诚信有限公司之间的企业信用报告跨境验证、百行征信有限公司与香港富融银行之间的小微企业主自主授权的信用信息跨境验证、东亚银行（中国内地）与东亚银行（中国香港）之间的企业 KYC 报告跨境验证。

第二种路径是区块链融合隐私计算，为数据要素开放生态提供可信底座支撑。其中，区块链凭借不可篡改、可溯源等特性，助力实现数据的全程可追可审计、使用可控可计量；这种路径是融合了区块链与技术计算的全新方案，为数据与算法模型供给方、数据聚合方、数据使用方提供多方协同的数据加工处理、分析建模、流通交易等功能，实现原始数据不出域、数据可用不可见的效果，助力数据供得出、流得动、用得好。

例如，为深入挖掘"双碳"数据资产价值，释放绿色金融力量，郑州数据交易中心引入微众银行区块链及隐私计算技术，通过 FISCO BCOS 国产区块链底层开源平台、WeDPR 隐私计算平台，加快构建"双碳"数据开放生态，释放"双碳"数据价值，实现从原始数据买卖到数据价值流通的范式转移。目前，郑州数据交易中心打造了基于区块链的"双碳"数据账户体系，上线"双碳"数据服务专区，上架 7 个数据产品、3 个数据服务，"双碳"数据服务交易超 300 万元。

再如，无锡农商行通过运用区块链和隐私计算等关键技术，建设区块链共享平台项目，并建立了跨机构信息核验机制和风险信息共享机制，支持多种风险信息的联合计算和查询，解决了银行因掌握信息不足导致的风险评估困难问题，在保障数据安全与推动数据价值流转之间实现了平衡，消除了跨组织数据壁垒[①]。

---

① 无锡市信息化协会：《基于区块链与隐私计算融合技术的金易链平台建设实践》。

2. 数字身份行业布局逐步加速

分布式数字身份，是将分布式账本技术与身份治理相融合，建立以密码学为基础的隐私保护和数据安全的数字身份认证系统。经过短短几年的快速发展，当前的标准规范和技术方案已经初步成型，其中认可度最高的主要标准来自 W3C 的 DID 工作组在 2019 年发布的可验证凭证标准和在 2020 年发布的去中心化标识符标准。

国内在分布式数字身份基础能力方面涌现了很多优秀项目。如微众 WeIdentity 项目、蚂蚁链 DIS、腾讯云 TDID 以及百度 XuperDID。这些项目专注于基础能力的研究与建设，已经在金融、政务等行业的各类场景应用落地，保护用户隐私安全，提升实体数据的协作效率。

与此同时，分布式数字身份技术在金融行业的应用布局也逐渐加速，分布式的身份验证和数据管理方式有助于解决金融业的数据流通、隐私保护和身份认证等问题。例如，上海股权托管交易中心在区域股权市场创新使用这项技术，基于区域股权市场先进的双层区块链架构，构建新型数字信任体系，解决了跨机构、跨行业的身份认证问题。

在 KYC 和反洗钱领域，对于金融业而言，业务准入过程对客户身份信息的真实性和完备性要求极高，传统模式存在重复认证、审核烦琐等效率问题，隐私泄露、证件盗用等安全问题，以及材料伪造等合规风险，而且金融机构间的客户资质凭证也缺乏互信和流通机制。这给客户、金融机构以及整个行业带来一系列的问题与挑战。华泰证券在中国证监会开展的金融科技创新试点中申报了金融行业分布式数字身份基础设施项目，在有效保障客户隐私安全的同时提升了客户的业务体验，提高了金融机构的业务效率并降低合规风险，促进了客户身份凭证的安全、可信流通。浦发银行推出了分布式数字身份产品——浦贝身份，主要用于企业员工免 UKEY 身份认证，为企业颁发企业身份证明。

在供应链金融领域，招商局集团供应链金融平台创新性地引入分布式数字身份技术为核心企业与其上下游企业颁发数字身份，使用可验证凭证标准改造应收账款债权凭证，并以数字形式展现和流转。解决了商票难追踪、难贴现、难流转等问题，并在实践中实现了中小微企业分享优质核心企业信用，解决融资难、融资贵的问题。

在保险行业，区块链服务网络（BSN）发展联盟基于公安部第一研究所建立的可信身份认证平台（CTID）发布了实名 DID 服务。太平洋保险在此基础上探索分布式数字身份技术与保险业务的结合，这种结合有助于提高机构间的信任和协作，突破个人信息壁垒，向客户提供更加定制化的保险服务。

3.云计算基础设施搭建逐步完善

依托云计算的区块链基础设施通过借鉴多年来互联网的丰富建设经验，早在应用建设初期就在行业中占据重要位置。

第一阶段为 BaaS 平台，BaaS 平台可以为企业级客户提供区块链部署与运维、智能合约开发等一站式服务，如中国建设银行的天枢区块链服务平台、腾讯云区块链服务 TBaaS 平台等。凭借 BaaS 平台，一大批与经济社会结合的区块链应用快速落地，成就了我国区块链在实际应用中的领先位置。目前，随着技术逐渐成熟，平台大部分功能已趋于稳定，目前主要关注多链适配、智能合约及数据安全与隐私保护等衍生功能。

第二阶段为服务特定行业或区域的区块链应用平台。该阶段主要是在区块链应用大范围落地后，将已有建设经验总结归纳，抽象出面向通用场景、提供通用功能的平台。如面向特定场景的中国证券业协会的证联链、深交所的深证金融区块链平台、蚂蚁链租赁平台。以深证通区块链区域股权金融综合服务平台为例，该平台基于区块链技术，以服务市场和服务监管两方面为抓手，为区域股权市场提供全栈式服务和个性化解决方案，同时将监管要求融入平台设计，创新监管数据报送方式，建设区域性股权市场穿透式监管，推进多层次资本市场数字化和创新生态体系建设[①]。另外还包括由地方政府牵头建设的面向特定区域的政务区块链基础设施。区块链技术虽然可以推动资源更大范围的流通，但单靠少数政府部门和企业，很难为区块链落地构建

---

① 深证通区块链官方网站，https：//blockchain.sscc.com/#/inde。

完整的生态闭环。搭建城市区块链基础设施可以有效促进区域内跨机构、跨平台、跨行业的资源流动和管理，从而为区域客户及居民提供更完善的服务。目前已经落地的区域联盟链有北京市"目录链"、上海市"浦江数链"、四川省"蜀信链"等，大部分以区块链基本服务为底座，向上延伸多个应用场景，如电子证照、金融服务、司法存证、智慧医疗等。

第三阶段为多方参与的开放联盟链。随着区块链应用的逐渐深入，不同联盟链建设主体因应用需求不同，技术选型不同，缺乏统一的标准和规范，不仅资源重复建设，而且不同生态间数据难以传递和共享，区块链"数据孤岛"现象日益严重，这严重阻碍了数字经济高质量发展。2023年5月，国家区块链技术创新中心投入运行，计划构建由省市级骨干节点网络、行业应用节点网络组成的国家区块链算力网络。① 随后能源、海洋经济两个行业创新中心及首个区域中心（重庆）启动建设。国家级开放联盟链的建立，有助于统一技术标准，建立成熟的开发者社区，进而统一资源开展关键技术攻关，聚合区块链应用生态，形成性能强大的数字基础设施，助力我国抢占全球数字经济发展制高点。除此之外，行业龙头和区块链服务商也提供可供接入的开放联盟链，如中国信息通信研究院的"星火·联网"、蚂蚁链开放联盟链、百度超级链开放网络、区块链服务网络（BSN）等。

三 挑战及建议

（一）挑战

1.缺乏有效的治理机制，联盟链技术发展放缓

当前金融行业的联盟链治理仍以链下模式为主，即成立联盟理事会或者委员会负责联盟链的运营与治理工作，在链下达成协议后再通过特定方式反映到链上。这种治理模式虽然可以有效保障联盟主要成员的权益，具有较强

---

① 崔爽：《国家区块链技术创新中心投入运行》，《科技日报》2023年5月11日。

的安全性，但是难以体现决策过程的公开透明、公平公正、可追溯和可监管，容易引发联盟成员和其他参与方对委员会的信任问题，影响联盟的持续发展。此外，当前金融业的联盟链还缺少成熟的运营机制和治理框架，在基础设施的服务质量、联盟成员的权利与义务、参与方的评价体系和联盟的收益分配方式等重要方面尚未形成清晰的治理模式。

2.部分区块链应用面临商业化能力不足问题

区块链技术赋能金融行业的业务模式虽然已完成前期技术验证和业务试点，但在后续商业化过程中面临诸多挑战。首先，技术成熟度不足，无法支撑大规模的商业应用。例如，在试点阶段联盟链的节点数量有限，基础共识协议即可适用，但当节点数量快速增长时，对共识协议的性能要求首当其冲成为要解决的关键问题。其次，部分联盟链应用场景的广度和深度都相对有限，难以形成多元化的、稳定的商业模式和赢利渠道。最后，区块链技术的应用涉及许多法律合规问题，尤其是对合规要求更加严格的金融行业，如数据隐私、数据共享，或者是创新模式对现行业务规则的突破等，这些问题也在一定程度上限制了区块链应用的商业化能力。

3.面向零售客群推广质效较低

当前区块链应用落地场景主要集中在 B 端和 G 端，C 端落地案例较少。一方面是因为当前区块链技术在金融领域的应用主要集中在供应链金融、贸易融资、支付清算、跨境金融等细分领域，这些领域主要涉及企业和政府，与普通消费者的日常生活关系较小，因此区块链在 C 端的推广质效相对较弱。另一方面是由于区块链技术分布式特性与传统互联网模式不同，如与传统账户系统中密码相对应的、区块链私钥的使用及保管知识，C 端用户学习成本较高，运营方的推广成本也随之增加。

（二）建议

一是注重金融行业联盟链的顶层设计和规划。明晰联盟链基础设施与上层应用的关系和界限，整合行业内的基础资源，减少不必要的节点投入，降低应用间的互通成本；同时也可以将部分资源从基础设施管理的工作中释放出来，专注于自有业务范围内应用的运营和治理。

二是在链下治理和链上治理之间找到平衡，制定联盟链的运营和治理框架。可根据金融业实际情况和合规要求，有选择性地参考吸收公链市场的技术和理念，约定金融业联盟链的治理规则，包括基础设施管理体系、参与方权责利体系、参与方评价体系以及收益分配体系等，实现联盟链的高效运营和公正决策。

三是继续挖掘和推广行业内跨链互操作的最佳实践，进一步推动跨链技术标准化工作，跟进标准的起草、评审和发布，鼓励联盟链基于已有规范和标准开展跨链互操作实践。

四是优化区块链技术对终端用户的服务能力。随着区块链技术在数据要素、数字身份方面的应用，C 端用户在未来将成为金融业区块链应用的重要客户群体。如何降低甚至屏蔽用户对区块链技术复杂性的感知，将是一个值得探索的重要课题。以私钥管理为例，一方面可以使用专业的硬件加密机为客户托管私钥，降低用户感知；另一方面引入基于多方安全计算技术的 TSS 门限签名方案，应用平台、用户各保管一部分私钥碎片，实现用户自我掌控的同时兼顾密钥丢失的容错性。

四　区块链技术与应用展望

目前，区块链结合多项前沿技术，在国家政策的支持和指引下，成功应用在供应链金融、贸易金融、支付结算等多个场景，在释放数据要素生产力、助力数字经济高质量发展等领域发挥出明显的优势。展望未来，区块链可抓住这一时代契机，积极解决跨境金融、跨境商贸场景中的数据流通、数据合规和数据安全等痛点问题，助力搭建境内外协作的桥梁，支持共建"一带一路"国家的金融基础设施建设。

1.打破区块链"数据孤岛"，助力金融市场互联互通

习近平总书记强调，要加强境内外金融市场互联互通，提升跨境投融资便利化水平。例如，广东省级地方征信平台"粤信融"与大湾区粤澳跨境

数据验证平台的成功对接，实现了金融机构跨境验证，为大湾区企业和个人提供优质金融服务。再如，上海市经信委、商务委发布《推动区块链、大模型技术赋能生产性互联网服务平台发展实施方案》，提出打造区块链跨链公共服务平台，发动企业积极参与区块链跨链互通，并表示将与国内外金融机构合作探索建设区块链电子提单金融服务应用场景等。后续，金融业将进一步扩大境内外互通规模及覆盖行业，简化客户在境内外资信真实性验证流程，为企业及个人提供更优质的金融服务，更好地满足跨境融资需求。

2. 助力搭建区域基础设施，推动跨境协作成为新蓝海

随着"一带一路"倡议的持续推进，区域间的金融和商贸联系也日益加强，因此基础设施互联互通已经成为共建"一带一路"国家的优先领域。目前，区块链技术与分布式数据传输模式（DDTP）的结合，已经助力构建粤澳跨境数据验证平台、深港跨境数据验证平台等大湾区新型数字化跨境服务基础设施，在核数证明、资产验证等多个金融场景完成验证。在广州市政务服务和数据管理局指导下，相关科技公司利用区块链和人工智能技术开发了跨境数据产品，完成数据资产入表工作，实现跨境可信支付、办理税务优惠以及完成贸易融资保理等功能，有效提升了跨境贸易在供应链上的信息透明度。

3. 加强数据隐私保护，护航金融科技行稳致远

在金融行业，数据监管框架更加完善。叠加垂直行业的要求，数据处理者的合规意识、数据使用的规范性日益加强。随着大模型、人工智能等技术应用在金融行业，数据和算法可能引发的安全风险更值得加强研究和应对。以"征信断直连"为例，中国人民银行发布《征信业务管理办法》，规定"金融机构不得与未取得合法征信业务资质的市场机构开展商业合作获取征信服务"。此举主要目的是加强个人信息的保护，防止个人信息被过度收集、滥用或泄露。基于此，区块链可通过与隐私计算等技术融合，使互联网平台与金融机构相互直接的敏感信息不出私域，实现数据安全、有序、合规地流动，最终构建脱敏的信用评分模型，完善用户画像、提升风控评估能力，后续将在多个金融场景中发挥更大作用。

B.4
人工智能技术在金融领域的
发展与应用实践

中国工商银行股份有限公司　蚂蚁科技集团股份有限公司

深圳市腾讯计算机系统有限公司　北京中科金财科技股份有限公司 *

摘　要： 　　人工智能技术的应用一直是金融机构数字化转型和智能化升级的核心领域，以大语言模型为代表的生成式 AI 将进一步推动金融服务的智慧再造，实现 AI 服务赋能金融业务规模效益。大语言模型的应用推动人工智能技术从单纯的模型训练进入更加注重智能化和自适应性的阶段，直接促进金融行业 AI 应用场景有效收敛、更集约化的工程落地范式。本文介绍了以大模型为代表的人工智能技术最新发展状况，从行业、业务、服务、监管等角度介绍了人工智能技术对金融领域效率提升、模式再造、体验优化、智能风控等方面的意义及发展趋势。同时，介绍了人工智能技术在金融业务中落地或者探索的典型示范案例以及面临的机会和挑战。

关键词： 　　大语言模型　人工智能　数字化

一　人工智能技术发展概况

（一）人工智能技术发展现状

人工智能（AI）技术自 20 世纪中叶诞生以来，经历了多次发展浪潮。

---

* 执笔人：金昕、姜璐、刘安平，中国工商银行股份有限公司；孙曦、陈雨虹、宫海韵，蚂蚁科技集团股份有限公司；全成、陈明、姜江，深圳市腾讯计算机系统有限公司；杨宏阳，北京中科金财科技股份有限公司。

近年来，随着计算能力的提升、大数据的积累以及算法的创新，AI 技术尤其是大模型技术在 2023 年取得了显著进展，引发了人工智能变革。大模型技术的发展是 AI 领域的一大里程碑。目前大模型技术在自然语言、计算机视觉、多模态等领域取得了显著进展。

1. 大语言模型

2017 年，基于自注意力机制的 Transformer 架构 BERT 在语言模型领域确立了"预训练微调"学习范式以来，其在大规模无标签语料库上使用专门设计的预训练任务，并通过扩展模型大小（例如，1750 亿参数规模的 GPT—3）来解决一系列复杂任务，最终极大地提高了各项自然语言处理任务的性能。研究界将这些大规模的预训练语言模型命名为"大语言模型"（Large Language Model，LLM）。目前国内外科技公司相继提出了各自的大语言模型，例如国外 OpenAI 的 ChatGPT 系列、国内腾讯的混元系列等。

虽然大语言模型在上下文感知词表示作为通用语义特征非常有效，但 Transformers 的核心构建模块（注意力算子）在序列长度上表现出二次成本，这导致其惊人的计算成本，限制了可访问的上下文数量。为此，当下以降低其计算成本为目的的各类技术也相继提出。例如，动态分配大型模型中计算资源的 MoD（Mixture-of-Depths）技术、压缩记忆的 Infini-Transformer 架构，以及 Hyena 架构。

2. 计算机视觉

计算机视觉是人工智能技术中非常活跃的研究领域，其细分领域众多，包括但不限于目标检测、语义分割、实例分割、图像标注、图像超分辨率、光流估计、三维重建、姿态估计、深度估计、图像风格迁移、图像生成等。

在计算机视觉领域，随着联合表示学习的兴起，尤其是 OpenAI 提出的 CLIP（Contrastive Language-Image Pre-training）训练方法的出现，其在样本多样性以及数据增强等方面取得了显著效果，让计算机视觉系统摆脱了预测一组固定的预定目标对象类别的束缚。

CLIP 方法是通过自然语言监督来学习视觉模型的预训练方法，其核心思想是利用自然语言中的监督信息来学习感知能力。CLIP 的优势在于其能够从自然语言中学习丰富的视觉概念，并且在多个下游任务中展现出强大的迁移能力，包括但不限于图像分类、图像检索、视频动作识别等。

3.多模态与跨领域融合

AI 技术正逐渐从单一模态向多模态融合演进，多模态 AI 技术是将不同类型数据（如文本、图像、音频等）融合起来进行处理和分析的领域。当下多模态技术取得了显著进展，例如，跨模态转换（Text-to-Image、Text-to-Video、Text-to-3D）、多模态情感分析、多模态交互等。

当前多模态领域中，Transformer 和 ViT（Vision Transformer）成为多模态基础模型的关键性架构。大规模多模态预训练模型包括 Visual ChatGPT、MM-ReAct、Frozen、BLIP-2、LLaMA-Adapter、MiniGPT-4、LLaVA、PICA、PNP-VQA 和 Img2LLM 等。

（二）人工智能技术发展趋势

人工智能已成为全球关注的焦点，推动着各行各业的变革。我国政府高度重视 AI 技术的发展，已将其纳入国家战略，并出台多项政策支持 AI 的创新和应用。2017 年，国务院发布《新一代人工智能发展规划》；2022 年，科技部等六部门推动 AI 在各行业场景的应用；2024 年，政府工作报告提出"人工智能+"行动，促进 AI 与实体经济的深度融合。从我国政府出台的各项政策来看，未来 AI 技术的发展重点包括四个方面。第一，算法创新。持续推进深度神经网络架构、强化学习等基础算法的创新和优化。例如，近期提出的 KAN（Kolmogorov-Arnold Networks）等新型网络架构。第二，AI 基础设施支持。提升人工智能基础设施的发展力度，例如，人工智能芯片研发、算力中心建设等。第三，AI 应用拓展与产业结合。深化人工智能在医疗、教育、交通、金融等领域的应用。第四，伦理安全。加强人工智能伦理和安全研究，确保技术发展的可持续性和社会接受度。

目前我国 AI 技术已经应用于商业、医疗保健、信息技术、金融、交通和机器人等领域，并助力产业智能化升级。例如，金融领域利用 AI 技术进行信用风险评估、市场预测和投资策略制定；医疗领域利用 AI 技术在包括精准治疗、AI 驱动的药物发现、临床试验和病人护理在内的多个细分领域取得成功。

　　未来 AI 将成为推动全球经济增长的新引擎。同时，各国在 AI 领域的竞争加剧，AI 技术领先成为国家竞争力的重要标志。随着对 AI 技术的依赖增加，确保 AI 实践的伦理安全变得尤为重要。业内普遍认为透明度、公平性和问责制是在 AI 发展中必须强调的核心原则。我国作为 AI 创新的领先者，在发展 AI 技术的伦理道路上发挥着引领作用，已发布《新一代人工智能伦理规范》。

二　人工智能技术在金融领域的应用情况

（一）助力金融行业的效率提升

　　大模型技术能全面赋能金融业务各环节及组织前中后台，极大地提升客户营销、运营服务、技术开发以及内部管理效率。

　　客户营销方面，大模型能够为运营人员提供丰富的创意文案，不仅可以提高营销文案的生成效率，而且增强了文案的多样性和创意性，使得营销活动更加个性化和有针对性。

　　运营服务方面，以投资顾问为例，大模型能够实时解读市场资讯，识别市场趋势和投资机会，生成详尽的投资报告和策略建议，使得投顾人员能够更及时地响应市场变化，为客户提供更精准的投资建议，提升客户满意度和投资回报率。

　　技术开发方面，大模型可以提供代码生成工具，自动完成代码的编写、补全和优化等，减少手动编码的工作量，加速编码过程，提升编码效率和质量，还可以在代码解释、翻译、自动注释和单元测试等方面提供支持。

　　内部管理效率方面，大模型技术可以显著降低知识获取以及数字化工具应用门槛，让每个人都能快速成为金融行业的专家。通过大模型强大的自然语言处理和知识抽取能力，可以在金融领域海量的文献、报告、新闻等非结构化数据中快速检索、提炼出关键信息，并生成结构化、易于理解和应用的知识库。这个过程可以在秒级内完成，极大提升获取金融专业知识的效率。

麦肯锡预测[①]，生成式 AI（大模型）带来的生产力提升将推动银行业收入增长 3%~5%，约 2000 亿~3400 亿美元。UBS 预测[②]，在乐观情景下，2025 年，生成式 AI 在对内赋能的场景率先实现大规模落地，证券行业、保险行业人工成本减少 20%，证券行业、保险行业利润分别提升 15%与 27%。

（二）推动金融业务的模式再造

大模型将成为"智能引擎"，从信息处理进化到复杂决策，从 Copilot 跨越到 Autopilot，重塑交易决策、产品创设及营销规划等业务环节。

在交易决策支持方面，大模型可以通过对海量金融数据的深度学习和分析，快速识别市场趋势和投资机会，为交易员提供实时的决策支持，有助于提高交易决策的准确性和及时性，降低决策中人为的情绪干扰和错误概率。

在产品创设领域，大模型可以利用其强大的内容生成能力，通过对客户需求和市场动态的深度学习，设计出更符合市场需求的金融产品，并根据客户的投资偏好、风险承受能力和市场反馈，生成个性化的产品建议。

在营销规划方面，大模型可以精准地识别目标客群，生成个性化的营销内容和推广策略，还可以模拟客户对话，提供智能化的客服和销售支持，提升营销转化率和客户满意度等。

此外，大模型还将推动业务范式升级。仍以投顾领域为例，传统的投顾服务受限于人力成本和专业能力，难以实现千人千面的资产配置。基于大模型技术升级后的智能投顾，可以根据客户的风险偏好、投资目标等因素，快速生成个性化的投资组合和策略建议。通过与客户的多轮对话交互，智能投

---

① Michael Chui, Eric Hazan, Roger Roberts, Alex Singla, Kate Smaje, Alex Sukharevsky, Lareina Yee, Rodney Zemmel, *The Economic Potential of Generative AI*.

② 《亚太聚焦：生成式 AI 如何重塑中国非银金融行业？》，2023 年 8 月，https://www. ubs. com/global/en/investment-bank/in-focus/2023/how-will-generative-ai-reshape-the-china-non-bank-financial-sect. html。

顾能够持续优化投资方案，并以拟人化的方式提供专业、贴心的服务，增强客户信任和黏性，推动卖方投顾向买方投顾转变，引导投资者理性投资，助力营造良性资本市场环境。

（三）促进金融服务的体验优化

大模型技术在金融领域的应用前景广阔，将从多个维度促进金融服务的体验优化，能够带来智能化客户交互跨越式提升。

首先是更有温度，大模型可以通过意图识别和情感分析，更准确地理解客户的需求和情绪，给予更加贴心的回应，表达更加人性化，未来可以演化为给予客户随时随地的专属陪伴，带来全新的人机交互体验。

其次是更有深度，传统的金融服务往往依赖于人工顾问的专业知识和经验，受限于人力成本和服务时间，很难为广大客户提供随时随地的专业服务。大模型则可以通过知识图谱和检索增强生成等技术，快速检索和整合海量的金融知识，并以通俗易懂的方式向客户解释，帮助客户更便捷地获取专业的金融知识和建议，让金融机构首席投资策略师、首席分析师的"最强大脑"产生的洞见能够更容易被触达，充分调动公司积累的知识和策略，提供更高质量、更有深度的服务。

最后是更多样且易得。以 OpenAI 推出的 GPTs 为例，其为开发人员提供了开发工具及市场营销平台，打造了生成式 AI 领域的"iPhone App Store"，将极大地丰富应用生态，促进涌现出更多样的智能化金融服务。国内也有类似的创新应用平台，这些创新性平台的应用，将极大地丰富金融服务的内容和形式，为客户提供更加多元化和个性化的选择。

（四）成为数智风控技术新起点

大模型技术的出现，成为金融风控领域新的起点并带来了机遇。传统的风控模型主要依赖于结构化数据和人工设计的特征，面对日益复杂的金融环境和不断变化的风险形态，其适应性和灵活性受到了挑战。而大模型凭借其强大的语义理解、知识抽取和逻辑推理能力，能够高效处理海量非结构化数据，挖掘其中蕴含的风险信息，极大地拓展了风控的数据维度和分析深度。

风险识别方面，大模型可以通过对交易数据、客户信息、舆情新闻等多源异构数据的综合分析，发现隐藏在数据背后的风险关联和异常模式，及时预警潜在风险。例如，通过对企业公告、法律诉讼、负面新闻等文本数据的语义分析，大模型能够精准刻画企业的信用状况和风险水平，为信贷决策提供有力支持。

风险决策方面，大模型通过对历史案例和专家知识的学习，可以充分利用其泛化能力和推理能力，并与判别式 AI 模型能力互补，能够增强在复杂多变的场景下做出智能、精准的风控决策能力，并有在新的风险场景下也能做出可靠的判断的潜力。

风险监测方面，当前金融领域风险越来越呈现隐蔽性、交叉性、跨市场特点（如跨国洗钱），风险识别和控制难度持续增大，传统的风控系统难以应对日益频发的金融犯罪和欺诈风险。大模型可以实时分析海量交易数据，识别可疑交易和异常行为，有望更广泛、更敏捷地监测异常交易，并自动调度风险管理工具第一时间触发预警和处置机制，控制风险发酵及传导。

此外，大模型还可以通过对系统日志、网络流量等数据的智能分析，及时发现并修复系统漏洞（如数据安全、网络安全漏洞等），提升金融机构的网络安全防御能力。

三 人工智能技术金融领域应用实践案例

（一）案例一

工商银行千亿级金融大模型 V1.0。中国工商银行打造的全栈自主可控千亿级 AI 大模型技术体系，通过"三大技术支撑"及"五大应用范式"，赋能"八大业务领域创新应用"。一是依托算法高效、算力可靠、数据全面的企业级大模型三大技术支撑能力，打造数字化转型新引擎。二是总结提炼知识检索、智能搜索、文档编写、智能中枢、数据分析五种大模型技术的应用范式，打造金融行业示范新标杆。三是运用大模型创新赋能远程银行、对公信贷、运营管理、金融市场等八大金融业务领域，增强高质量发展新动能。

以远程银行客服为例，围绕远程银行中心数千人的客服团队，贯穿座席事前、事中、事后全流程，聚焦对客服务中枢的运营团队、群体基数较大的人工座席、工作量较为繁重的质检人员，重新定义该群体的作业和生产模式，基于大模型能力赋能全流程业务场景。

在事前智能客服知识运营阶段，利用大模型自动完成数据标注与知识维护，助力提升传统智能客服分流质效。例如，利用种子数据，通过大模型的生成能力生成与种子数据相近的合成数据，再由人进行校验筛选，可以极大地提升数据生成效率。再例如，对于远程银行场景中用户晦涩难懂的答复话术和营销话术，通过大模型进行转写修改，生成用户易于理解的内容，提升沟通效率。

在事中服务客户阶段，利用大模型打造前情摘要功能、知识随行功能、工单智能填写功能，极大提升座席运营效率，压降通话时间。以知识随行为例，座席人员在与用户对话的过程中，需要实时回复用户问题，对于不熟悉业务的员工或者不常见的问题，座席人员需要人工输入问题并搜索。利用大模型问题提取和基于知识库的制度问答范式，可以实时生成用户问题的答案，免去输入和打字的流程，准确率可以达到95%。实测单次通话压降数秒，实现了对客服务效率提升。

在事后质量检查阶段，生成传统质检 AI 模型数据，即模拟座席及客户问答，提升传统质检模型准确率。在质检任务中，利用传统模型进行训练时，负样本数据获取困难（例如情绪识别很难找到用户生气或者惊恐的样本）导致训练数据不平衡，模型效果不足。大模型可以通过提示词和样例数据合成大量负样本训练数据，从而提升传统模型效果。

（二）案例二

基于金融服务场景大量实践，蚂蚁集团以大模型为认知和交互中枢，调用领域知识和专业服务，构建了独特的"大模型+知识+服务"架构范式，并搭建了"1+2"的大模型能力和应用矩阵，包括一个金融领域专业大模型，以及分别面向普通消费者和面向金融专业人员的两个产品应用"AI 金融服务管家"和 AI 业务助手"支小助"。

面向普通消费者的"AI 金融服务管家"，可为用户提供高质量的行情分析、持仓诊断、资产配置和投教陪伴等专业服务。"AI 金融服务管家"具备高精度的意图理解和个性化的沟通风格，对金融事件的分析推理能力不逊于真人行业专家，能够进行多回合的高质量对话。该产品的背后是在大模型技术基础上，结合高质量金融专业知识库和 320 多个金融专业工具来增强模型专业能力，并通过整合多目标运筹优化、动态图计算和异构图表征学习等前沿技术能力，以及在数据、模型、输出层面建起"金融合规围栏"等，全面提升其"知识力""专业力""语言力""安全力"。根据目前评测结果，"AI 金融服务管家"在金融意图识别上准确率达95%，在投资情绪识别上准确率达90%，金融资讯总结和事件推理等达到分析师水平，目前可提供选基、行情、配置等290+理财服务，选品、规划、核赔等30+保险顾问服务。向大众用户开放公测以来，"AI 金融服务管家"已服务超 5900 万用户。

面向金融专业人员的 AI 业务助手"支小助"，致力于提升金融服务链条各职能专家生产效率和服务半径，并提供投资、理财、保险等不同场景的服务。"支小助"具有金融知识挖掘、事件/政策/行业解读、研报/财报分析、典型金融报告生成等 9 类定性分析能力，量化问题分解、量化代码生成等 3 种基本定量分析能力。"支小助"独创了"PEER"仿金融专家多智能体协同框架，将复杂的问题抽象为计划（Planning）、执行（Executing）、表达（Expressing）和评价（Reviewing）。这个框架确保了从问题识别到解决方案生成的每一个步骤都能得到专业级别的处理，目前该框架已开源为 agentUniverse 多智能体框架。金融知识库和金融专家分析方法论也是"支小助"的两个核心技术支柱。金融知识库不仅是数据存储库，也是一个动态更新的金融信息池。其整合了各种来源的财研报告、公司公告、新闻资讯、行情数据等，为金融市场的全面分析提供了坚实基础。金融专家分析方法论是一种大型提示词工程，目前包含 30 个以上的专家提示词框架。该方法论的融入提供了一个专家分析框架，指导 PEER 范式中的智能体高效地利用金融知识库，进行问题拆解、知识运用、表达方式和评价标准的应用。从应用情况来看，以"支小助投研"为例，当前已全面覆盖中、美、港市场的重要上市公司与基金产品、800+行业板块、200+热点事件，以及百余家核心独角兽公司，实现对金融市场动态的分钟级分析响应和多角度分析，已和多家头部金融机构达成合作，大幅提升了数百名金融分析师、理财顾问、保险顾问的工作效率。

（三）案例三

1. 案例背景

随着 ChatGPT 在全球掀起 AI 热潮，黑产 AI 模拟真人信贷欺诈行为也越发猖獗。为了有效遏制这种 AI 模拟真人欺诈行为，腾讯云将大模型技术引入反欺诈等风控场景，形成腾讯云天御金融风控大模型（见图 1）。针对黑产骗贷较为严重的新信贷业务与新信贷场景，河南中原消费金融股份有限公司（以下简称"中原消金"）引入腾讯云天御金融风控大模型，高效率地迭代专属于中原消金的风控模型。

2. 解决方案

腾讯云天御金融风控大模型具有如下特点：一是腾讯专家级建模。金融风控大模型融合了腾讯云天御大量风控建模专家的经验以及知识，能自动实现专家级精度的风控建模。二是全流程自动化。大模型在建模阶段只需使用少量提示样本，就能自动构建适配金融机构自身业务独有特点的风控模型，并且实现全流程自动化的部署上线，风控策略部署效率提升 10 倍。三是解决"小样本"风控难题。金融风控大模型能帮助样本积累有限以及新业务上线"零样本"的机构，高效解决"小样本"训练难题，模型区分度比传统模式

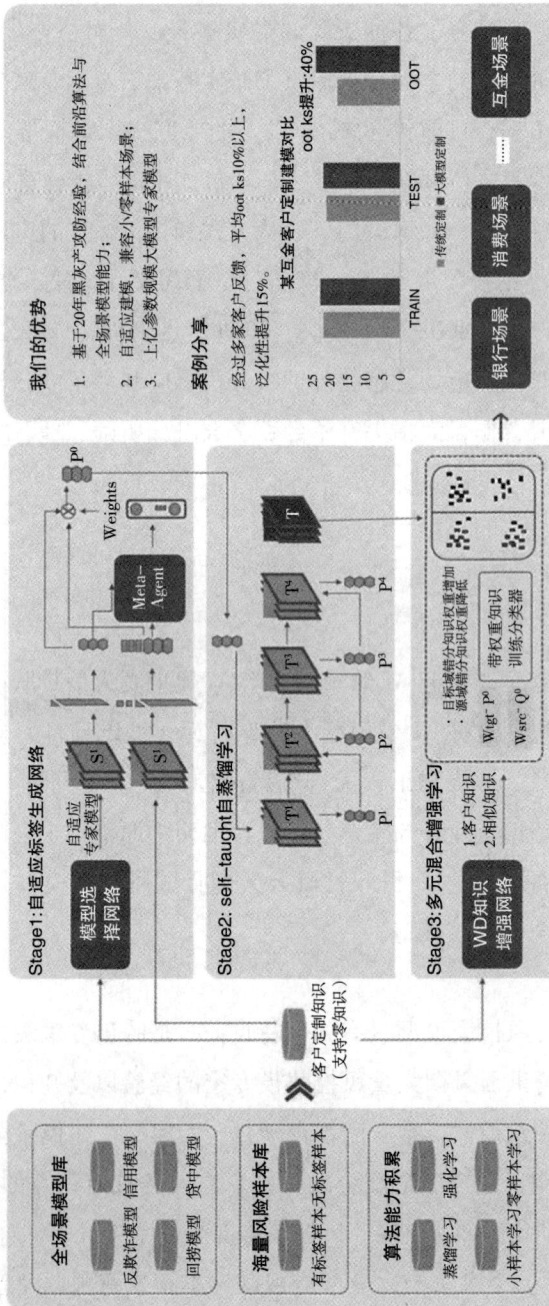

图 1 腾讯云天御金融风控大模型技术方案

提升 20%。四是 360 度模型评估。金融风控大模型为金融机构提供超越自身样本的模型评估体系，覆盖全量金融风控的细分场景，并在跨场景的泛化性能力上提升 30%。

3. 应用成果

中原消金携手腾讯云将"风控策略"与"算法模型"深度融合，构建了一个以多元化的平台能力、技术能力、数据能力为基础，涵盖"获客+授信准入+贷中管理+贷后管理"全流程的智能风控体系。双方联合共建了 10 个风控模型，在反欺诈、信用初筛、拒绝回捞、客户经营等多个场景应用。在双方联合构建的智能风控体系的支撑下，中原消金有效防范欺诈行为的发生。

（四）案例四

国内某大型国有银行在企业尽职调查（尽调）报告生成过程中，面临着如何高效、准确处理大量数据的挑战。这些尽调报告需要综合考虑企业的财务状况、经营情况、行业环境以及潜在风险，是决定授信额度和业务决策的重要依据。传统的手工撰写方式不仅耗时费力，还容易出现人为错误，影响决策的准确性和及时性。为了解决这一问题，北京中科金财科技股份有限公司利用其多场景多基座大模型引擎，针对该银行的需求，研发了一套尽调报告自动生成系统。该系统基于对十几个大模型的评测结果，最终选择了以开源大模型（如 ChatGLM3—6B、通义千问 2—7B、Llama3—7B）的组合作为基座，并成功应用于尽调报告的自动化生成。

在具体实施中，首先，该系统支持用户根据不同的业务需求，自定义尽调报告模板。用户可以选择预定义的模板，或者自行编辑报告的结构，包括章节、标题、图表等内容，以确保报告符合业务的标准化要求。模板可以保存、导入和导出，支持复用，极大地提升了配置效率。其次，系统实现了与多种数据源（如内部数据库、Excel 文件等）的无缝对接。用户通过自然语言输入数据需求，系统自动获取、清洗和预处理所需数据，确保数据的准确性和完整性，这为报告生成提供了可靠的数据支撑。该系统还利用大模型的文本生成能力，自动生成高质量的尽调报告，包括文本和图表，确保报告的专业性和一致性。用户可以在系统中预览和编辑生成的报告，以满足不同场景下的需求。为了进一步提升报告的质量，系统提供了语法检查、语义分析和风格优化功能，帮助用户在生成报告的过程中进行内容校对和优化，确保报告的准确性、逻辑性和风格的统一。在报告输出方面，用户可以将生成的尽调报告导出为 PDF、Word、HTML 等多种格式，并通过云端存储和链接分享等方式进行共享。系统还提供权限控制功能，以确保报告的安全性和隐私性。最后，系统内置了多种风险评估模型，帮助用户对报告内容进行风险评估和合规检查，提供风险提示和应对建议，确保尽调报告的全面性和准确性。

该系统显著提升了尽调报告的生成效率和准确性，减少了手工操作的工作量，避免了人为错误，提高了决策的可靠性。通过这一项目，北京中科金财科技股份有限公司不仅展示了其在大模型引擎应用方面的领先水平，还为银行领域的智能化转型提供了有力的技术支持。这一成功实践为该银行在未来更多的金融服务智能化探索奠定了坚实的基础。

四　人工智能技术在金融应用挑战与发展建议

（一）存在挑战

随着大模型技术在金融领域的落地尝试，其在算力资源、数据质量与储备、人才培养及安全伦理等方面存在的问题也逐渐显现。

1. 算力资源

金融 AI 大模型的训练需要巨大的算力支持，这不仅是硬件层面的挑战，而且是对计算资源高效利用的挑战。随着模型复杂度的增加，对算力资源的需求呈指数级增长，随着 GPU 供货的不确定性，如何在有限的资源下实现高效的模型训练和部署，同步适配信创资源，是金融行业在大模型训练和应用中亟待解决的问题。

2. 数据储备与质量

数据的质量和数量直接影响到模型的性能。随着模型规模的不断扩大，其对训练数据的需求也急剧增长。然而，金融领域的数据具有高度的专业性和敏感性，储备量往往有限，这成为金融行业在推进领域化模型训练时遭遇的一大挑战。在获取足够数据量的基础上，数据质量更是决定模型性能上限的关键因素之一。尤其是在对隐私和安全要求极高的金融行业中，确保数据的清洁、安全及多元化变得尤为重要，这不仅关乎模型训练的准确性和有效性，还是保障金融业务稳健运行的基石。

3. 人才培养

金融 AI 技术的发展需要大量具备跨领域知识的人才，包括金融、数学、计算机科学等领域。然而，目前金融领域此类人才的储备有所不足，培养机制还不够完善，如何吸纳和培养高素质人才实现业务支撑和能力迭代是众多金融企业面临的共同挑战。

4. 安全可信

大模型训练数据大多来源于互联网、业务数据，这些数据可能涉及大量用户隐私，需要数据主体的授权，这是目前大模型训练和再训练面临的通用问题。在更为看重专业度和隐私性的金融行业，这一问题尤为重要，如何确保 AI 系统的安全和合规，保障用户隐私安全；如何确保 AI 决策的公正性和透明性，避免歧视和偏见；如何平衡技术创新与伦理道德的关系，都是大模型在金融领域发展历程中不可避免的难点和挑战。

（二）发展建议

随着新一轮科技革命和产业变革加速推进，以大模型技术为代表的人工智能技术正在引领第四次工业革命持续演进，也推动了金融行业数字化转型的深化发展。随着人工智能大模型技术在金融领域的逐步落地，其在提升智能投顾、风险管理、反欺诈和个性化服务等方面展现出巨大潜力。同时，行业也面临着算力资源、数据质量与储备、人才培养、安全可信及算法优化等多方面的挑战。

在算力资源方面，由于大模型需要高端算力支持训练和推理，而当前美国对我国禁运高端算力，国内高端算力生态还不丰富，因此建议提前预研和储备相关高端算力资源，同时优化资源管理，提升计算资源的弹性调度和高效利用，推进信创资源的本土化适配，在全球供应链波动中保障算力资源的供应。

在数据质量与储备方面，大模型的效果与数据质量和数量息息相关，这是大模型的关键要素之一。以 Llama3 为例，其已经使用了十万亿级的字符进行训练且还在持续增加。但是单一的企业不具备如此大规模的数据储备。建议通过行业内外合作扩大数据范围和多样性，通过外部交流和内部试验建立完善的数据清洗和预处理机制，保障数据的准确性、完整性和隐私数据的安全化处理。

在人才培养方面，通过与高校及头部机构合作培养多学科人才并开展产学研合作，同时从内部业务出发建立内部培训体系，定期开展技术培训提升现有员工的技术水平，并通过有竞争力的培养和激励机制吸引外部高素质专业技术人才，为其提供长期发展路径。

在安全可信方面，建立数据保障机制，严格管控用户数据，并通过RAG 等途径进一步提升模型的可解释性，同时建立定期审查机制避免算法的隐私泄漏、偏见歧视等情况发生。此外，亦应推进行业标准和制度，制定统一的合规政策和模型应用规范，保障模型的安全使用。

在算法优化方面，当前基于 Transformer 的大模型架构还有诸多劣势，例如，存在上下文处理长度不足、模型存在幻觉、算力消耗巨大、无法持续学习等多方面的问题，还需要加强与科研院所以及开源社区的相关科研力量合作，积极进行算法创新，逐步解决相关问题，推动人工智能不断向前发展。

云计算技术在金融领域的发展与应用实践

中国农业银行股份有限公司　华泰证券股份有限公司　华为技术有限公司*

摘　要：　党的二十大报告提出，中国式现代化是全体人民共同富裕的现代化，共同富裕是中国式现代化的本质要求。金融业准确把握报告内涵，找准科技创新的发力方向，在实践中扎实推进共同富裕，加快科技成果向现实生产力转化。金融机构在落实高水平科技自立自强要求的过程中，迎难而上、聚焦重点，推进云计算在基础设施改造、应用分布式转型中创新。本报告首先从政策引导攻关、金融行业实践、技术创新发展三方面概述云计算技术发展现状；其次，从云计算服务模式与技术架构、金融云建设成果、金融云挑战与机遇三个维度对金融行业使用云计算技术进行详细阐述；再次，介绍了全面运用云原生技术聚焦业务价值、夯实科技基础，促进大型商业银行、综合证券集团进行数字化转型的最佳应用实践；最后，从金融科技应用发展进程视角总结了云计算在金融业应用所面临的信息安全、业务连续性、金融创新赋能等挑战和解决思路，并展望未来云计算发展将在数据化、智能化、可持续性上深化创新。

关键词：　云计算　云原生　业务连续性

一　云计算技术发展现状

习近平总书记强调："科技创新能够催生新产业、新模式、新动能，是

---

* 执笔人：刘博、李澍、张洁，中国农业银行股份有限公司；吴沛然、管文琦、孙伟，华泰证券股份有限公司；王旭、徐旭，华为技术有限公司。

发展新质生产力的核心要素；必须继续做好创新这篇大文章，推动新质生产力加快发展。"云计算作为主流的先进计算模式，既为大数据、人工智能、5G等新技术提供了基础支撑，又是推进产业数字化转型、激发数字经济新动能不可或缺的重要手段。

（一）政策引导方面，加强云计算安全保护，推进产研用协同攻关

国家发改委、中央网信办联合印发的《关于推进"上云用数赋智"行动培育新经济发展实施方案》鼓励具备条件的行业领域和企业探索大数据、人工智能、云计算等新一代数字技术应用和集成创新。云计算作为数字经济的基础，已经成为国家数字化核心竞争力之一。

云计算的安全性、数据私密性保护是当前阶段云计算产业发展和应用面临的最为普遍及核心的制约因素。完善针对云计算安全的分级保密制度，对云端数据在服务可用性、物理安全、数据机密性和完整性、隐私保护、恶意攻击防范等方面形成特定的行业安全标准和使用规范，同时强化软硬件安全工具的创新、开发和应用，使上云用户真正体验到敢用、能用、好用、爱用。

推动产业机构和研究机构开放平台资源，带动核心芯片、基础软件、应用软件等关键产业链环节的发展，在自主可控前提下坚持市场化发展，持续支持国外企业联合高校、科研院所用户单位优势力量强强联合协同推进。

（二）金融行业方面，加速金融云服务创新，探索行业云模式实践

《国务院关于积极推进"互联网+"行动的指导意见》明确指出，互联网+普惠金融是重点行业推进方向，鼓励金融机构利用云计算、移动互联网、大数据等技术手段加快金融产品和服务创新。越来越多的金融机构认识到只有通过运用云计算技术，才能更好地支持业务发展和创新。满足业务快速部署、缩短应用部署时间、节约成本和业务升级不中断，已成为金融机构使用云计算的主要考量。

不同类型的金融机构有着不同的云计算应用路径。大型银行有着较大的基础设施投入，拥有专门的技术部门和更加谨慎的安全需求，因而通常会延续采

购软硬件产品来自行搭建私有云的方式，并独立运维私有云。中小型银行由于"缺钱少人"，更倾向于选择行业云。行业云一方面将 SaaS、PaaS、IaaS 全栈无缝整合，另一方面运用可组装技术，快速添加针对行业特色的数字业务应用，并支持金融行业特定的合规要求，使得云计算成为推动业务创新的催化剂。

（三）技术创新方面，点燃金融业发展新引擎，迈上云计算发展新高度

我国经济发展进入新常态，产业升级、供给侧改革不断深化，金融机构面临寻找业务发展新驱动力的任务，数字化转型需求日益迫切。因此，大力推动金融业务上云，有效利用数字化、智能化新技术相互促进、相得益彰的特点，帮助企业提升发展效率，对于我国打造数字经济、推动产业升级至关重要。在复杂多变的国际形势背景下，云计算作为国家安全和经济发展中的重要支撑环节，其自主可控研发已成为我国加速进入新数字经济周期、促进各产业发展、维护国家网络信息安全的迫切需要，而从芯片、IT 硬件设备到云生态系统的核心技术自主研发，更成为保障我国云计算产业长远可持续发展的必由之路。

二　金融领域面临的挑战

（一）云计算产品架构与服务能力

云计算产品的服务模式可分为基础设施即服务（IaaS）、平台即服务（PaaS）和软件即服务（SaaS）三类，分别提供算力基础设施、技术平台软件、应用软件服务。

云计算产品技术架构分为以"设备"为中心的服务器产品、以"资源"为中心的云化产品、以"应用"为中心的云原生产品。以云原生技术为基础的云原生时代，将基础设施即服务与平台即服务进一步融合，不断将通用能力下沉到平台侧，使应用的关注重心不断上移，研发运维人员更聚焦于自身业务。云原生提供的极致弹性、服务自治与故障自愈、大规模可复制、快

速持续交付等能力，使得金融领域充分利用云的弹性、故障自愈等优势，助力业务平稳、快速发展。

（二）金融云建设情况

随着云计算技术在金融业应用的迭代发展，越来越多的金融机构基于云原生的技术、架构和服务构建应用，推进成熟云计算技术规模化使用，在资源管理、基础服务、研发运维等方面持续优化提升，实现降本、提质、增效。

1. 标准、智能、绿色的云计算管理将支持海量基础设施运营

随着金融业务不断发展和用户活动的日益频繁，为了应对数据量激增、交易提质增效、确保金融业务的连续性和稳定性，各金融数据中心持续扩容。云计算技术的多芯兼容、编排调度、混合部署、弹性伸缩等能力可以满足海量基础设施精细化管理、智能化运营、可持续计算等需求。

某大型银行借助云原生技术创新，提升关键基础设施的业务连续性和性能可用性。构建"一云多芯"金融云平台，具备"多芯兼容、灵活调度、混合使用"等特点，有效屏蔽基础设施差异，推动基础设施云化和应用容器化。以"应用"为中心，推动应用系统从传统运维模式转换到自动化、智能化的"监—管—控—配—析"一体化研发运维体系。探索云原生成本管理技术，参考 FinOps 框架，实现云资源成本可预测、治理可落地、实施可管控，从而确保在保障生产运行平台和追求技术创新的同时，能够提升云计算效能。

2. 精准、简单、敏捷的云原生服务将持续赋能更多业务创新

云原生能力为金融业务创新提供了强大的支持，通过构建高效、稳定、安全的金融云平台，支持了包括核心交易、资产管理、风险控制等多条线业务创新。同时，一些金融机构还注重与云计算服务提供商的合作，共同打造金融科技新生态，推动行业的创新发展。

某证券公司使用云原生技术，构建了实时风险管理和监控系统，提供快速的风险评估、预警和决策支持，从而帮助证券公司更好地管理风险。基于大数据、机器学习和人工智能技术，实现了智能投顾和量化交易，提高了交易效率和收益率。在数字化客户服务、区块链应用和跨境金融服务等方面，

该证券公司基于云原生技术驱动新场景实践，不仅提高了公司业务效率和客户服务质量，还为客户带来了更好的投资体验和价值回报。

（三）金融云的挑战与机遇

数字化浪潮席卷全球，金融行业关系国计民生，其数字化程度对数字经济的发展有着至关重要的影响。金融云提升金融科技供给能力，赋能业务创新发展，此过程充满了机遇与挑战。

1. 金融数据量爆炸式增长

金融数据的爆炸式增长带来数据存储、管理和使用的巨大挑战，尤其是金融数据涉及的客户个人隐私和敏感信息的保护能力，是当前各金融机构必须重点解决的难题。同时，数据的丰富为金融云提供了前所未有的发展机会，通过大数据+人工智能技术应用，深入地了解市场趋势、客户需求和消费者行为，利用海量用户数据进行 BI 定制开发，掌握更加翔实的运营数据，提供更符合客户需求和偏好的金融服务，为金融机构提供更多有价值的业务洞察。

2. 数字业务需求呈现多样性和个性化

随着数字经济发展新趋势和人民群众对高品质生活的新期待，金融业务场景呈现多样化发展趋势，客户对金融服务的需求也越来越个性。金融云利用微服务治理、DevOps、Serverless 等云原生技术，通过快速构建和持续部署提高业务响应速度。通过应用人工智能和机器学习技术，为客户提供更加个性化的金融服务，提升客户满意度。

3. 监控法规和数据保护要求严苛

随着金融业务的持续更新与丰富，金融监管要求日趋严格，如何应对数据安全、客户隐私、网络安全的高要求，是金融云建设的又一挑战。金融云服务需要使用数据加密、访问控制和安全审计等技术，防范数据泄露、篡改和滥用情况的发生。采用区块链技术赋能金融场景，提供不可篡改的数据记录和加密存储功能，开拓区块链技术的金融应用。

4. 自主可控能力建设成为新的焦点

自主可控是国家信息安全的重要保障，金融系统安全对国家信息安全至关重要，直接关系国家的经济安全和社会稳定，因此各金融机构启动了云计算技术自主可控能力建设，加强对关键技术领域的掌控。一方面，加大在云计算、大数据、人工智能等领域的研发投入，提升自主研发能力。另一方面，加强国产技术合作，联创研发安全可控的金融云产品，推动云计算产业上下游适配兼容，降低技术依赖和供应链风险。

三　云计算技术在金融领域实践分析

（一）某大型商业银行云原生转型实践

1. 应用背景和诉求

某大型商业银行基于云计算技术，已有效支撑银行信息化系统高效、稳定实施技术架构转型，建设了以虚拟机、存储为核心的云化基础设施。为了在业务创新、研发运维、资源管理等方面带来更大价值，建设驱动业务增长的重要引擎，某大型商业银行在云原生平台建设阶段，进一步将云原生能力与金融级要求相结合，确保云原生满足金融行业的高可用性、高安全性和合规性要求，推动金融级的云原生能力深化提升。

2. 建设方案

在云原生技术体系建设的宏伟蓝图中，云原生核心能力建设是技术体系建设的基石。这一核心能力需结合容灾、安全、运营、研发和数据五方面进行深入整合与协同。通过强化容灾体系，确保业务连续运行，使得应用在面临系统故障时能够"快处快恢"，减少业务中断时间；通过强化安全体系，确保网络安全风控，使得应用内置获得多维安全保障，防止数据泄露和非法访问；通过强化运营体系，确保故障感知观测，使得应用运维自动化、智能化，提升系统整体稳定；通过强化研发体系，确保应用高效上云，使得云上应用研发复杂度降低，提升项目研发效率；通过强化数据体系，确保数据高效循环，使得应用敏捷获取海量数据的存储和加工能力，做到数据上收、服务下沉，以及安全使用。图1是某大型商业银行基于云原生技术体系的分布式核心架构。

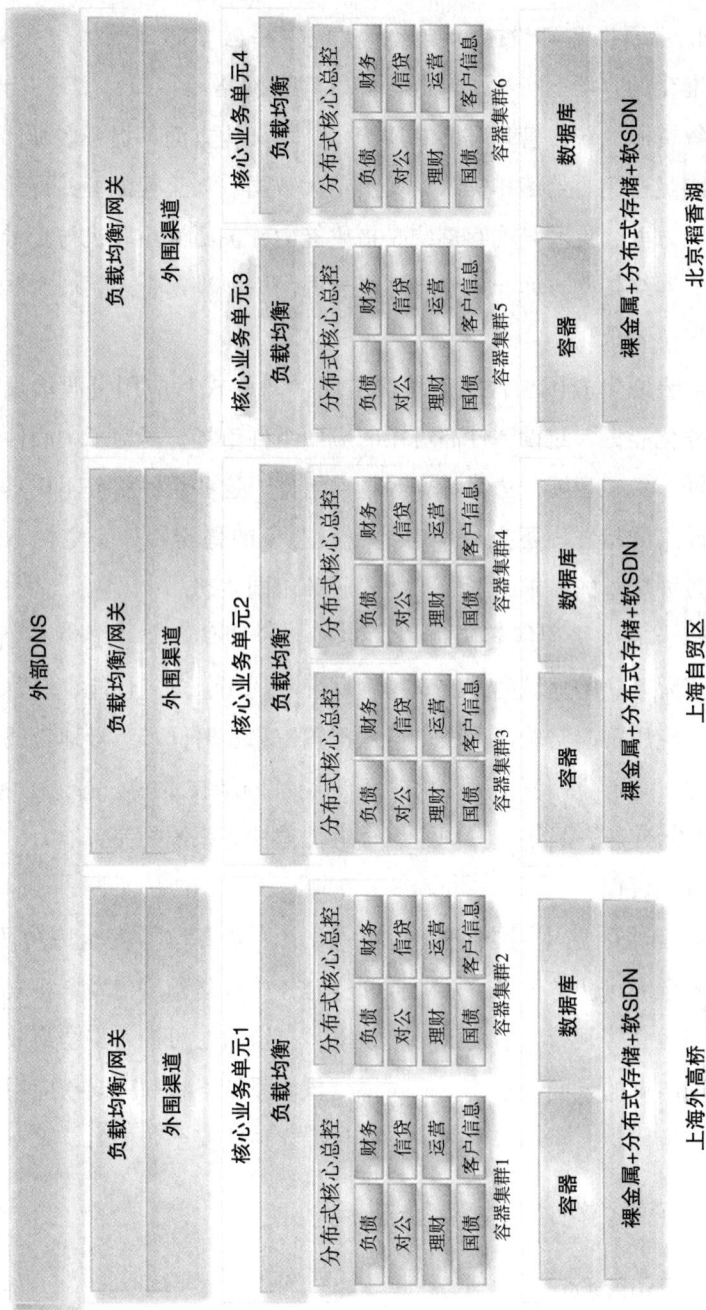

图 1 某大型商业银行基于云原生技术体系的分布式核心架构

3. 详细实践介绍

一是深化云原生基础设施标准化，实现"一云多芯"算力服务架构。建设基于标准化的容器运行时、容器存储、容器网络等接口，实现对计算、存储、网络等资源的统一管理和多芯适配。计算架构方面，提升多维计算调度能力，既满足通用容器编排需求，又满足大数据、人工智能等并行计算需求。存储架构方面，提升异构存储统一提供能力，灵活满足联机与批量处理等应用场景。网络架构方面，建设高性能云内网络，满足金融领域对高并发和低延时的严苛要求。

二是深化云原生应用平台服务化，实现"一站式"应用资源治理。依托云原生服务化能力，建设弹性高可用的应用组件市场，涵盖了中间件、数据库、大数据、人工智能、边缘计算等技术组件。这些组件服务不仅具备标准化和即插即用的特性，还充分考虑到金融业务的稳定性、安全性、多样性，满足了各种场景的需求，形成了技术服务协同生态。

三是深化云原生多层级容灾能力，实现"全天候"业务连续性保障。构建跨云、跨园区、跨地域的多云应用管理统一视图，建立性能、链路、日志等多维度的应用观测与验证手段，增强配置信息实时同步、异地带载切换等方面的能力，降低应用复杂度。将"不确定性的新技术栈"打造为稳定、安全、高效的新底座，具备支撑国家级金融关键核心系统的完备能力，实现容灾能力的自主可控。

四是深化云原生立体网络安全能力，实现"全方位"安全威胁防护。建设云原生安全纵深防护体系，从业务和安全伴生伴建角度出发，将安全能力嵌入研发、运营等领域，借助云原生技术，打造自主可控、安全高效、立体可信、主动防御的云安全防护，应对银行核心系统下移和大规模应用上云带来的网络安全风险，实现云上云下一体化、立体式安全防护。

（二）某证券公司云原生建设与应用

1. 应用背景和诉求

某证券公司近年来持续推进云原生战略，不断提升数字化能力成熟度。

在证券业不断拓展国内外市场以及证券服务能力持续提升需求背景下，如何有效利用弹性云化资源提升研发效能，降低数据中心建设成本，并以应用为中心推动架构云化重塑，保障服务稳定性，成为云原生战略下建设升级云服务能力所需重点考量的内容。

2.建设方案

在公司 IT 整体战略指引下，作为衔接应用及云基础设施的技术平台能力层，持续以构建面向未来的科技底层作为要求，围绕平台化、一体化、智能化的总体战略，建设端到端一体化研发平台和云原生技术底座，通过标准化的云服务能力来支撑应用持续、顺畅、高质量的有效交付，并实现对科技资源配置的精细化管控。

云原生技术带来的弹性、自愈、环境一致性、声明式 API 等特性优势很好地契合了现代化应用在分布式架构、多云多芯、容灾、自动化运维、弹性伸缩等方面诉求。近年来，随着公司全面上云的推进，其在技术中台能力层通过持续建设 PaaS 一体化云平台，将容器、Devops、应用可观测、微服务治理等云原生技术不断完善沉淀。目前已不同程度地覆盖到各业务条线的应用场景中，大幅降低了企业 IT 开发运维成本，提升了企业的创新效率和市场响应。

3.详细实践介绍

基于证券行业系统典型的场景特征，云原生实施过程中，需要结合场景与架构来制订上云方案，进而充分发挥云原生技术带来的价值。针对平台型、规模性的资源系统，选择容器技术实现精细化资源编排管理，展现弹性及高效价值；针对一般性管理运营系统，通过 DevOps、微服务等技术，规范信息系统架构治理；针对交易型核心业务系统，通过探索引入云原生自愈、自动化运维、可观测等技术，实现下一代交易云底座的技术升级演进。

以"应用"为中心构建 PaaS 云平台，将一体化研发、弹性伸缩、微服务、可观测、服务治理等云原生能力统一提供给应用建设过程，提升业务创新效率。

一是在云计算数据中心建设上率先布局，通过新技术生态来牵引应用云原生化演进，考量境内外一体化、同城多活与异地灾备、近交易所机房等因素，统一纳管异地机房、公有云、异构云服务等多样化环境。

二是在云资源池管理上使用弹性伸缩和编排发放功能，依据证券行业模型训练、量化策略、资产配置、合约计算等业务场景需求变化，对算力进行规模性、周期性的伸缩调度；依靠容器云技术，对 CPU、GPU 等算力统一调配，并实现错峰运行、在离线混部等资源池优化。

三是在云技术创新上基于微服务治理、弹性、自愈等特性，满足证券核心系统如交易、行情对网络低时延、组播的要求，通过国产 DPU 设备对云网络以及微服务治理进行卸载及管理，进一步降低证券交易系统在云原生场景下的通信时延。

（三）某商业银行基于华为云 HCS 打造全栈 XC 云

1. 案例背景

华为金融 XC 云在大型商业银行的应用解决方案是面向自主可控的金融场景化解决方案和平台，支持服务办公业务场景、一般业务场景、核心业务场景，包括基础软件实施、应用敏捷、数据智能等 80 余种云服务，支持用户依据建设规划定制选择平台功能，参考同业金融机构实施案例，快速构建符合金融监管要求的金融云平台，支撑企业数字化转型。

2. 解决方案

某大型商业银行 XC 场景方案聚合华为云在云计算方面的新兴技术积累，以华为云全栈云 HCS 为基础，建设面向银行服务的新一代云平台。选择技术领先、组件全面的华为鲲鹏技术体系为主，构建符合金融监管要求的标准化 XC 云模块，屏蔽底层组合的复杂度和风险。适配国产化基础设施、国产化基础软件，实现鲲鹏服务器、高性能网络、全闪存存储、欧拉操作系统、毕昇开源 JDK 中间件、容器云、GaussDB 数据库等深度集成。混合现有 X86 架构硬件设备，提供一致的云服务体验，满足开源基础组件运行要求。建设多云管理系统，进行统一的资源发放，支持应用开发部门无差异选取

XC 或 X86 基础架构云服务。这种建设模式保障了 XC 建设速度和质量，同时保障了供应链安全。图 2 是某商业银行新一代云平台。

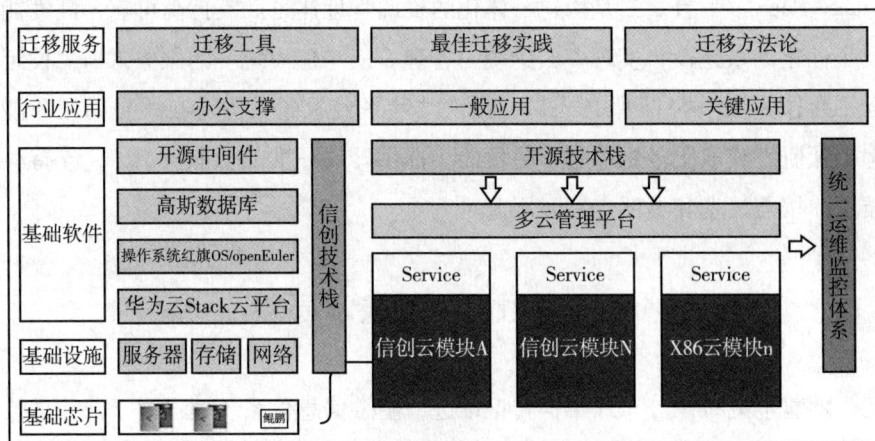

| 迁移服务 | 迁移工具 | 最佳迁移实践 | 迁移方法论 |

图 2　某商业银行新一代云平台

在基础设施层，使用华为云 Stack 管理物理设施，包括鲲鹏架构+X86 架构服务器、集中式或者分布式存储设备，提供裸金属、虚拟机、块存储、文件存储、对象存储等云服务。这些计算、存储设备通过软 SDN 技术的网络交换机、路由器、防火墙组网互联起来，形成大规模云计算集群，统一纳入云平台管理，为上层业务提供具有 PaaS 能力的资源服务使用方式。

在服务编排层，作为云服务与云集群的啮合实现实体，主要完成服务的封装和资源的调度使用。通过对资源池层中各类资源的封装啮合，实现了资源服务的发现、路由、编排、计量、接入等功能，从而实现从资源提供到应用交付的转换。同时，提供 GaussDB 数据库、开源中间件、毕昇开源 JDK 等高阶云服务，降低使用云原生产品的复杂度。

在应用服务层，提供面向银行业务场景的企业应用 SaaS 解决方案，覆盖人力资源管理、OA 系统、线上电子渠道、中间业务渠道、线下柜面终端、合作伙伴中心等金融场景。

3. 成果和价值

华为云 Stack 解决方案广泛应用于某商业银行办公应用、生产系统等重点领域，满足高等级生产系统多地多中心部署的需求。主要成果和价值总结为"三个一"：一是打造统一的云平台底座。实现面向全业务包括的统一"IaaS+PaaS"平台。二是构建一体化的资源管理体系。支持高可靠、高性能及个性化场景建设，实现多云的统一管理。三是建设统一的服务入口。设定云平台作为统一的 IT 服务入口，提供共性平台服务。构建在线自助服务能力，让研发获取服务更简单、更便捷。提供开放标准的云服务 API，支持科技用户按需消费和灵活定制云服务。

四　金融应用的技术展望

随着金融机构分布式架构转型推进，金融信息化系统建设对于云计算技术的需求越发旺盛，云原生应用更加深化。金融级云计算平台正在结合金融行业对安全性、可靠性、合规性和高性能的严格要求，赋能更多业务发展和场景建设。

一是云计算安全架构逐渐完善。金融数据价值巨大，近些年出现数据泄露、数据勒索等案件已敲响警钟。金融机构高度重视网络安全、数据安全和监管合规，在数据应用中需要严格遵守数据保护法规，使用云计算加密技术、身份认证和访问控制，保持数据存储、传输、处理过程中的一致性和安全性，以满足金融数据安全要求。

二是云计算容灾架构持续加强。金融数据中心是金融业务连续性保障单位，需要在发生风险时具备灾难恢复、应急处置能力。云计算技术需要提供多活冗余技术构建高可靠、多层级容灾体系，大幅降低容灾切换复杂度，提升水平扩展能力，实现跨资源池、跨集群、跨单元、跨地域的全场景容灾，满足日常生产、同城灾备、异地容灾、极端条件能力保全等需求，提升金融数据中心纵深防御能力。

三是云原生成为主流技术方案。基于云原生技术构建的产品服务是金融机构应对企业多样化需求的必然之路。利用容器编排、微服务治理、DevOps 工程、Serverless 框架等云原生技术，围绕以"应用"为中心的管理视角，采用多云管理策略，提供资源编排、应用交付、一体运维等能力，实现金融应用的灵活部署和快速迭代。同时，一些金融机构在非核心业务建设时，依据业务场景特征选择最适合其需求的服务，构建私有云、公有云、混合云等"多地—多中心—多云"的管理系统，具备多云和混合云环境下的一致性发布与运维能力，实现资源的最优分配和风险分散，提升企业的数字化水平和基础设施管控能力。

四是云创新推动行业应用发展。金融云计算平台融合边缘计算、人工智能、机器学习等新兴技术，实现高端化、智能化、绿色化的全栈云计算生态，进一步降低云原生应用使用创新技术的门槛，提供安全增强、智能洞见、自动决策等新特性。基于 5G 技术，依托云计算技术先发优势，将云技术下沉到边缘侧，以强化边缘侧人工智能为契机，探索金融业务创新。利用云计算边际成本低的特点，构建人工智能和机器学习服务，帮助金融机构深入分析客户数据，提供个性化服务，优化风险管理。

金融应用与云计算的融合是技术发展大势所趋。云计算为金融行业提供强大的技术支持和合作生态，帮助金融机构应对挑战，抓住机遇。未来，金融机构需要持续探索云计算最佳实践，确保技术应用的安全性、规格性，夯实数字基础设施，提升应用数字化、智能化水平，实现业务可持续发展。

B.6
量子技术在金融领域的应用探索

中国农业银行股份有限公司　中国银联股份有限公司*

摘　要：　近年来，芯片在供给侧制造成本上升与工艺复杂度增加已经严重偏离了原有的"摩尔定律"内涵，然而在需求侧生成式人工智能技术对芯片的算力提出了更高的需求。量子信息技术有望成为破解当前供需矛盾的突破口，全球各国近两年在量子信息技术领域不断加大投入也印证了这一观点。本文聚焦量子技术在金融业的应用，并高度重视量子这一新技术带来的潜在风险，将抗量子密码、量子通信、量子计算三方面技术的发展与金融业的应用作为重点，介绍了相关技术在金融业的应用情况，并对相关技术的未来发展趋势进行了预测。研究表明，量子信息技术仍处于技术研究阶段，金融业规模化应用仍任重道远，但金融业密码体系建设已进入代际跨越的重要时期，通过提前研究抗量子密码并制订量子计算风险应对方案将成为金融业当前必须关注的重点。

关键词：　抗量子密码　量子通信　量子计算　量子信息技术

一　抢占量子技术高地，培植新质生产力

（一）我国强化量子技术规划，为"换道超车"做准备

2024 年政府工作报告中将"大力推进现代化产业体系建设，加快发展

---

* 执笔人：张林曦、文韬、丁亚楠、李强，中国农业银行股份有限公司；秦璐，中国银联股份有限公司。

新质生产力"作为 2024 年我国政府工作十大任务之首，发展新质生产力成为高质量发展的重要基础。其中，量子技术作为新兴产业和未来产业的重要组成部分，两次被提及，将为我国在大国竞争中开辟新赛道。在量子技术中，量子信息技术有望最先取得突破，主要包括量子计算、量子通信和量子测量。对于金融业而言，强大的量子算力将成为支撑未来金融业高质量发展的关键基础。其中，由量子计算与量子通信技术组成的大规模量子算力网络将成为发展的关键。

（二）美国全面争夺量子优势

一方面，美国高度重视量子技术。2023 年 11 月 29 日，美国众议院科学、空间和技术委员会通过了《国家量子计划重新授权法案》，将对量子技术的支持期限延长至 2028 财年；并于同年 12 月 1 日发布《国家量子计划（NQI）总统 2024 财年预算补编》，公布美国 2024 财年量子信息科学预算为 9.68 亿美元。另一方面，美国频频发动贸易战，遏制我国量子技术发展。

（三）量子技术的潜在风险是金融业要关注的重点

在重视量子技术自身发展的同时，我们还需要高度关注新技术可能带来的潜在风险。强大的量子算力将对当前常用的密码体系造成严重的破坏，全球密码体系迎来代际跨越的重要时刻。当前，抗量子密码也是金融业重点关注的技术方向。Gartner 在 2023 年发布的《数据安全技术成熟度曲线》中增加了三项与抗量子密码有关的技术，分别为抗量子密码学、量子密钥分发、加密敏捷性。对于金融业，找到应对量子计算威胁的方法成为当前工作的重中之重。

二 抗量子计算发展趋势

随着量子技术的发展，现有的密码算法体系尤其是公钥密码体系正面临着量子计算的威胁。金融行业中大量使用了传统公钥密码算法来保护数据信息的安全，同样会受到量子计算发展的影响。为了应对未来可能存在的量子安全威胁，向抗量子密码迁移势在必行。

（一）抗量子密码国内外发展趋势

为应对量子计算对密码体系的安全影响，国内外已陆续开展抗量子密码算法研究和相关标准化工作，并通过发布系列白皮书指导抗量子密码迁移准备工作的开展。同时，部分产业机构也积极引入抗量子密码算法提升产品安全性。

1.抗量子密码算法标准化

国际方面，一是美国国家标准与技术研究所（NIST）自 2016 年启动抗量子密码算法（Post Quantum Cryptography，也称为后量子密码）标准化项目至今，已公布三个抗量子密码算法标准化草案，包括密钥封装算法 Kyber，数字签名算法 Dilithium、SPHNICS+，并计划于 2024 年下半年正式确定抗量子密码标准。二是国际标准化组织（ISO）正在进行抗量子密码算法标准化工作，拟纳入 Kyber、Classic McEliece、FrodoKEM 三个加密算法。三是国际互联网工程任务组（IETF）已成立抗量子协议使用（PQUIP）工作组，积极研究如何在 TLS 协议中结合抗量子密码算法的使用，以保护通信协议的安全。

国内方面，中国密码学会于 2019 年组织开展全国密码算法设计竞赛，经过两轮的评选，签名算法 Aigis-sig、加密算法 Aigis-enc 及 LAC.PKE 最终胜出。

2.抗量子迁移路径规划

美国网络安全和基础设施安全局（CISA）、美国国家安全局（NSA）、美国国家标准与技术研究所（NIST）于 2023 年联合发布《量子准备：向抗量子密码迁移》报告，提出多项迁移具体措施，包括建立抗量子密码迁移路线图、梳理受影响资产清单、积极沟通技术供应商做好整体供应链的准备等，指导各组织、各机构推进抗量子密码迁移工作的开展。

欧盟委员会于 2024 年 4 月 11 日发布《向抗量子密码迁移的协同实施路

线图建议》，鼓励成员国制定统一战略，确保不同成员国及其公共部门之间向抗量子密码的协调和同步迁移，包括明确的目标、关键里程碑和时间表，以实现保护欧盟公共管理部门数字基础设施及其他关键基础设施服务的目的。

荷兰于 2023 年 12 月发布《抗量子密码迁移手册》，从抗量子密码迁移策略制定、迁移紧迫性分析、迁移风险评估、迁移方案规划、迁移执行跟踪等方面给出建议，帮助组织机构认识到抗量子密码迁移的紧迫性，并提出具体的实施步骤以指导迁移工作的开展。

3. 抗量子密码算法应用

在当前抗量子密码算法选型完成前的过渡期，业界大都参照"两把锁、双保险"策略对系统进行安全加强，以最小化代价实现抗量子特性。一是谷歌 Chrome 浏览器从 Chrome 116 版本开始支持 X25519Kyber768 混合抗量子密钥协议，其中 X25519 是椭圆曲线算法，Kyber-768 是抗量子密钥封装方法，通过此方法提升抗量子能力。二是苹果公司在 2024 年 2 月宣布了一种新的抗量子加密协议 PQ3，用于其 iMessage 服务。PQ3 协议结合了 Kyber 抗量子密钥和椭圆曲线加密算法（ECC），旨在通过混合加密协议提升加密通信应用的安全性。

（二）抗量子迁移的策略与实施路径

金融行业使用了大量的传统密码算法来保证数据以及用户使用的安全性，当传统密码体制不再安全，金融行业的信息安全将同样受到冲击，需要逐步开展抗量子密码迁移。

1. 抗量子密码迁移总体策略

结合金融行业特点，金融行业抗量子迁移总体可分为以下四个策略方向：一是抗量子的对称及哈希算法测试。当前量子计算对于对称密码及哈希算法仅造成了安全强度上的影响，各类算法本身及相关设计理念仍可保留使用，只需要调整参数或优化算法设计使其拥有更长的密钥或摘要长度即可保持现有的安全强度。二是公钥算法抗量子密码替换测试。为了实现抵抗未来量子计算攻击的目的，抗量子密码算法的设计需要挑选无法实现高效并行求解的困难数学问题进行重新构造，在迁移过程中运用抗量子密码算法来替换现有的公钥密码算法。三是过渡期探索应用混合密码增强安全性。抗量子密码算法尚未形成国家标准，为了同时保证行业合规性及未来量子安全性要求，解决"先存储、后破解"问题带来的安全风险，我们可以运用抗量子密码算法与国产商用密码融合的混合密码方案进行测试，探索应对"先存储，后破解"风险。四是系统加密敏捷性机制设计。为了密码安全系统迁移便捷，在系统开发时，应当充分考虑与抗量子密码算法的兼容性，为抗量子密码算法预留足够的字段空间或算法接口，待抗量子密码算法确定时可以进行敏捷化、低成本的应用切换转化。

2. 抗量子迁移实施路径

虽然抗量子密码算法标准尚未出台，但我们需要为未来密码体系迁移做好前期准备工作。遵循"分阶段、分步走"的原则，抗量子密码迁移实施路径大致可分为以下四个步骤。一是梳理待迁移场景。金融行业中的不同场景受量子计算影响程度存在差异，应当首先整理出受影响场景清单，并对场景进行系统评估和影响性分析，从而完成迁移分类并初步形成迁移顺序，可为未来抗量子迁移方案的制定奠定基础。二是开展抗量子密码算法场景选型研究。抗量子密码算法的设计通常难以用一个算法同时覆盖加解密、签名等多种功能，且不同算法在各性能评估点上表现具有较大差异。应当提前结合场景梳理情况，分析研究各类抗量子密码算法在不同场景中的适配情况，以便于迁移方案制定时可根据场景需求快速选取合适的抗量子密码算法。三是设计密码迁移总体方案。依据前期场景梳理情况，明确各场景未来密码迁移类别。针对每一类别，提炼场景通用需求，综合考虑引入密码算法的安全性、有效性及对系统的影响、相关系统的改造范围、相关协议兼容性等问题设计相应的密码迁移方案。由于当前抗量子密码算法标准的不确定性，我们在对方案进行设计时应当重点关注方案的整体架构，尽可能使其与特定抗量子密码算法、具体的应用场景进行解耦，形成相对通用的解决方案。四是迁移原型建设。选取合适的典型场景，匹配抗量子密码算法并确定密码迁移方案。同时，从实现角度优化所选抗量子密码算法，完成迁移方案原型建设，并根据原型验证结果，对方案进行调整优化，总结形成相应的技术指南，为后续迁移工作的开展提供指引。

（三）金融领域抗量子密码应用典型案例

我国金融行业机构重点从过渡期安全增强方案、系统加密敏捷性机制设计等方面开展探索、验证、试点工作，形成部分应用案例。

案例1：中国银联选取数字信封场景，基于国密SM2算法及抗量子算法确定并行串行两类混合增强方案，完成原型建设，验证方案可行性。

案例2：中国建设银行将"两把锁"抗量子方案应用在新一代文件传输、监督报送等8个自有系统中，通过新一代安全组件加密服务系统，实现了抗量子安全增强，充分验证了方案的可用性和性能表现。

案例3：中国工商银行通过加密敏捷性设计降低业务系统与密码算法的耦合，并开展原型验证，基于该原型开展国密算法和抗量子密码算法切换的验证。未来业务系统可通过修改配置的方式快速实现密码算法的升级，降低算法升级成本及周期。

（四）金融行业抗量子迁移挑战与工作建议

当前量子信息技术发展、抗量子密码算法的研究与标准化都具有不确定性，抗量子迁移工作面临着诸多挑战。一是量子信息技术发展的不确定性。如果量子计算机研制、量子算法设计出现突破性进展，就会存在量子安全风险提前到来的可能性。二是抗量子密码算法的不确定性。抗量子密码算法的安全性尚未得到充分验证、标准未出台，存在较大不确定性，密码快速切换面临挑战。三是密码配套产品尚不成熟。抗量子密码相应产业尚不成熟，配套的证书体系、安全协议、软硬件设备待推出、待接受检测认证。四是抗量子迁移周期漫长。抗量子密码算法与传统密码算法差异较大，未来迁移时相比国密改造可能会需要更长的周期。

量子技术的发展将对整个金融体系安全产生深远的影响，本文建议从以下四个方面进一步推动抗量子迁移准备工作的开展。一是行业资讯案例的共享。持续跟进国内外量子计算机研制、量子算法优化等技术最新进展，动态分析受量子计算影响程度；跟进国内外抗量子密码算法标准化进程、EMVCo、ISO、PCI 等组织最新讯息、国内外抗量子迁移案例，并在行业内进行资讯共享。二是推动算法标准建立。与国家密码管理局积极沟通，适时提出行业诉求，推动抗量子密码算法国家标准尽早发布。三是建立行业应用标准。为金融行业抗量子密码算法的应用制定相应技术指南、标准规范，为后续抗量子迁移工作的有序高效开展提供指引。四是加强产用协同探索。联合产学研各方力量，推动抗量子密码算法应用研究探索，推动相应密码产品研发，提升工程化能力，助力抗量子迁移的原型验证及未来迁移的落地。

三　量子通信发展趋势与金融应用

（一）量子通信国内外发展趋势

近年来，全球对量子通信技术的关注和支持不断增加。我国在量子通信领域的研究主要集中在量子密钥分发（QKD）技术上，经过多年的技术积累和科研实践，已形成以 QKD 技术为核心的量子保密通信产业，相关技术具备自主可控性，并处于世界领先地位。同时，欧美各国通过合作项目和组网实验等方式，积极推动量子通信技术的应用探索，将研究重点逐步转向量子信息网络。

然而，观察量子通信技术的研究与发展方向，我们仍面临一些挑战。首先，多种技术方案并存，发展方向尚未收敛，需要进一步明确最优解决方案。其次，关键的推广性应用场景尚未完全落地实现。虽然相对成熟的 QKD 技术可以提升共享密钥过程的安全性，但仍无法覆盖后续密钥存储、二次转发、应用层加密传输等过程。

未来，基于端到端设备实现抗窃听的量子密钥分发能力将成为 QKD 技术的核心优势。同时，推动 QKD 技术与抗量子密码或其他技术的融合，以实现量子通信应用的广泛适用性，仍需要产业界不懈努力。

（二）金融领域量子通信应用场景

在量子通信领域，我国坚持把握大趋势、下好先手棋思路，依托"京沪干线"等量子保密通信干线，在政务、金融等领域开展众多深度应用。在金融领域，我们探索验证量子密钥分发技术场景，同时也在量子安全直接通信方面进行实践工作。

1. 应用模式

一是 QKD 与经典通信结合应用。QKD 支持通信双方在量子通信信道间进行密钥协商，而业务数据的传输通常需要借助经典通信信道。为减少对业务系统的影响，金融行业常在网络层实现 QKD 与经典通信协议的协同。具体步骤如下：第一，通信双方部署 QKD 设备与量子路由器；第二，QKD 设备协商密钥，量子路由器获取密钥并对业务数据进行加解密；第三，通过经典通信信道实现业务数据的传输。

二是 QKD 与加密算法的结合应用。QKD 可与应用层加解密算法结合，基于密钥协商机制提供安全可靠的量子安全通信服务。以下是三种结合方式。第一，一次性密码本。将 QKD 协商的密钥作为一次性密码本，与业务数据异或，实现加密处理。这种方式适用于安全性要求极高、业务数据传输速率较慢的场景，但需要确保量子密钥协商速率高于业务数据传输速率。第二，经典对称密码算法。基于目前量子计算无法破解的经典对称密码算法，将 QKD 协商的密钥用于经典对称密码算法中。这种方式不再受限于 QKD 密钥协商速率，已广泛应用于金融业的业务数据传输过程。第三，与抗量子密码算法结合探索。将抗量子密码算法融入量子通信链路，实现 QKD 协商的密钥安全传输至应用系统，解决应用系统安全接入的"最后一公里"问题。这样可以增强 QKD 的"应用化、轻量化"能力，为量子安全提供双重保障。

三是量子安全直接通信。量子安全直接通信是一种利用量子态进行秘密信息传输的方法。与 QKD 不同，量子安全直接通信不再需要进行密钥协商过程。然而，它需要将信息在双向传输中进行，因此效率相对较低。目前，金融行业在一些传输速率要求不高、长度较短的场景中使用量子安全直接通信。

2.应用场景

一是网络防护场景。基于国家量子相关通信网络，金融行业已探索多种网络层量子安全防护场景，覆盖了多种网络通信架构。在抗量子网络通道中，我们集成了 QKD 设备、量子路由器以及量子/经典信道融合设备。具体步骤如下：第一，通过量子路由器设置策略路由，使业务数据传输经过量子路由器；第二，屏蔽具体应用的安装设置，在网络层面实现业务数据的保密处理；第三，通过常规冗余组网设计，确保网络高性能互联的基础上，实现加解密通信能力。

二是报文加密场景。基于 QKD 的应用层方案也具备广泛的使用价值，应用场景包括但不限于一次一密的报文加解密。我们利用 QKD 构建了密钥分发平台，为应用提供更加灵活的赋能。通常，量子密钥分发平台包括两部分：第一，量子密钥基础设施。提供量子密钥分发能力；第二，密钥管理服务平台。应用系统通过与管理服务平台的对接，实现密钥托管和加解密服务，从而实现量子密钥的使用。

（三）金融领域量子通信典型案例

基于国家相关量子通信网络，我国金融业相关机构自 2015 年起就开始探索各个领域的量子保密通信应用，形成一批金融领域典型示范案例，实现了业务数据的加密传输。受限于当前量子密钥分发技术的限制，数字签名、与个人客户互联等场景仍依赖经典公钥算法。

1.同城机房互联

案例 1：2015 年，中国工商银行基于量子密钥分发技术，在北京分行同城机房、上海分行同城机房，实现电子档案备份数据在同城机房之间的加密传输。

案例 2：2020 年，兴业银行济南分行中心机房与同城灾备机房间建立量子保密通信网络，为灾备数据及视频会议的传输提供量子安全加密保障。

2. 异地数据中心互联

案例1：2017年，中国工商银行将量子密钥分发技术应用到"两地三中心"架构下的京沪异地广域网，实现网上银行备份数据在北京西三旗、上海外高桥、上海嘉定三个数据中心之间的加密传输。

案例2：2019年，中国建设银行在北京洋桥数据中心、武汉南湖数据中心之间应用量子密钥分发技术，实现现金管理业务灾备数据的加密传输。

3. 总分支机构互联

案例1：2017年，北京农商银行在北京城域环网全面应用量子加密技术，实现总行、数据中心、业务处理中心等地的办公、生产和同城灾备数据的安全传输。

案例2：2023年，中国工商银行基于京沪干线和安徽合肥、宿州城域网，实现安徽省分行机房与宿州市分行机房间的量子保密通信，提升省市分行间传输的业务数据安全性。

4. 合作方互联

案例1：2017年，中国人民银行协同多家商业银行开展量子密钥分发试点，实现"人民币跨境收付信息管理系统"（RCPMIS）业务数据的网络层加密传输。

案例2：2017年，徽商银行应用量子保密通信技术，实现数字证书信息在徽商银行与中国金融认证中心（CFCA）之间的量子加密传输应用。

5. 其他场景

案例1：2021年，中国人民银行清算总中心建设量子密钥分发系统，实现数据中心间量子密钥的安全分发。

案例2：2023年，中国工商银行基于量子通信卫星，预充注量子密钥，实现车载移动网点、移动办公终端与机房服务端之间的保密通信。

案例3：2023年，中国农业银行基于量子密钥分发技术，融合PQC算法，开展境外系统之间的对账业务报文加密传输试点，进一步探索QKD+PQC融合的应用层加密方案。

（四）金融行业量子通信挑战与工作建议

当前，量子通信已在金融领域深入试点，但规模化推广仍面临以下挑战。一是应用成本较高。量子密钥分发技术应用依赖硬件设备和量子光纤通信网络，使用成本较昂贵。二是适用场景受限。当前我国量子通信网络覆盖范围有限，绝大多数城市尚不具备应用条件。同时，试点集中在网络层加密传输场景，而应用层加密场景实践较少，如何保证密钥在全业务链路的量子安全性是需要解决的问题。

下一步工作建议如下。一是关注量子密钥分发技术发展。量子技术日新月异，针对当前应用成本高和适用场景受限的问题，建议金融行业持续关注我国量子通信网络的建设和量子密钥分发技术的研究进展，如 QKD 与 PQC 融合方向，为后续规模化应用做好技术储备。二是结合场景选择适当的量子安全技术。梳理业务场景，对比抗量子密码和量子密钥分发等量子安全技术差异、综合技术难度、改造成本、安全风险等因素，选择与业务场景更加适合的抗量子攻击手段。

四　量子计算发展趋势与金融应用

（一）量子计算国内外发展趋势

全球范围内，量子计算技术正处于快速发展阶段。各国政府和企业都在积极投资量子计算研究，希望能够在量子技术革命中占据先机优势。量子算法和硬件是当前研究的热点，全球有超过 100 个学术团队和政府实验室在进行相关研究，目前有超导、离子阱、光量子、硅自旋、中性原子、拓扑等技术路线，性能指标发展水平参差不齐，距离实现大规模可容错通用量子计算的目标都还有较大差距。

硬件方面，当前量子计算硬件处于噪声中等规模量子设备（NISQ）阶段，领先的公司已超过 100 量子比特，在特定场景实现了对量子计算优越性的验证，根据 IBM 发布的未来十年技术路线图，预计 2030 年将实现十万级到百万级的量子比特数，量子比特门的保真度和纠错能力也在稳步提升。

软件方面，随着量子开源软件项目（如 Qiskit、Cirq 等）的兴起，量子计算的门槛逐步降低。由于目前软件市场规模较小，各公司研发的量子计算软件和算法产品只能证明其优越性，还没有达到商业化、大规模应用的程度。

服务方面，量子科技企业已经在出售量子计算机容量，Q-PaaS 和 Q-IaaS 云平台也开始出现，与金融、医药、物流、制造型企业的联系越发紧密，形成技术叠层伙伴，量子生态圈逐渐成形。

国外在量子计算领域的研究起步较早，全球有超过 100 个学术团队和政府实验室在进行相关研究，国内在量子计算领域的研究也在不断加强，投入逐年增加，国内已有超导、光量子、离子阱、中性原子四种国际主流的量子计算技术，已有一些可用于科研、概念验证的量子计算机。尽管基于量子退火算法的专用量子计算机和特定场景的通用纠错量子计算机证实了其量子优越性，但量子计算在应用实际落地和产生商业价值方面仍面临挑战，处于可行性和实用性探索阶段。目前政府政策支持仍在不断加强，更多的资源与资金投入，会带来更多量子计算专业人才，促进量子硬件可扩展性、错误纠正、算法实用性和软件平台与量子算法的不断成熟与完善，逐渐形成量子计算领域的规范标准，预计未来 5~10 年内量子计算将在特定领域实现商业化应用。

（二）金融领域量子计算应用场景

目前的研究表明量子计算可以在随机建模、组合优化以及量子机器学习三类算法中进行应用，并有潜力对其中部分问题求解提供指数级加速，其中模拟算法可以解决复杂的金融衍生品定价和金融风险分析类问题；组合优化算法在金融中有多种用途，包括投资组合分配平衡、资本分配、ATM 网络现金管理、金融套利和收益率曲线拟合等；量子机器学习能更有效处理复杂的数据分析并加速现有的机器学习技术，可应用于信用评分、预测分析、损益归因以及检测洗钱和欺诈行为等；量子计算对非对称密码算法也存在较明确的威胁，需要提高金融通信安全性。

1. 金融投资组合优化

对非线性复杂、多变量目标函数的最优化求解问题，量子计算可以转化为 Qubo 问题，利用 Ising 模型求解最优解。金融投资组合优化是其最显著的金融应用之一，包括投资组合优化、掉期清算、最优套利、投资策略融合、金融危机预测等场景。目前，利用量子退火或量子绝热计算、量子近似优化算法（QAOA）、变分量子虚时间演化、变分量子本征求解器（VQE）、Grover 自适应性搜索算法（GAS）、量子支持向量机（QSVM）、量子主成分分析（QPCA）等量子算法，可以快速找到最优资产配置，提高投资组合的收益风险比。

2. 金融产品定价

金融市场在确定金融产品如股票、债券、房地产、黄金等的公允价值或市场价格的过程中，需要考虑标的资产特性、市场供需关系、风险和回报等因素，这是金融领域中计算密集型的应用之一。目前量子振幅估计（QAE）、量子蒙特卡罗与解线性方程组（HHL）等量子算法，能够通过模拟复杂的随机过程，为金融产品提供一个更准确、更快速的定价方法。

3. 风险管理与控制

金融机构需要采取一系列措施和方法来管理和降低潜在风险，处理复杂的风险模型，计算繁多的风险指标，对用户进行信用评分，开展反欺诈、反洗钱工作来识别和减少可预见的损失。常用的风险测量和管理方法是计算 VAR 值，用于评估投资组合或者资产在给定置信水平下最大可能的损失。目前量子近似优化算法和量子退火算法可以快速识别欺诈用户；量子机器学习算法可以用于信用评分、贷款评估、风险识别、反洗钱、信用客户特征值识别、银行客户贷款识别等场景；量子蒙特卡罗方法（QMCI）算法在风险评估和 VAR 值计算等场景具有潜在的应用；量子贝叶斯网络算法在银行流动性风险评估问题方面可以带来平方级加速。

4. 业务智能化决策

商业银行 ATM 机具、智能柜台设备管理的难点在于其分布范围广、数量多，所在地区客户和环境情况复杂等，其需要精准地进行机具和柜台合理布局，以提高效益降低成本。量子神经网络算法、量子 K-means 算法等量子机器学习算法可以快速有效地计算合理布局方案，准确性更高，以实现业务决策智能化。

5. 证券交易结算

量子计算在交易结算中的应用可以提高结算效率，降低交易成本，并通过优化算法提高市场的整体流动性，特别是在证券交易方面，目前采用量子支持向量机可以对股票振幅预测、多因子选股、算法交易、选股策略等实际场景实现指数级加速。

6. 财务分析

量子自然语言处理（QNLP）可以对财报进行分析、解读，还可以通过舆情分析、新闻捕捉等技术，识别财报中的潜在风险。

（三）金融领域量子计算典型案例

1. 金融投资组合优化方面

案例1：2021 年，本源量子基于 Grover 适应性搜索算法研发了一种量子优化算法，可以从所有投资组合中找到给定风险偏好下的最佳收益组合，实现近实时预测。

案例2：2021 年 10 月，玻色量子与华夏银行股份有限公司、中国人民银行丹东市中心支行、龙盈智达（北京）科技有限公司共同完成了《聚焦于量子近似优化算法在我国股票市场的应用研究》，在第九期的《银行家》杂志上发表，这是国内金融界量子计算应用落地的一个里程碑。

2. 金融产品定价方面

案例：2022 年，本源量子的金融团队基于量子振幅估计算法实现了国内首个种类最齐全的量子期权定价应用，包含欧式、篮子、亚式、障碍等期权的定价计算，为量子蒙特卡洛模拟提供二次加速，大幅提升计算速度。

3. 风险管理与控制方面

案例1：2023年9月，平安银行与本源量子共同研究量子计算在反欺诈、反洗钱等场景中的应用，是国内金融机构首次将量子算力用于反欺诈、反洗钱研究，斩获量子计算金融应用类"2023 IDC中国金融行业应用场景创新奖"。

案例2：2021年9月，美国跨国投资银行、金融服务公司高盛集团与硅谷初创公司QC Ware长期合作研究量子算法在金融中的应用，探索QC如何利用Monte Carlo算法来评估各种金融工具的风险。

4. 证券交易结算方面

案例：2017年，巴克莱银行建模人员在IBM的量子云上开发运行了一种可用于证券交易结算的量子算法，使用少量量子比特计算算法中最复杂的部分。

5. 其他应用场景

案例：2021年2月，中国建设银行携手本源量子共同发布了国内首批量子金融算法，包括"量子期权定价算法""量子Var值估计算法""量子贝叶斯网络算法""量子投资组合优化算法"，形成优于国际指标的中国方案。

总而言之，目前国内外金融机构正在不断深化量子计算与传统计算的融合研究与应用，对可能应用的金融业务场景，使用各种算法模型去尝试提升运算速度，获取更高的算力。量子计算未来的发展趋势将给金融行业带来更多的机会和风险，金融机构需要密切跟踪量子计算的发展状况，包括成立量子研究团队、加强机构间量子合作、尝试引入量子计算、使用Q-PaaS和Q-IaaS平台、验证量子算法、关注量子安全等，开展金融行业量子技术标准研究与制定，提前布局，做好应对，在未来的量子技术革命大潮中获得新的算力支撑。

B.7
关键技术金融应用实践

中国建设银行股份有限公司　建信金融科技有限责任公司*

摘　要： 本报告主要探讨金融业信息技术应用创新的发展历程，从高度依赖特定关键技术，到全面开展关键核心技术创新攻关，金融基础设施自主可控能力得到显著提升，回顾了金融业信息技术应用创新的技术路线转型，从集中式架构到分布式架构转型，从单一特定技术到多样化发展，基础设施向云计算转型；介绍了金融业关键核心技术应用攻关方案，强调分布式架构转型和应用创新替代，注重顶层设计和体系化推进；分析了当前面临的挑战，并分享了中国建设银行在分布式银行核心系统建设和软件供应链治理方面的实践案例。

关键词： 分布式架构　云计算　供应链治理

一　金融业信息技术应用创新历程

近年来，党和国家不断强调创新驱动发展战略，尽快突破关键核心技术，实现高水平科技自立自强，已上升为国家战略。金融业全面贯彻落实党中央要求，高质量推进信息技术应用创新工作，全面深入开展关键核心技术创新攻关，金融基础设施自主可控能力有了显著提升。从金融机构的实践来看，金融行业开展的信息技术应用创新，本质上是以开放的分布式架构转型，去破解对于以往封闭的、集中式架构的依赖，构建一套自主可控的信息

---

* 执笔人：李晓栋、张剑，中国建设银行股份有限公司；闵金明，建信金融科技有限责任公司。

技术体系，是一项涉及战略规划和顶层设计，以及业务、技术和实施全面转型的系统性工程。

（一）金融机构自主可控建设历史情况

2019 年是金融行业推进关键核心技术自主可控能力建设的元年，当时以银行业为代表的金融机构的信息系统建设和运行高度依赖特定的关键技术，信息系统建设呈现五个主要特征。

1. 自主可控能力建设方面

国有银行等自有科技能力较强的金融机构，基本做到了 IT 架构自主设计、业务应用系统自主研发、数据中心自主建设、信息系统自主运维。中小型金融机构由于自有科技力量有限，信息系统建设主要依赖行业系统集成商和云厂商，自有科技人员主要侧重于业务需求对接和应用系统运维。

2. 系统架构方面

以集中式架构为主，分布式架构转型在金融行业处于初期阶段，缺少成熟解决方案。以四大国有银行为代表的大型金融机构开始在新建系统上尝试分布式转型，存量系统仍以集中式架构为主，一些新兴金融机构开始全面采用分布式架构构建信息系统。总体来讲，当时行业内并没有形成分布式成熟解决方案，尤其是最为关键的核心系统领域，缺少成熟可参考案例。

3. 技术路线方面

终端领域和服务器领域基本依赖单一特定的技术体现，终端领域基本是清一色"Intel+Windows"，服务器领域绝大多数使用以"IOE"为代表的技术体系。系统部署模式上，中大型金融机构多采用"主机平台+开放平台"融合架构模式。其中"存贷结"等核心业务基本运行在主机平台上。由于规模差异，不同机构在主机平台技术路线选择上有一定差异。比如工农中建等大型商业银行核心业务系统采用"IBM 大型机+ZOS 操作系统+DB2 数据库+集中式存储+COBOL 开发语言"技术路线；招行、中信等部分股份制银行采用"IBM AS/400 中型机+OS/400 操作系统+DB2 数据库+集中式存储+RPG 开发语言"技术路线；其他大多数银行采用"IBM/惠普小型机+AIX/

HP-Unix 操作系统+DB2/Oracle 数据库+集中式存储+C/Java 开发语言"技术路线。其他业务系统大多数运行在基于"X86 服务器+Linux 操作系统+Oracle 数据库+集中式/分布式存储+Java 开发语言"技术路线的开放平台上。这个时期，除以上传统技术路线外，软件定义、分布式、技术平台等技术理念也已经传导至金融行业，CentOs、MySQL、Tomcat、K8s、ZooKeeper 等开源技术的应用呈逐年增长趋势。

4. 基础设施方面

多数金融机构基本完成云计算转型。云计算作为基础技术平台，承载了大量的关键应用和业务数据，自主可控十分重要，但当时金融机构的云计算平台基本只是基于英特尔 X86 芯片技术体系构建。

5. 关键核心技术攻关方面

2019 年之前，只有少量机构在芯片、操作系统等关键核心技术创新攻关上初步开展了一些"点和面"上的研究和试用，比如中国建设银行的全栈创新商密 OA 系统建设和中国邮政储蓄银行操作系统应用创新等，但缺少自主可控整体设计和体系化解决方案。

（二）金融业信息技术应用创新实践取得阶段性成效

金融业是国民经济的命脉，连接着各行各业、千家万户，是国之大者，关系中国式现代化建设全局。作为信息技术应用的前沿，当前金融业务的开展已离不开信息基础设施的支撑。在当前日益复杂的局势下，打造自主可控、安全高效的金融信息基础设施势在必行。金融业始终以习近平总书记对自主可控、科技自立自强的重要批示为根本遵循，坚持把金融业信息技术应用创新作为重要政治工程，推动党中央决策部署落地见效。2019 年以来，在各级主管部门的领导下，持续强化顶层设计与资源支持，加快创新技术应用推广，以应用促创新，取得了阶段性工作成效。

1. 金融机构不断完善信息技术应用创新工作体系

体制机制方面，金融机构普遍在信息技术应用创新方面建立"一把手"责任制，成立由最高级别领导任组长的工作领导小组，统筹推进关键核心技术攻关应用。在顶层规划方面，普遍制定了与自身相适应的实施方案和总体规划，形成了内外部协同攻关机制，将信息技术创新应用纳入常态化工作制度和内部考核体系，加大技术攻关与应用力度。

2. 信息技术应用创新工作力度持续加强

主要金融机构普遍加大投入，加速开展信息技术应用创新工作，相关软硬件产品采购和研发投入持续加大，推广的业务领域范围和创新技术的应用程度持续加深。

二　金融业关键核心技术应用攻关方案

（一）整体策略

2019 年之前，金融行业信息系统建设以集中式架构为主。随着业务规模的快速增长，集中式架构必然会对底层服务器的算力要求越来越高。为摆脱信息系统对高算力设备等关键核心技术的依赖，需要通过弹性可扩展的开放平台来支撑快速增长的业务需求。因此，金融行业加快推动底层 IT 架构向分布式架构转型，推动上层业务系统的适配改造，并加强对创新产品的适配使用，摆脱对以高算力设备为代表的集中式架构的依赖。多数中大型金融机构提出了"从分布式架构转型和应用创新替代两方面提升信息系统自主可控能力"的实施策略。

（二）整体方案

科技能力较强的金融机构在信息技术应用创新工作推进之前已经形成了较为完整的 IT 架构，比如工行、建行、招行等机构基本已形成"分层、松耦合、组件化、平台化和全面云化"为主要特征的整体 IT 架构。为避免因分布式架构转型和创新产品应用导致原有 IT 架构发生较大变化，这些机构在整体方案制定时，更注重顶层设计和体系化推进，强调云计算、大数据、分布式等基础平台转型的优先性和重要性，平台能力直接决定了上层应用信创转型质量和效果。

大型机构普遍通过企业级分布式平台为上层应用提供统一开发框架和公共技术组件，降低应用改造难度，提升研发效率。并通过平台统一对接底层技术，兼容适配产品差异，有效应对创新产品发展的不确定性，实现应用版本和底层产品的松耦合；通过兼容适配创新产品的统一云平台提供基础设施支撑，以并行验证保障关键业务系统持续迭代、平稳切换。建设"一云多芯"技术体系，通过云平台来实现多架构芯片设备及整体技术体系的兼容。同时，加强软件供应链安全治理，做到"合规可控、安全使用"。

（三）技术路线

硬件方面，在计算领域，通用服务器整机选择上以双路 PC 服务器为主，芯片上鲲鹏、海光应用案例较多，飞腾也有一定市场份额，龙芯等案例较少；在存储领域，分布式存储技术发展方向趋势明显，传统存储产品华为一枝独秀，宏杉、浪潮等产品成熟度不够，案例较少，光纤交换机暂无创新产品可替代；在网络产品领域，路由器、交换机中华为产品已比较成熟，华三、迈普、锐捷等也有一定应用案例，负载均衡的创新产品实际应用较少。终端领域，兆芯、飞腾应用较多。

软件方面，服务器操作系统麒麟、统信优势明显，中科方德、红旗等案例较少，华为、阿里主要是推动国内操作系统开源社区建设，欧拉等产品不单独作为商业产品售卖。在数据库领域，集中式数据库商用产品以达梦、人大金仓和南大通用为主，另外 MySQL、PostgreSQL 等开源产品在金融行业已广泛应用。分布式数据库百花齐放，中兴 GoldenDB、华为 GaussDB、腾讯 TDSQL、平凯星辰 TiDB 案例较多。但整体来讲，创新数据库产品和 DB2、Oracle 等成熟产品相比，可维护性等方面差距明显，对上层应用的架构设计和研发能力要求较高。在中间件产品领域，东方通、宝兰德、普元、中创等在金融行业均有布局，东方通、宝兰德案例相对较多，开源产品 Tomcat 在金融行业应用广泛。

平台建设方面，云计算平台由于涉及大量的底层技术，主要以引入互联网云厂商产品为主，比如建行、中行和腾讯云合作，工行、农行和华为云合作。阿里云产品的耦合性较强，对整体 IT 架构的影响较大，案例主要集中在一些中小金融机构。大数据平台和云计算平台类似。由于各金融机构需求不同，分布式平台技术路线上有所不同，建行、工行等以自主研发为主，农行、中行则以引入互联网厂商产品为主。

三　问题与挑战

金融行业开展的关键核心技术攻关工作，本质上是以开放的分布式架构转型，来构建自主可控的信息技术体系，是一项系统性工程。目前此项工作虽然取得较大进展，但基础还不牢固，在识别把握创新产品运行规律、保障信息安全和生产安全方面仍需进一步加大工作力度。

（一）创新产品尚处于从可用到好用的发展阶段

近年来，金融行业与各产业机构紧密合作，共同打磨完善创新软硬件产品，其技术性能和运行稳定性均得到了长足发展，已基本能够满足金融行业海量交易同时处理、业务持续不间断提供服务等方面的需求。但客观而言，产品尚处于从"可用"到"好用"的发展阶段，产品成熟度有待进一步提升，比如其更注重单项产品在性能上的提升，自身的使用和操作还不够标准化和规范化，一些常见的功能还不完备，单项产品对其他需要配合使用的产品或工具无法兼容等。这些问题导致金融行业的适配周期较长、运维成本较高。

（二）与安全稳定运行之间的矛盾仍然存在

在关键核心技术攻关实施过程中，金融 IT 基础设施的大规模改造，客观上也给安全稳定运行工作带来诸多挑战，相关的生产事件数量不断攀升。

银行业务关系国计民生，具有交易规模大、准确性要求高、时效性强、监管要求严格等特点。面对大量的客户和交易，账务要绝对准确、服务要持续不停，在确保现有系统稳定运行的同时，还要兼顾支持新业务、新系统的投产上线压力，以及满足国内和海外监管对安全生产稳定运行的合规要求。需要进一步统筹平衡好保障安全稳定运行和有序推进自主可控之间的关系。

（三）存量系统的替代实施工作量还比较大

存量的金融 IT 基础设施全部完成创新产品的替代尚有待时日。金融行业经过几十年的信息化建设，现有的 IT 设备、系统存量较大，创新产品替代的工作仍然比较重，完全替代还需要比较长的周期。银行业按照软硬件普遍需要 6~8 年的更新周期来推算，全部实现替代还需要 4 年左右的时间。

（四）软件供应链安全治理需持续加强

软件供应链方面，存在产品种类繁多、应用广泛、更新速度快等特点，在重点治理的情况下仍然面临持续引入不安全组件、处置被动、漏洞信息不全面和不准确等困境。

四　金融业典型实践案例

（一）中国建设银行分布式银行核心系统建设

中国建设银行通过银行核心系统分布式架构转型，逐步摆脱对单一产品的依赖；通过全栈创新云计算平台的建设，为银行业应用系统提供基础技术支撑平台，形成端到端的银行业信息技术应用创新解决方案，推动创新产品在银行业的体系化应用。

支持开放与集中融合架构，采用分批次分步骤迁移策略，降低项目实施风险，保证过渡期核心业务数据安全性和完整性。继承和发展原有应用模型资产，最大化实现一套模型两个平台运行，做到一体化开发运维；基本保持现有接口不变，减少外围系统改造工作量，降低协同实施复杂度。做到与硬件、操作系统、数据库以及中间件等特定软件产品或厂商无关，为创新软硬件产品的适配替代提供基础，通过选型测试验证国产化软硬件产品的稳定性、可靠性、安全性，成熟一个替换一个，逐步推进。

总体设计方案以技术驱动，采用开放分布式架构对核心业务系统进行改造，继承原有业务功能，平移和扩展原有平台功能，将银行核心系统业务功能从集中式技术体系迁移至开放分布式平台。

1. 基础平台建设

研发适用核心业务的服务编排模型、分布式事务框架平台，并延续和发展现有核心系统基础应用功能，实现可靠性高、扩展性强的分布式银行核心基础应用平台。

研发统一的批量业务分布式处理平台，包括：搭建批处理调度框架，优化批处理作业的调度策略；引入大数据处理引擎（如 Spark、Flink 等），提高批处理吞吐量，实现对现有核心系统主机高效文件处理的替代；搭建批量转联机处理平台，实现对大批量转联机调度分发处理机制。

建立统一部署运维视图，支撑超大规模的核心系统部署集群，提供高效的服务治理和持续集成能力。

2. 应用能力改造

采用联机服务微型化与整合、批处理作业拆分与编排、公共应用分布式适配改造等方法和技术手段，实现对联机服务和批处理作业的分布式改造，完成核心银行业务技术架构转型。

实现原有平台基础应用功能移植，同时构建面向业务规则的可视化开发工具，将金融业务流程服务的设计、开发和测试流程与开发语言环境解耦，优化业务逻辑设计，提高应用开发效率，改造部署测试流程，实现业务应用基于自主模型开发。

3. 创新产品适配应用

测试和验证创新软硬件设备接入分布式银行核心系统的能力，从服务器、存储、操作系统、数据库、中间件等方面进行适配验证和替换工作。

（二）中国建设银行软件供应链治理实践

中国建设银行在软件供应链治理工作上采用了"建平台""盘资产"

"控来源""定制度""闭环流"的实践路径。

1. 工具平台建设

先进的工具平台是供应链安全治理的技术支撑。中国建设银行坚持多措并举，对供应链问题进行工具化、自动化管理。融合现有产品管理、敏捷研发、配置管理平台，自研开源治理平台、安全运营平台、安全测试综合管理平台和安全基因平台，基本覆盖了软件供应链安全治理的全部场景。

2. 全面资产梳理

全面的资产梳理是供应链安全治理的扎实根基。建立覆盖开源软件、开源组件、商业软件、供应商服务的资产库，其中开源软件清单已覆盖超过1.7万个开源技术产品和47个主流开源协议。

3. 严控软件来源

严控软件来源是供应链安全治理的核心举措。管理上建立 IT 供应链产品管理流程、开源软件管理流程和黑白灰名单机制。技术上建立黑白灰名单统一依赖仓库、统一制品库，确保源头可信。

4. 建章立制

完备的规章制度是供应链安全治理的工作依据。中国建设银行制定了《中国建设银行供应商管理规程》《开源软件产品管理规程》等制度，对商业产品采购、开源代码的种类、生命周期、安全配置等方面的要求进行了明确。积极参与业内规范标准的制定，牵头或参与行业开源标准共 8 项，参加中国信息通信研究院开源合规计划，发布了《开源合规指南（企业篇）》《开源安全深度观察报告》等。

5. 闭环流程

闭环的持续流程是供应链安全治理的效果保证。开源软件方面，中国建设银行根据全生命周期"引入、试用、主推/限制使用、退出"在不同阶段制定相应的管理策略、使用范围。例如，在试用期间发现生产事件则无法进入主推状态，在主推期间发生生产事件则转入限制使用状态等。产品和服务方面，建立 IT 供应链产品、服务、供应商清单，建立 IT 供应链安全隐患清单，及时掌握风险底数。另外加强监督检查，对外加大对重要供应商监督检查及管理力度；对内建立监督检查、考核、问责等机制，多措并举抓管理落实。

在建立完善了以上供应链安全治理的基础工作之上，中国建设银行积极探索创新，开创性地提出安全基因理念。安全基因是一组结构化的安全状态信息，用来对供应链软件的安全物料、安全漏洞、安全足迹等进行标准化记录。通过对每个系统的安全基因进行测绘、分发和集中管理，中国建设银行实现对供应链资产风险的综合管理。其中安全物料能够识别开源组件/商业软件依赖关系，快速定位漏洞和影响范围；投产未修复的漏洞，直接反映安全基因的脆弱性；安全足迹详细记录安全工程过程，追溯构建过程安全可信；在此基础上安全基因还具备很强的扩展性，一切有助于安全决策的信息均可加入。这样就能够实现通过对系统的安全基因测绘对建设者、组成成分、安全漏洞、检测质量和 license 合规等关键信息进行全面的了解。

数据要素赋能篇

B.8
金融数据要素共享实践

中国邮政储蓄银行股份有限公司　中国平安保险（集团）股份有限公司

蚂蚁科技集团股份有限公司 *

摘　要： 数据是数字经济时代重要的生产要素之一，只有流通的数据才能更好地发挥数据价值。在国家大力倡导"促进数据合规高效流通使用"的背景下，数据共享已成为企业加速数字化转型的重要一环，能够有效推动数据价值释放与倍增。对于金融数据，其高价值特点使得金融数据共享在降低交易成本、促进服务创新、优化资源配置等方面发挥着重要作用。然而，数据的法律属性以及企业间的数据差距与壁垒也给共享带来了一定的阻碍。本报告系统梳理和分析了近年来金融数据要素共享相关政策、立法、市场以及技术现状，阐述金融数据共享优秀实践，分析了企业在数据共享进程中面临的政策和标准规范不完善、数据权益难以确定、责任认定不清、共享与安全矛盾突出、业务和场景驱动不足以及数据共享技术和产品引发的安全风险等问题，并从持续推进合规监管制度建设、加快金融数据共享技术标准体系建

---

* 执笔人：陈川川、朱晨红，中国邮政储蓄银行股份有限公司；王健宗、黄章成、孔令炜，中国平安保险（集团）股份有限公司；张晓蒙，蚂蚁科技集团股份有限公司。

设、打造金融数据共享体系、加大数据共享新技术研发与应用方面提出解决思路与对策，从而实现金融数据的安全共享与有效利用。

关键词： 金融数据 数据共享① 隐私计算

一 金融数据要素共享发展现状

（一）数据要素政策利好数据市场化流通

2020 年 4 月，《关于构建更加完善的要素市场化配置体制机制的意见》正式发布，提出要加快培育数据要素市场。2022 年 12 月 19 日，中共中央、国务院印发《关于构建数据基础制度更好发挥数据要素作用的意见》（以下简称"数据二十条"），明确"坚持共享共用、促进合规流通"的工作原则，以"促进数据合规高效流通使用、赋能实体经济"为主线，为健全企业数据共享顶层设计、完善企业数据共享长效机制提出了方向性指引。在政策的加持下，我国重点城市的数据要素发展不断推进，北京、上海、广州、深圳等重点城市，围绕数据流通、公共数据开发利用、数据市场生态培育等开展了一系列实践探索，初步形成了数据要素市场建设的代表性经验。《中国数据交易市场（数据交易所）发展前景预测与投资战略规划分析报告》数据显示，截至 2024 年 3 月底，全国共计成立 49 家数据交易机构，各家数据交易机构在推动数据高效流通、激发数据要素市场活力方面发挥关键作用。预计到 2024 年末，我国数据要素市场将达到约 1500 亿元，实现稳步增长。

---

① 在本文语境下，为聚焦问题、避免概念外延过于宽泛，作者将金融数据要素共享定义为金融业机构之间以及跨行业企业之间金融数据共享，属于限定主体范围内的数据开放。

（二）金融数据共享立法逐步完善

在立法层面，我国数据共享相关立法分布在《中华人民共和国民法典》、《中华人民共和国数据安全法》、《中华人民共和国个人信息保护法》（以下简称《个保法》）等法律及其配套规范中，多为指引性规定。其中，《个保法》明确了个人信息处理者与第三方共享个人信息的法定要求，规定以"取得个人同意"作为个人信息共享的合法性基础，要求取得个人同意后才可向包括关联方和非关联方在内的第三方提供个人信息，法定职责、法律规定的处理除外。

金融行业接受中国人民银行、国家金融监督管理总局、网信办等机构的多重监管。近年来，金融监管机构相继出台各项与数据安全和数据共享相关的行业规定。《金融数据安全 数据生命周期安全规范》（JR/T0223—2021）明确了金融数据共享的安全防护要求。《个人金融信息保护技术规范》（JR/T 0171—2020）明确了个人金融信息共享要求。2020 年 9 月，中国人民银行发布《金融控股公司监督管理试行办法》（中国人民银行令〔2020〕第 4号），首次对金融控股公司与其所控股机构之间、其所控股机构之间的个人客户金融信息共享做出了明确要求，提出了依法合规、风险可控、经客户书面授权或同意和防止不当使用四大共享准则，也强调金融控股公司在进行内部数据共享的同时，要对共享数据行为进行合理隔离，以有效防控风险，保护客户合法权益。

（三）金融数据共享趋势日益明显

金融数据天然具有高价值属性，是金融行业不断创新的驱动力。当前，金融数据共享已逐步从理论走向实践应用。在这一进程中，金融数据共享不仅促进了金融机构资源的高效整合与利用，还显著提升了金融服务的质量与效率。金融机构之间数据共享方面，通过数据整合处理与建模分析，充分激活数据要素的潜在价值，赋能风控、营销和监管等场景；通过建立黑灰名单共享联盟机制，金融机构能跨机构、跨地域融合数据价值，有效降低欺诈、洗钱等风险，为金融市场的稳定与发展提供保障。跨行业企业金融数据共享方面，发展趋势也日益明显，金融机构通过对接不同的行业数据，例如广告平台、运营商、征信机构、政务等数据。在安全合规的数据共享机制下，运用联合建模等方式，拓展数据生态，挖掘更多潜在业务场景，共同促进业务创新与发展。

（四）数据共享技术支持不断加强

数据安全是金融数据共享的前提，而安全的实现离不开技术的加持。近年来，金融机构对数据流通的安全合规要求越来越高，如何在安全合规的前提下充分挖掘数据资产价值成了金融机构关注的重点。对于技术的选择，需要基于场景特点、数据类型与数据安全级别综合考虑。

当前，金融数据共享主要通过数据水印、API、数字证书、TLS、数据加密、量子传输及量子密钥分发等技术为参与共享的机构提供数据存储，以及接入、数据安全传输、数据一致性校验、数据合规审计等功能，用于解决数据流通过程中非敏感数据的跨机构、跨部门、跨系统间的安全交换问题。对于数据隐私性较高且无法直接共享的数据，通常使用隐私计算技术进行价值共享，在不直接暴露原始数据的情况下进行分析与操作，实现数据"可用不可见"，有效解决了数据共享和协作的合规问题。此外，区块链技术也为建设高效、安全的数据要素市场提供了技术基础。依托区块链技术，可以在金融数据合规共享场景下，为数据真实性、数据确权等合规问题提供支持，实现全流程可记录、可验证、可追溯、可审计。

二 面临的问题及挑战

（一）数据共享政策和标准规范有待完善

数据要素共享需要有法可依，其规范发展离不开政策和配套标准的跟进。现阶段，在金融数据共享体系上，一是缺少基础制度和系统性规范，在法律法规层面未清晰规定企业间哪些数据可共享，哪些数据不可共享，导致企业间往往采用"一刀切"的管理方式，形成较高的数据流通壁垒，或是造成数据滥用，侵害数据主体权益；二是缺乏企业共享数据的最低要求规定，导致企业在数据共享问题上拥有几乎绝对的决定权和控制权，加剧了数据割据与"数据孤岛"现象；三是隐私计算技术规范标准不统一，存在产品难以互联互通的局限，不仅造成系统重复建设和运营成本的浪费，还间接形成数据要素共享的技术壁垒，使隐私计算连接的"数据孤岛"转变成为"技术孤岛"。

（二）金融数据权益归属难以确定，责任认定不清晰

数据本身具有非排他性、低成本且可无限复制、可拆分和任意重组等特征，很难保持数据的独特性，导致数据权益的性质和边界难以界定。对于金融数据，由于金融业务的特殊性，金融数据链条可能包括多个参与者，每位参与者都可能在其所在的环节产生新的数据并赋予数据新内容。因此，数据价值会随着主体、业务和场景的变化而改变，同时还可能衍生出新的权利或新的价值，进一步导致了金融数据权益归属难以确定。在数据权属不明确的情况下进行数据共享，一方面容易引发侵权争议，另一方面可能会侵犯个人隐私，违反数据安全和个人信息保护法律法规。金融机构在没有明确的确权机制下，不敢轻易共享涉及个人隐私或商业秘密的数据。此外，数据共享到第三方后若出现数据泄露，如何认责、由谁来负责等问题也尚未明确。

（三）数据共享主体数据保护能力差异大，企业难以互信

在跨机构、跨行业的数据共享过程中，各方数据保护能力的差异成为一个不容忽视的挑战。一方面，数据保护能力差异可能导致在数据共享过程中，若一方数据管理水平未能达到另一方标准或行业基准，极易带来因人员操作疏忽或数据管理不到位等潜在风险，造成数据泄露，从而给双方带来不可估量的损失。另一方面，目前缺少企业数据安全保护能力评价的统一机制，无法通过一套标准客观衡量大中小型企业的数据安全保障能力，难以实现企业互信。

（四）安全和共享矛盾突出，业务和场景驱动不足

金融行业属强监管行业，对金融数据的需求来自价值创造动机和客户风险评估的综合考量。在面对强监管、严问责、双罚款的情况下，金融机构通常以合规为前提开展业务。在现有数据共享监管政策和实施机制不足够完善的情况下，金融机构较难找到安全合规和数据共享应用的平衡点，通常为了合规"牺牲"数据流动，造成共享意愿较低。

尽管技术层面已备妥金融数据共享的支持体系，然而，单凭金融科技一侧的推力并不足以驱动金融数据共享。从金融行业现状来看，企业参与数据流通的程度较低。数据依然高度集中于各自领地，形成了普遍的"数据孤岛"现象。并且，传统的金融数据共享应用主要集中在风险管控、信贷评估以及营销获客等关键领域，其余业务场景应用十分有限。因此，在确保数据共享安全合规的前提下，如何促使金融机构通过整合内外部数据，发掘更多潜在的业务场景，仍是需要探讨解决的问题。

（五）数据共享技术和产品引发的安全风险

一是传统加密方法的安全性受到威胁。随着量子计算技术研究的不断深入，理论上可以破解如今许多金融机构使用的加密方法，量子攻击可能会对非对称和对称密码学加密方法构成威胁。

二是隐私计算安全性共识有待形成。隐私计算技术作为数据共享的安全技术，其产品的安全性是技术应用中面临的核心问题，包括算法协议安全，开发应用安全、安全性共识和安全性可验证。其中，算法协议尚无法实现绝对安全，一方面算法协议多样，各自协议的安全根基各不相同；另一方面产品依赖安全假设，但实际中安全假设不一定完全成立，可能存在安全风险。此外，开发应用安全也存在挑战，一方面隐私计算产品面临生产化过程中的安全问题，如密码学算法领域的侧信道攻击，恶意黑客攻击；另一方面通过引入第三方带来了不确定风险因素，如利用第三方生成乘法三元组或第三方分发密钥，可能会打破信任的完整性。

三是传统技术难以完全实现跨域访问控制。跨机构间的数据共享中，数据会离开持有方自身的安全域进行跨域的共享和流通。当前，数据持有者凭借传统技术无法完全做到对数据流向的持续追踪和对下游数据使用行为的无限溯源，从而可能导致超出持有方预期的数据使用，造成不可挽回的损失。

三　典型案例

（一）蚂蚁集团融合农业农村大数据、遥感风控数据等为"三农"提供数字普惠金融服务

为解决农村数字普惠金融面临的小农户缺少成熟抵质押物、缺少信用记录、数字化程度低三个痛点问题，蚂蚁集团联合农业农村部大数据发展中心，利用隐私计算、人工智能大模型等技术，融合农业农村大数据、遥感风控数据以及农户授权数据等数据源联合建模，将结果用于小农户授信、提额，并解决小农户"信用白户"的问题，帮助 53 万人首次在银行获得贷款，授信 155 亿元。

技术方案方面，一是利用密态时空计算平台融汇数据。蚂蚁集团利用业内首建的密态时空计算平台，保证数据全生命周期密态化，既满足了金融机构的数据需求，又实现了敏感性公共数据"原始数据不出域、可用不可见"的安全要求。二是利用人工智能技术充分挖掘数据价值。蚂蚁集团对融合数据进行匹配分析和联合建模，形成了农户种植数据，向银行业、保险业开放，应用于授信、风控、承保等农村普惠金融服务场景（见图 1、图 2）。

（二）平安集团自主研发隐私计算平台推动金融数据要素合规共享

为解决金融数据共享的隐私保护问题，平安集团研发团队采用了一系列先进的隐私计算技术，包括联邦学习、多方安全计算、可信执行环境和国密算法等技术，自主研发了促进可信数据要素流通的隐私计算平台。该平台有效应对了数据共享过程中的安全挑战，同时在隐私计算技术的性能上取得了显著进步，确保了计算过程的快速响应和高可靠性，适用于多方参与的场景。

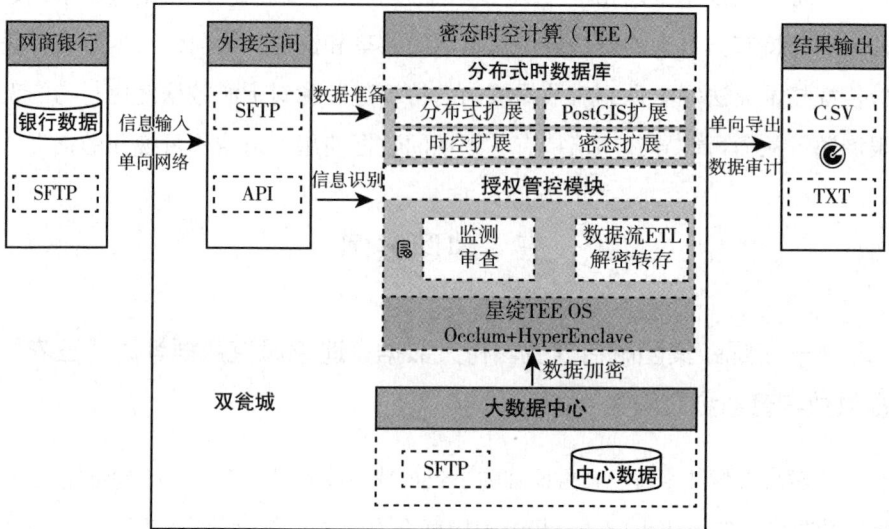

图1　密态时空计算平台

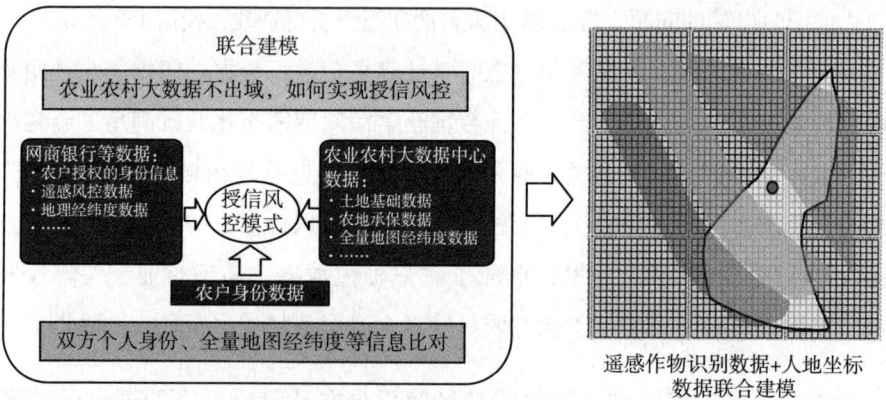

遥感作物识别数据+人地坐标
数据联合建模

图2　融合数据用于联合建模

并且，该平台依托隐私计算技术架构，构建了数据安全共享体系，该体系不仅推动了数据在不同行业、地区和平台间的互联互通，更巧妙地解决了敏感数据跨区域流动的难题。这一举措间接提高了金融服务的质量和效率，支持金融监管的有效实施，为公司的业务发展提供了坚实的技术支撑（见图3）。

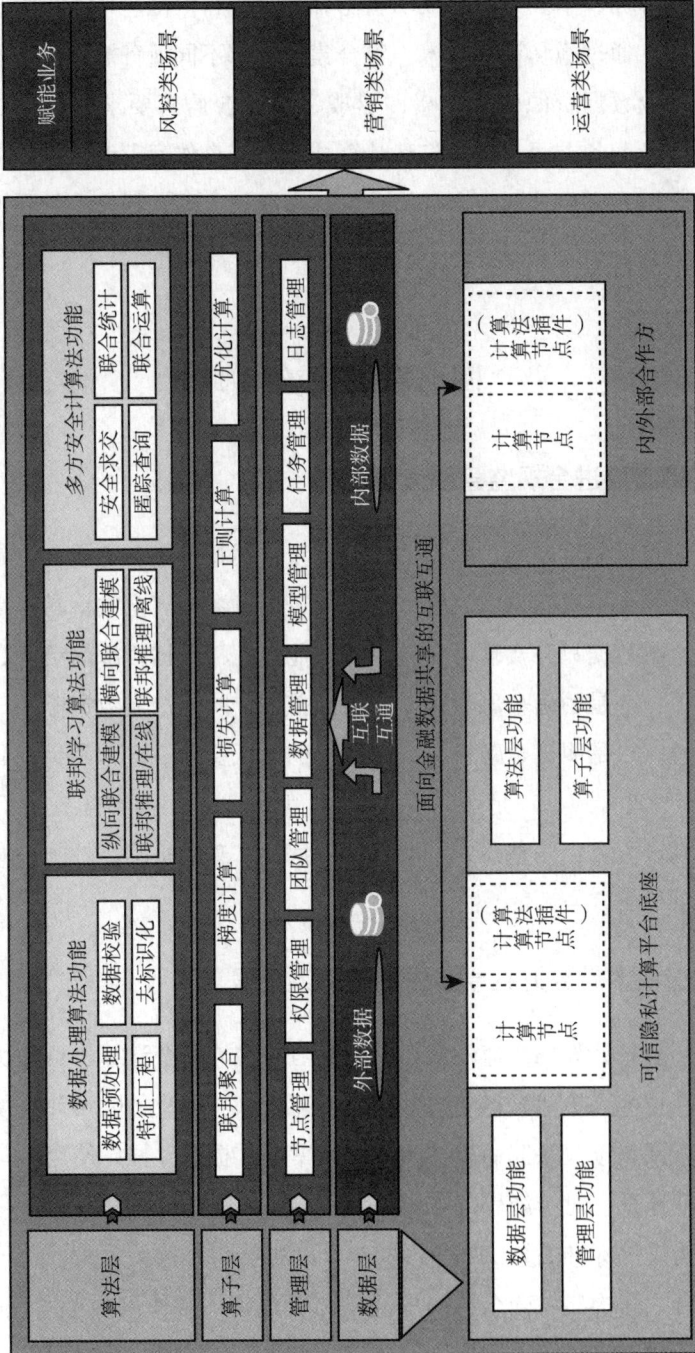

图 3 平安集团隐私计算平台架构

平台应用方面，平安集团已成功将隐私计算平台广泛应用于内外部数据共享的实践中。通过隐私计算技术，整合集团内部不同业务之间的数据，同时与外部跨行业数据资源建立连接，形成一个符合监管要求的数据共享生态。例如在保险业务方面，通过隐私计算技术链接合作运营商数据，对客户进行画像补充以及客户分层，实现精准触达高净值人群，提升营销效率、降低存客管理成本。

四　发展建议

（一）持续推进合规监管制度建设

强化合规监管制度是维护数据要素共享正常运行的必要手段，也是金融数据共享领域亟须解决的重要问题，对于促进金融数据安全共享具有重要作用。海量的金融数据只有实现安全共享，才能真正将数据资源盘活为数据资产。建议如下：一是明确金融数据共享基础范围，防止造成数据滥用，侵害数据主体权益；二是明确金融机构共享数据的最低要求规定，避免企业采用"一刀切"的管理方式；三是建立责任机制，明确数据共享到第三方后的责任归属以及判定方式；四是建立金融机构数据共享激励机制，鼓励企业挖掘金融数据共享价值。

（二）加快金融数据共享技术标准体系建设

随着近年隐私计算的快速发展，联邦学习、多方安全计算、可信执行环境等隐私计算技术逐步从试点走向了商用。建议针对主流的隐私计算技术路线展开调研，聚焦于互联互通整体框架实现案例，提炼并推广使用统一的技术框架和标准体系。对于纯软件技术路线，如多方安全计算和联邦学习，应鼓励头部机构提供标准的算法和算子接口，通过接口传输的方式，在异构的隐私计算平台之间构建一套全链路的通信相关规范，并辅以参考实现样例。对于软硬结合技术路线，如可信执行环境，则注重形成统一的远程证明流程和接口标准，确保不同平台之间能够实现互联互通，从而增强隐私计算技术的普适性和可扩展性。

2024 年 4 月，北京金融科技产业联盟数据专委会发布了《金融行业异构隐私计算平台互联互通技术规范》团体标准，有效指导不同机构异构隐私计算平台的互联互通。近期，其他金融数据共享标准编制工作也陆续启动，例如《金融业隐私计算安全分级要求》团体标准，针对不同技术路线的隐私计算产品提出统一的安全分级标准，对隐私计算产品的核心能力提出清晰的要求，在安全和性能方面找到平衡。

（三）打造金融数据共享体系，持续探索金融数据共享场景

一是建议构建金融数据共享体系。鼓励金融机构、科技公司、政府部门等多方参与到数据共享的实践中，形成合作共赢的局面。利用金融业在数据规模和数字化技术应用领域的有利条件，加大金融产品的研发创新和场景应用，挖掘金融数据资源价值，推动数据价值在智慧城市、普惠金融和绿色金融等领域的创新应用。

二是建议针对部分金融机构可能面临的资金限制、技术水平局限及数据资源稀缺等实际情况，提出个性化解决方案，旨在助力这些机构跨越障碍，顺利融入金融数据共享的浪潮中，进而增强其金融服务的效能。具体的实施方案可以灵活多变，例如：通过与其他成熟金融系统的协同合作，实现数据资源的挂靠；利用 API 接口技术，调用头部技术厂商的算法，以最小技术门槛实现数据共享能力；引入专业的第三方数据服务，补充和丰富数据资源。解决方案应注重精简操作流程，减轻参与负担，激励金融机构积极打破数据孤立状态，全面拥抱数据共享的新模式，共同推动金融行业的创新发展。

（四）加大数据共享新技术研发与应用

以技术赋能金融数据共享，探索多方安全计算、联邦学习、可信执行环境和多方中介计算等隐私计算技术路线的融合使用，基于应用场景进行技术

选择。密态计算是未来信息技术发展的重要方向之一，为机构间、行业间跨越先前因隐私、安全问题而产生的壁垒，降低资源获取、业务运营以及维护成本，通过提供不同安全等级的密态计算引擎，使不同场景可以选择安全和成本适合的引擎，更高效地进行数据协作，从而实现数据要素跨主体、跨行业、跨区域的大规模流通。例如，和明文计算相比，多方安全计算、全同态等具有千倍的开销，但是密态计算基础平台利用软硬结合的方案，可以将成本压缩到明文的约 2~10 倍。因此，金融数据要素亟须建立能够支撑数据共享、流转的密态数据流通基础设施，为数据要素流通各个场景提供大规模、低成本的密态计算能力和密态算力调度服务，进而推动整体行业朝着更高效、更安全的方向发展。

B.9
金融数据要素融合应用实践

恒丰银行股份有限公司　天翼电子商务有限公司　华夏银行股份有限公司*

摘　要：　数字经济背景下，数据要素对于金融业发展的作用愈加重要，深化数据融合应用，推动数据有序共享成为当前金融业数字化转型的重要趋势。在政策和技术的驱动下，金融数据融合的深度与广度进一步提升，为金融领域带来新的增长动力，在提高决策效率、促进金融产品和服务创新、优化风险管理能力、提升客户服务水平等多场景发挥出乘数效应。与此同时，金融数据融合应用也面临着数据质量、技术推广、多方协同等方面的问题和挑战。本报告详述了金融数据要素与融合应用的内在和外在驱动力，介绍了金融数据要素融合在不同数据主体间的应用实践，分析了金融数据要素融合面临的挑战，包括数据质量和供给的提升、法律法规和监管政策的细化、跨领域和跨行业的协同合作强化、新技术的推广及创新实践加强，以及数据融合应用的安全性。同时，对未来金融数据要素融合应用的发展前景进行了展望。

关键词：　金融数据要素　数据融合　数据安全

一　应用背景

2020 年数据要素被国家列为第五大生产要素以来，国家持续推进引导数据要素的深度广泛应用。2024 年初，国家数据局等 17 个部门联合印发

---

* 执笔人：高滢珺、张瑞媛，恒丰银行股份有限公司；史楠迪、张鸣皓，天翼电子商务有限公司；盛菲，华夏银行股份有限公司。

《"数据要素×"三年行动计划（2024—2026年）》，旨在充分发挥数据要素乘数效应，赋能经济社会发展。其中"数据要素×金融服务"被列为12个重点行动之一，以提升金融服务水平为目标，支持鼓励金融机构融合多源数据应用。

（一）金融行业对多源数据要素融合应用需求强烈

在金融领域，数据关乎金融机构的运营效率、风险控制能力以及决策制定的准确性。通过整合不同来源和类型的数据，金融机构可以构建出更为全面的市场视图，从而在复杂的经济环境中做出更为精准的判断。例如，通过分析客户的消费习惯和历史信用记录，金融机构能够更准确地评估贷款申请者的信用风险；通过监测市场数据和宏观经济指标，可以及时地调整投资策略以应对市场波动；而对社交媒体信息的分析，则有助于金融机构捕捉市场情绪，预测潜在的市场趋势。

数据融合应用的扩展，不仅提升了金融机构的服务能力和风险管理水平，而且为金融产品和服务的创新提供了新的思路。金融机构可以利用融合后的数据开发个性化的金融产品，提供定制化的客户服务，从而在竞争激烈的市场中获得优势。

（二）基于多种创新技术实现数据合规安全融合促进新型业务开展

中国人民银行印发的《金融科技发展规划（2022—2025年）》指出，推动数据的有序共享与融合应用需要基于技术方面的创新来确保数据在使用中的安全与隐私问题，满足应用的合规与可控。区块链、隐私计算、数据空间等技术在金融行业应用的范围持续扩大，为跨机构间多源数据融合应用提供了路径，提升了金融数据融合的深度与广度。

区块链技术通过分布式账本不可篡改的特性，在数据融合的应用中提升存证记录的真实性，实现数据全生命周期的可信存证以及确保监管审计的透明性。同时，基于智能合约的身份认证可以精准控制数据的访问权限，提升数据融合应用的规范性。

隐私计算基于联邦学习、多方安全计算等技术路线，实现跨机构间原始数据不出域、不泄漏情况下的联合计算统计与模型构建，从而在不暴露原始数据内容的前提下，实现数据的价值挖掘和信息共享。隐私计算为金融机构提供了一种既能保护客户隐私又能充分利用数据资源的解决方案，极大地促进了数据的合规使用和创新业务的发展。

可信数据空间技术则通过建立一个安全、受控的环境，使数据在其中可以被信任地存储、处理和交换。在这个空间内，金融机构可以确保数据的完整性和来源的可靠性，同时对数据访问进行精细的权限控制。这种技术的应用为金融机构之间的数据合作提供了坚实的信任基础，降低了合作风险，增强了数据流转的安全性。

随着上述技术在金融行业逐渐落地应用，金融机构不仅能够确保数据融合的合规性和安全性，还能在此基础上孵化和开展新型业务。例如，基于大数据的信贷服务能够更精准地评估借款人的信用状况，智能投顾服务能够为投资者提供个性化的投资建议，风险预警系统则能够提前识别潜在的市场风险。这些新型业务的推出，不仅增强了金融机构的服务能力，还为整个金融行业带来了新的发展机遇和增长动力，推动金融行业向更高效、更智能、更安全的未来发展。

（三）数据融合为金融领域带来新的强劲增长动力

数据融合在金融领域正成为推动增长和创新的强大引擎。通过整合和分析来自不同来源和类型的数据，金融机构能够获得前所未有的洞察力和决策支持，这为金融行业带来了一系列新的增长机遇。一是数据融合提高了金融机构的决策效率，使机构能够快速识别市场机会和潜在风险，从而做出更迅速、更准确的业务决策。二是数据融合促进了金融产品和服务的创新。金融机构可以利用融合后的数据深入理解客户需求，设计出更加个性化、差异化的金融产品，提供更加精准、高效的金融服务。三是数据融合优化了金融机构的风险管理能力。通过整合和分析多源数据，金融机构能够更全面地评估业务风险，更有效地进行风险预警和控制。四是数据融合提升了金融机构的客户服务水平。通过融合分析客户在金融机构自身的相关数据与外部机构的客户行为数据，金融机构能够更准确地把握客户需求，提供更加个性化、贴心的服务。五是数据融合推动了金融普惠的发展。通过整合和分析多源数据，金融机构能够更好地识别和服务小微企业、低收入群体等传统金融服务难以覆盖的客户群体。

二　金融数据融合应用案例

金融数据融合应用不断推进，涌现出越来越多新技术、新模式的应用案例，按照数据融合主体分为金融机构与政务部门间、金融机构间、金融机构与数据交易所间的数据融合。这些案例展示了数据融合在金融领域的巨大潜力，为行业数字化转型和创新发展指明了方向。

（一）金融机构与政务部门间的数据融合应用案例及分析

案例背景：金融机构与政务部门间的金融数据融合应用较为广泛，政务数据具有较高的稳定性、准确性以及覆盖度，金融机构通过加强与税务、市场监管、社保和公积金、公安、环保、电力等政务部门的数据融合，能够有效地降低信息不对称，提高金融机构服务的效率和质量，帮助金融机构更好地管理风险，同时推动政务数据的开放和共享，促进数字经济的发展。

典型应用：威海市大数据中心利用政务区块链技术助力政务数据与金融数据高效融合应用，以区域中心化模式实现对各政务部门的数据归集，实现向金融机构的统一供给。为解决政务数据开放过程中个人和企业隐私数据的安全保护需求，中心利用区块链技术，为个人、企业建立加密数据资产账户，将政务数据存储在加密账户中，完成政务数据的有效确权，实现"一人一档、一企一档"，利用加密算法验证个人/企业对于数据的技术授权。同时，利用区块链行为可追溯的特点，确保数据共享各环节留痕，实现了数据在有效授权及可信监控下安全流通，有效解除了政务数据持有方对于数据共享安全问题的担忧，满足了商业银行多样化需求。

参与项目的政务机构包括自然资源和规划局、人力资源和社会保障局、民政局、住房公积金管理中心、公安局、教育局、自然资源和规划局。这些机构实现了不动产权证书、养老保险参保信息、婚姻登记信息、住房公积金信息及公积金贷款还款信息、户口本信息、高校学习信息、不动产登记证明、抵押登记信息等多项数据与金融业务数据的融合应用。商业银行通过与大数据中心区块链平台的系统对接，线上获取政务数据，客户无须通过线下提交相关纸质材料，实现了数据共享流通，有效缓解了银行和个人、企业客户信息不对称的问题，数据融合为改善金融领域营商环境、提升金融服务水平、提高风控模型质量、拓展普惠金融提供了强有力的支持。

试点银行的客户群体得到大幅度拓展，信贷业务办理效率得到有效提升、政务数据的权威性有效改善了银行信贷产品的授信条件。

（二）金融机构间的数据融合应用案例及分析

案例背景。金融机构间将数据进行融合以支持应用的形式也在逐渐形成，行业中常见的数据融合实践可分为如下三种方式：一是以有关金融管理部门为中心，建立数据交换、共享平台，整合金融机构间数据，同时通过信息共享服务支持各金融机构实现数据融合应用；二是商业银行根据自身业务发展需求，引入外部同业及金融机构数据；三是结合服务企业的发展周期或企业产业链信息，银行、证券、保险等金融机构联合开展业务合作，通过共同建立服务平台，定制套餐式金融产品，开展整合式金融服务，实现保险、证券、银行业务互通互融。

典型应用。北京银保监局搭建监管数据共享平台助力银行提升风控水平。为推进跨行对公数据查询服务，支持银行高效、快捷、准确地开展对公客户跨行信息核验，追踪信贷资金流向，为贷款"三查"等风险管理场景提供信息共享服务，帮助银行提升风险控制水平，从源头防范化解金融风险。同时，助力银行提高信贷审批效率，落实尽职免责要求，缓解中小微企业融资难、融资慢问题，切实提升金融服务中小微企业能力。北京银保监局搭建了监管数据共享平台，平台基于各行报送 EAST 数据，提供三项对公授信类数据共享服务，包括对公客户流水数据验真、对公客户信贷资金疑似回流提示、对公客户信贷资金疑似挪用提示。商业银行通过与北京银保监局监管数据共享平台对接，将平台查询功能嵌入信贷管理流程和系统，监管数据查询结果作为授信业务的重要参考和风险管控的重要工具。

借助对接数据的融合应用，建设银行特色风险管理体系，为多种金融场景提供依法合规、安全可靠的数据服务，及时、有效、全面地揭示企业风险，进而避免经济损失，助推业务高质、高效发展。

（三）金融机构与数据交易所间的数据融合案例及分析

案例背景。国内数据交易市场活跃，根据前瞻产业研究院《中国数据交易市场（数据交易所）发展前景预测与投资战略规划分析报告》数据，截至 2024 年 3 月，全国已经成立的数据交易所/交易中心达 50 家，数据交易规模呈现高速增长态势。其中，金融行业为占数据交易市场份额第一的行业，2021 年的数据交易规模为 200 余亿元，2022 年达到 300 余亿元，2023 年则超过 400 亿元，持续保持高增长，占据数据交易市场 35% 左右的市场份额。金融行业在数据交易市场的规模呈现连续多年的高速增长。同时随着"数据要素×"行动的开展，在国家政策层面进一步加大推进数据融合应用的背景下，金融业在数据要素市场的交易规模仍拥有巨大的增长空间。

各大数据交易所上架金融行业数据产品的数量庞大，截至 2024 年 4 月，国内规模最大的 5 大数据交易所共上架了超 3000 余款服务金融行业的数据产品。基于数据交易所，金融行业数据融合应用呈现多元化、创新化趋势，服务银行、保险、证券、消费金融等多种类型行业机构，应用场景涵盖个人与企业，包括企业征信、客户画像、风险评估等。

典型应用。上海数据交易所创新推出"数易贷"产品，激发数据资产的金融价值。"数易贷"作为一项创新的金融产品，由上海数据交易所联合多家银行共同推出，旨在为数据要素型企业开辟融资新途径。该产品允许企业利用其数据资产作为质押，获取银行贷款，为企业融资提供新渠道。

"数易贷"产品具备五大创新特点：创新的标的物、创新的运营模式、创新的处置机制、创新的基础设施和创新的风险管理。这突破了传统信贷模式，将数据资产作为信贷的新标的，要求银行建立全新的授信审批和风险控制流程。

在基础设施方面，上海数交所提出的 DCB（Data-Capital Bridge）数据资产架构，实现了数据资产的全面、动态、实时、精准披露和风险管理。DCB 架构对企业、评估机构和银行都具有重要意义。企业可以通过 DCB 记录数据资产信息，实现数据资产的登记和管理；评估机构可以基于 DCB 记录的交易信息，对企业数据资产的价值进行评估；银行则可以基于 DCB 数据资产凭证，向企业发放授信贷款，并实现全生命周期的实时动态管理。

"数易贷"首个贷款案例企业已在上海数据交易所完成数据产品挂牌和场内交易，为数据资产登记认证及价值评估提供了实践案例。DCB 数据资产凭证能够实现数据要素和资本要素之间的有效链接，覆盖数据资产登记、评估、披露、风险管控和处置等全流程。

在贷后风险处置方面，上海数据交易所将协助银行在数据资产领域实现更多创新操作，如场内处置拍卖、动态披露等，并探索与担保公司、保险公司及金融机构联合成立创新的担保方式，实现数据资产的高效处置和流转。

三　面临的挑战

（一）金融数据要素的质量和供给有待进一步提高

金融机构在积累大量金融数据的同时，仍需提升数据的准确性、完整性、一致性和时效性。金融业务系统经过多年发展，已形成多层级的应用架构体系，系统内、系统间交互复杂，不同业务之间往往存在耦合，造成了数据缺失、标准不一等数据质量问题，不同系统间存在数据孤岛、缺乏统一的数据标准、数据治理跨部门、跨系统协调能力差、技术及人才支持不足等问题，仍是金融机构数据质量提升的阻碍因素。

此外，部分机构数据挖掘能力不足，过于依赖第三方科技公司，造成了内部数据要素供给不足。同时，外部数据的匹配和高质量外部数据相对稀缺，进一步影响了金融机构数据流转和融合应用的效率和准确性。金融机构需要进一步提升数据治理能力，解决"数据孤岛"问题、推动数据标准化、加强数据挖掘，实现数据要素的有效供给和高效流通，为金融数据要素融合应用打牢基础。

（二）法律法规和监管政策需要进一步细化

金融数据要素融合是一个复杂的过程，涉及数据的安全、隐私保护、合规使用、收益的分配等多个方面，健全的法律法规以及有效的监管政策是金融数据要素融合的有效保障。近年来，《数据安全法》《个人信息保护法》等法规的出台，逐步规范数据隐私保护相关要求。"数据二十条"、《金融科技发展规划（2022—2025 年）》也在顶层设计方面，为金融数据要素融合应用指明了数据确权、数据流通规则、数据应用场景方面的方向。但是在具体实施细则方面仍有待完善，最为迫切的是加快数据产权法律制度建设，需要进一步加强数据产权属性、形态、公共数据共享机制等法律问题研究，明确数据权属、控制边界与使用范围，进一步细化完善数据产权司法保护规则。

此外，金融管理部门也需要提升金融数据监管能力，创新监管理念，加强对金融机构、金融科技公司等数据供给和使用行为的规范约束，从传统的监管模式转变为更加灵活、敏捷的监管方式，并进一步细化相关监管机制。以适应金融数据融合应用的快速发展，平稳有序释放活力。

（三）跨领域、跨行业协同合作有待进一步强化

金融行业数据要素融合应用涉及银行、证券、保险、支付机构等不同细分行业，包括工商、税务、住建、征信等各类政务数据，同时涉及电商、医疗、教育等不同领域的商业数据。跨领域、跨行业的融合应用需要兼顾不同

行业和领域数据管理的差异性，涉及各数据供给主体的统筹协调，需要各参与方增进理解、加深认识、增强互信，并科学评估风险水平，增强数据管理规定的协调性。

近年，金融监管机构、各地大数据管理机构、金融行业联盟组织、各类数据交易平台在推进跨领域、跨行业协同合作，实现数据融合应用方面发挥了重要作用；在牵头协调、建立标准、鼓励创新、促进交流等方面发挥了积极作用。但是，目前跨领域、跨行业的数据融合应用仍处于探索试点阶段，并未实现大规模推广应用。亟须进一步做好数据融合的标准规范和对接机制的建设，加强跨行业监管协调确保数据融合在合规框架内进行，进一步发挥数据交易平台作用，促进数据的合规流通和市场化配置，推动行业应用示范促进更广泛的行业接受和采纳。

（四）新技术的推广及创新实践需要进一步加强

新技术如区块链、MPC、联邦学习等在金融数据融合中发挥关键技术支持作用，但在强监管金融领域，市场接受度尚需提升，需加强技术安全性和风险管理，确保合理应用。隐私保护计算等新技术应用仍处于起步阶段，需平衡性能与通用性，创新实践并结合金融场景构建最佳解决方案，同时制定标准与框架体系，避免碎片化部署带来数据隔阂问题。

（五）金融数据要素融合应用面临更高的安全性挑战

金融数据要素融合在提高金融服务效率和质量的同时，也面临着严峻的安全性挑战。包括确保用户敏感信息的隐私和合规性，防止数据泄露和盗窃，维护数据的完整性，加强网络安全，实施严格的身份验证和访问控制，以及防范恶意软件和网络攻击。面对这些挑战，金融机构必须采取一系列有效的安全措施和技术手段，如加密传输、防火墙、入侵检测系统、反病毒软件、安全补丁和安全审计等，以确保金融数据的安全性和可靠性，同时符合GDPR、HIPAA等法规和标准的要求。

四 未来趋势与发展

（一）实时数据处理能力的提升

随着金融市场的快速变化，实时数据处理将成为金融机构的必备能力。金融机构将实现对金融数据的实时处理和分析，为风险管理、投资决策等提供实时支持，提高反应速度和决策效率。例如，利用实时数据流和先进的分析模型，金融机构将能够在交易发生前迅速评估风险，甚至在风险形成之前采取预防措施。这种能力将显著减少金融犯罪和欺诈行为。此外，实时数据处理还能够帮助金融机构更好地监控市场风险，及时发现并应对潜在的市场风险。

（二）数据安全和隐私保护的强化

在数据驱动的金融时代，数据安全和隐私保护的重要性日益凸显。随着数据对外开放和对内共享的步伐不断加快，对数据隐私保护、数据归属确权、数据授权使用等数据支撑工作提出更大挑战，数据安全管理责任、防护能力、数字技术应用等环节需要持续强化，结合不同场景以风险分析做针对性防护。金融机构将投入更多资源，采用先进的加密技术、数据脱敏技术和严格的数据访问控制机制，确保客户数据的安全。同时，随着全球数据保护法规的不断完善，如欧盟的通用数据保护条例（GDPR），金融机构将加强其数据保护措施，以避免重罚和声誉损失。此外，金融机构还将加强对数据全生命周期的管理，确保数据在收集、存储、使用和销毁的每一个环节都符合法律法规和道德标准。

（三）监管科技的融合发展

随着金融科技的快速发展，监管科技也将得到加强，金融机构将面临更为严格的合规监管要求。通过对金融数据要素的整合和分析，可以更有效地监测和报告合规风险。金融机构将利用技术手段，如区块链、人工智能等，来提高合规效率，降低合规成本，同时确保业务操作的透明性和可追溯性。例如，区块链技术可以用于确保交易记录的不可篡改性，而人工智能可以用于监控交易行为，以便及时发现可疑活动。监管科技的发展将使得金融机构能够更好地适应监管环境的变化，确保业务的合规性，同时也为监管机构提供了更有效的监督手段。

（四）跨行业合作与生态系统构建

金融机构将与科技公司、数据提供商等建立更紧密的合作关系，共同构建金融数据生态系统。通过这种合作，金融机构不仅能够获得更丰富的数据资源，还能够共同开发新的业务模式，推动金融行业的创新发展。例如，金融机构可以与科技公司合作，共同开发基于大数据的风险评估模型，为客户提供更精准的信贷服务。跨行业合作与生态系统构建将使得金融机构能够在更广泛的范围内寻找合作伙伴，共同开拓新的市场，实现资源共享和互利共赢。

（五）可持续发展与社会责任的重视

金融机构将越来越重视数据在推动可持续发展和履行社会责任方面的作用。利用数据分析，金融机构可以识别和评估投资项目的环境和社会影响，从而做出更符合可持续发展原则的投资决策。例如，通过分析企业的碳足迹数据，金融机构可以选择那些具有低碳排放优势的投资项目，支持绿色经济的发展。此外，金融机构还可以利用数据来监测其业务活动对社会的影响，如通过分析客户满意度调查数据，来改进服务质量，提升客户体验。可持续发展与社会责任的重视将使得金融机构在追求经济效益的同时，也能够为社会的可持续发展做出贡献。

综上所述，未来金融数据要素融合应用的发展将是一个技术驱动、安全可靠、个性化服务、合规高效的新时代。金融机构需要不断创新，以适应不断变化的市场环境和客户需求，同时确保在数据利用过程中的合规性和社会责任。在这个过程中，金融机构将面临诸多挑战，但同时也将迎来前所未有的机遇。只有那些能够有效利用数据资源，不断创新服务模式，同时确保数据安全和合规性的金融机构，才能在未来的竞争中获得成功。

B.10
金融数据要素治理应用实践

复旦大学 北京科技大学 中国银行软件中心*

摘 要： 当前，金融行业正步入数字化转型关键期，金融数据要素治理成为金融行业高质量发展的重要基础保障，如何强化金融数据要素治理，各金融机构仍在不断深入探索。随着国家系列政策实施引导，金融数据要素治理逐渐聚焦于数据安全合规应用、数据资产运营管理等方向。在新发展新要求背景下，金融行业需提升自身综合数据要素治理能力。本报告系统梳理和分析了近一年金融管理部门关于金融数据要素治理与应用具体政策焦点方向，指明金融数据要素治理过程中需重点关注的环节，总结分析金融数据要素治理实践现状，并辅以实际案例阐述，为金融数据要素治理提供参考和建设思路。

关键词： 数据要素 数据治理 数据应用

一 政策指引与监管要求焦点回顾

在《"十四五"数字经济发展规划》《"数据要素×"三年行动计划（2024—2026年）》等战略规划及《数据安全法》等普适性法律的基础上，金融管理部门针对金融机构数据来源广泛、应用场景多样、安全要求严格等特点，从国家战略布局、金融领域安全监管体系完善、数据跨境监管、通用领域规则指引四个角度，深化数据治理体系建设，推动金融行业在数据安全和合规管理方面稳步前行。

---

* 执笔人：叶家炜，复旦大学；艾轶博，北京科技大学；晋乐乐、胡婧、余功菊，中国银行软件中心。

（一）国家战略全方位深化数据治理体系建设

2023 年，在此前的系列战略规划和数据基础制度体系下，数据治理体系建设持续深化。《数字中国建设整体布局规划》强调构建国家数据管理体制，促进数据价值潜能释放。《关于加强数据资产管理的指导意见》提出"市场主导、政府引导、多方共建"的数据资产治理模式，强调通过加强和规范数据资产基础管理工作，数据治理应用被推上新台阶。随着《个人信息保护合规审计管理办法》等数据合规治理政策发布，数据安全管理成为数据治理体系重要关注点。

在现代经济体系中，金融行业在促进要素自由流动、推动数据要素高水平应用、发挥数据要素乘数效应、充分释放数据要素价值方面具有先发优势，同时其数据治理工作尤为重要，特别是数据安全管理。2024 年 3 月，《银行保险机构数据安全管理办法（征求意见稿）》明确银行保险机构保障客户信息和金融交易数据安全，将数据安全管理作为金融数据治理的核心主题，进一步推动金融数据治理体系的完善。

（二）金融领域网络与数据安全监管规则体系走向纵深

基于国家数据治理战略规划，银行业主管部门逐步将个人信息保护、数据安全内容纳入监管体系中，纵深推进数据安全性和合规性应用。

1. 健全金融领域数据治理工作要求

《银行保险监管统计管理办法》强化数据质量管理，提出银行保险机构数据治理相关要求。《金融数据资产管理指南》聚焦金融数据治理，指导银行业金融机构在数据治理的基础上开展数据资产管理。

2. 深化金融业务数据安全和使用规范

《中国人民银行业务领域数据安全管理办法（征求意见稿）》在数据分级分类、数据全生命周期安全保护措施、数据安全保护技术等方面提出细化要求，进一步加强对金融业机构数据管理的约束。《证券期货业数据安全风险防

控 数据分类分级指引》提供证券期货业数据分类分级的原则、方法和建议，为金融领域数据安全管理补充。

（三）数据跨境监管新规释放金融数据治理新信号

当前数据出境监管三大合规基础路径基本落地，释放出强化金融数据治理与安全的信号，金融业机构正有序参与推动跨境数据流动便利化。2023年2月，《个人信息出境标准合同办法》强调在跨境行为中保护个人信息权益的重要性，规范个人信息出境活动。2023年9月，《规范和促进数据跨境流动规定》公开征求意见，调整当前落地的数据跨境合规体系，并对跨境汇款、跨境支付等金融机构运营场景免予申报数据出境安全评估、个人信息出境标准合同和个人信息保护。

（四）多项通用领域规则出台指引金融数据应用方向

1. 聚焦人工智能技术监管

《生成式人工智能服务管理办法（征求意见稿）》明确提供者对用户数据的保护义务。《人工智能算法金融应用信息披露指南》指出金融机构使用人工智能算法提供金融产品和服务应注意防范使用过程中的泄密与伦理风险，增强算法应用的透明度。金融领域作为高质量人工智能应用的理想场景，对其技术的应用监管和规范有待进一步细化。

2. 个人信息保护监管稳步推进

《网络安全事件报告管理办法（征求意见稿）》《个人信息保护合规审计管理办法（征求意见稿）》等系列规范发布，为金融业机构个人数据合规工作提供有力参考。

3. 数据资产入表制度实践逐步开展

《企业数据资源相关会计处理暂行规定》对数据资产的确认、数据资产入表给出规范和指引。这将进一步助推金融业机构数字化转型，不仅可以梳理数据资产规模，提升数据资产管理水平，而且能提升报表质量，未来金融机构可能更多关注此举对监管数据报送工作的影响。

二 金融数据要素治理的重点关注环节

金融数据作为金融业发展的核心要素，其治理效果关乎金融系统的稳定与创新发展。合理利用数据、挖掘数据价值能够显著提升金融机构的服务效率和效果，但数据泄露、数据滥用等情况会增加金融机构的违规风险。因而，金融数据要素治理须在安全合规与挖掘价值之间寻求平衡，重点关注数据安全、数据价值评估、数据开发与应用拓展三个环节。

（一）金融数据要素的安全之治

金融数据安全治理体系建设是保障金融系统稳定运行的基础，一般包含制度体系、管理机制和技术防护措施等方面的内容。

1. 制度体系

制度体系由国家法律法规框架、金融行业规范、金融机构管理制度三个层面的规范性文件组成。在法律法规框架和行业规范的指引下，金融机构应建立健全内部数据安全管理制度，落实各项合规性要求，确保数据安全治理效果。

2. 管理机制

目前，国家及金融管理部门已颁布并实施多项金融数据安全治理相关的监管要求。金融机构应设立专门的数据安全管理机构，负责数据安全策略的制定和实施；同时，应健全并落实数据安全管理流程，防范内部人员操作失误或恶意行为导致的数据泄露风险。

3. 技术防护措施

在基础数据清洗整合、集中存储、深度挖掘、分析利用等处理过程中，应加强数据的安全防护与合规使用，防范入侵、窃取、破坏、非授权访问和数据滥用等，提升金融数据安全保护能力。

4. 监管技术

监管技术是提升数据合规监管效率的关键手段之一。应重视可视化监管技术、可疑交易追踪监管技术和人工智能交叉预警技术等技术发展，为实现数据治理的穿透式监管提供技术支撑。此外，由于当前普遍使用的各类分析算法蕴含设计者的价值判断，金融机构应高度重视算法监管问题，同时也应关注算法黑盒和人工智能可解释性等问题。

5. 安全风险评估机制

安全风险评估是金融数据安全治理的重要环节，金融机构应建立对应评估流程、风险分级与防控应急、事件报告等风险评估机制，确保通过系统化的方法识别和评估潜在的安全威胁和漏洞，降低安全风险。

（二）金融数据要素的价值之估

金融数据的价值估算是数据资产化和数据驱动决策的基础。数据作为新的生产要素，其价值不再仅限于记录和传输，而在于通过分析和挖掘产生洞见，为金融决策和服务创新提供支持。

1. 数据质量评估

数据质量直接影响其价值。金融机构需通过数据清洗、数据标准化等手段提高数据质量，借助数据治理工具，建立数据质量监控体系，确保数据在使用过程中的可靠性。

2. 数据价值评估方法

金融机构可以根据实际需求和数据特点，建立金融数据资源的评估机制，制定相应评估标准和程序，明确评估方法和模型，以及评估结果的使用方式等，以保障金融数据资源价值得到公正、合理的反映。

3. 数据资产化

数据资产化需要将数据资源转化为可度量和管理的资产，通过数据资产登记、评估和管理，实现数据的有效配置和利用。金融机构亟须建立资产化管理流程，明确划分各环节的责任和义务，以确保金融数据资产在整个数据全生命周期得到有效管理和控制。

4. 数据流通和交易

加强数据流通利用安全治理，促进数据合规高效流通和交易，是当前数据要素治理的要点。当前，金融业需明确数字资产登记要求、登记流程等，形成金融数据资产登记的统一标准，建立面向数据交易流通场景下的金融数据分级分类授权制度规范，完善数据要素市场监管体系。

（三）金融数据要素的应用之拓

金融数据的广泛应用是实现其价值的关键。随着金融科技的快速发展和持续创新，金融数据的应用场景不断拓展。

目前，在赋能增效方面，金融机构和金融科技企业陆续开展了金融数据要素在科技金融、绿色金融、普惠金融、养老金融、数字金融"五篇大文章"场景中的应用探索。在金融风险监测防控方面，各金融机构进一步加强了数据驱动的异常行为发现和违规风险侦测能力，在风险管理、精准营销、智能投顾、供应链金融、反洗钱监测、跨境支付等场景中开展应用实践。

金融数据要素治理是一个系统工程，通过在制度体系、管理策略、技术手段三个方面的持续建设，金融机构可以有效保障数据安全，科学评估数据价值，充分挖掘数据应用潜力，推动金融服务创新发展。在数字经济时代，数据驱动的金融创新将继续深化，成为推动金融业转型升级的重要动力。

三　金融数据要素治理的应用现状

（一）金融数据治理统筹规划不断强化

数据要素市场建设的快速推进，将推动金融数据治理提挡换速。在面临复杂的数据治理对象、不断更新的数据治理工具和方法论、正在切换的数据治理驱动力等多种趋势交织下，金融机构正在通过构建更加全面、系统、精细化的数据治理体系，确保金融数据的准确性、完整性和安全性。这一进程不仅涉及数据标准的制定、数据质量的监控、数据资产管理，还涵盖数据共享、数据安全以及风险管理等多个方面。不仅限于单纯的数据质量的治理提升，同时还伴随着国家政策要求和时代发展的需要。金融行业不断系统规划、重点突破，逐步扩展到涉及数据资产定价、数据流通交易等环节应用统筹。

（二）金融数据安全保护趋势逐步加强

数字经济时代，数据成为各行业发展的重要资源，金融行业因其独特的发展历程，积累了海量的数据资源。随着金融机构数据规模扩大、数据应用场景多样化、数据全生命周期防护能力需求强烈等因素出现，金融数据安全管理是金融高质量发展的必然选择。加之，金融机构数据泄露事件频发，金融监管机构频开数据罚单等事件的发生，金融数据安全保护成为国家、监管机构和金融行业的关注点。在《银行保险机构数据安全管理办法（征求意见稿）》《中国人民银行业务领域数据安全管理办法（征求意见稿）》等监管政策推动下，金融数据安全保护逐步深化应用于实践中，数据分类分级、数据全生命周期过程防护、数据安全技术探索、个人信息安全保护、数据安全风险监测与处置等方面相较往年均有不同程度的成果体现。

（三）金融数据资产管理市场蓬勃发展

随着金融数据治理进入新一轮高速增长，金融行业逐步从"管数据"质量提升到数据资产管理跨越。国内金融行业数据资产管理最早从 2019 年开始出现，并在最近几年的探索中蓬勃发展，2023 年成为其发展至关重要的一年，尤其是部分金融机构关于数据资产管理平台的落地实践，实现了数据资产的可见、可用，业务价值不断凸显。当前，金融数据资产管理主要聚焦于数据资产的盘点、分类，形成资产目录；基于数据治理基础，加强数据资产的运营使用；数据资产价值评估探索等方面应用。这些实践应用推动了金融机构向数字化业务时代转化。同时《关于加强数据资产管理的指导意见》《企业数据资源相关会计处理暂行规定》政策的相继实施，数据资产入表等也进一步成为数据资产管理市场加速发展的重要助推器，金融数据资产化的探索持续推进，数据资产管理市场也将继续快速发展。

四 实践案例分析与经验分享

（一）中国银行"三横两纵一线"企业级数据纵横平台建设

为贯彻落实国家数字经济、信创工程、大数据战略，中国银行立足企业级统筹规划集团数据治理，构建了中国银行"三横两纵一线"企业级数据纵横平台（见图1），实现"统一数据、统一架构、统一生态"的目标。平台以"数据+分析+展现"的三层架构（三横），为数字资产的共享、分析应用、服务提供和价值创造提供全面、敏捷、精细的能力支撑。建立一本集团统一数据字典和一套标准质量全流程管控机制（两纵），为数据管理提供有

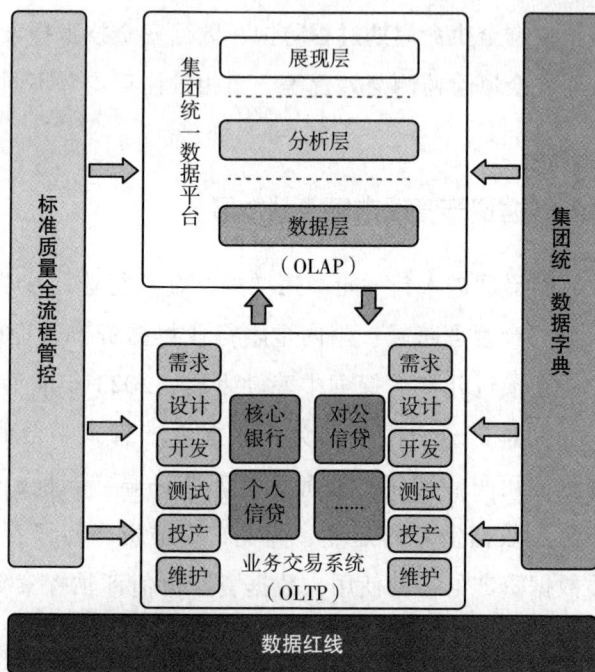

图1 "三横两纵一线"企业级数据纵横平台架构

力抓手。

1. 数据层打造了湖仓混搭的数据基座，构建了流批一体的计算机制

数据层的数据接入、数据存储、数据共性指标加工计算逐步形成集团全面、多元、可视化的数字资产地图。大力推进指标库、模型库、标签库建设工作，为高效开展数据分析应用提供标准、规范的素材库。指标库方面，目前中行已建立由指标、维度和多维模型等组成的企业级指标体系，按基础指标、衍生指标、派生指标、独立指标对指标进行分类管理和服务。模型库方面，基于分析师工作台建设的"模型工厂"于2023年11月上线，支持分析师发布可视化建模工作流和算法、查询可复用模型和模型代码跨租户共享。标签库方面，中行与建行、农行、阿里等先进同行和厂商开展多次交流研讨，逐步细化制度规范、系统建设、运营管理等方面的落地方案，并启动开展全行统一的"标签中心"建设，进一步整合全行标签体系。

2. 分析层搭建了"自主用数"的分析师工作台

分析层聚焦业务重点，支持不同角色用户开展数据分析应用，提供了灵活、快速、高效的数据分析挖掘服务能力。以精准营销、风险防控、运营优化和数据治理等命题为切入点，统筹组织总分行开展数据应用项目。

3. 展现层实现了数据资产多渠道一站式展示

展现层通过桌面端和移动端统一数字资产服务交付渠道，为用户提供一站式数据消费和体验友好的数据产品服务。2023年，数据纵横平台全行用户数达24万人，形成"集中用数"和"主动用数"相结合的数据应用服务模式。新增客户大额资金流向监测功能，实时显示逾万家网点机构排名前10位的对公、对私客户交易资金变动，解决了分行特殊时点存贷款规模管理缺乏抓手的痛点问题，规避了分行工单提数、人为干预引发的操作风险，实现了基层管理降本增效。

4. 数据字典平台实现了统一规范的数据标准

数据字典基于企业级数据模型与字典项的关联关系，构建基础数据、外部数据、技术数据、指标体系、标签体系、数字资产目录等，整合标签体系，统一去重，形成中行全部数据的标准化释义和统一规范，实现集团内同一个名词、同一个内涵、同一个数据项、同一套标准。自数据字典平台上线,实现了数据标准及规范的线上管理、数据从需求到投产的全流程管理、数字资产的全量管理和中行百科检索等功能,有效发挥数据字典在数字资产管理、数据应用分析的支撑作用。

5. 协同平台实现了数据管理标准化、流程化

数字资产协同平台旨在为数字资产运营服务体系的内部运作提供流程支持,覆盖从需求提出到成果交付的数据全生命周期标准与质量的管控。截至2023年底,协同平台成功上线"数据质量问题管理""数据变更管理""报表审批""分行迟报漏报监控"等40个重点流程,以及邮件触发通知、行信渠道通知、行信移动端审批、通用督办、对接工单系统等特色功能,稳定服务于数据质量问题管理、监管报送、任务分发、行政管理等多个业务维度,实现了流程清晰可视化、消息触达无竖井、审批灵活多平台、操作留痕可溯源等目标。

中国银行"三横两纵一线"企业级数据纵横平台的建设以数据驱动业务发展,覆盖数据全生命周期管理,对内实现了数据管理能力和数据运营能力的提升,对外为金融业数据治理、管理和运营提供了创新思路和方法,为全行业务高质量发展赋能,深度推进数字化转型发展。

(二)中国工商银行数据安全技术平台建设实践

为筑牢数据安全保障防线,坚持安全与发展并重,中国工商银行以DSMM 模型为基础,结合网络安全 IPDRR 模型,搭建了具有智能敏感数据识别、动态控权、统一数据脱敏引擎、数据水印溯源、数据安全监控审计五大核心能力的数据安全技术平台,为行内数据资产管理类应用、各业务系统提供数据安全标准服务。智能敏感数据识别方面,主要进行数据安全分类分级,自动打标,提升数据安全资产管理维护质量;动态控权方面,主要对不同场景的数据使用提供细粒度的数据访问控制能力和动态脱敏能力;统一数据脱敏引擎方面,主要为各类静动态脱敏场景提供统一脱敏服务,提升了数据使用的安全性和可用性;数据水印溯源方面,主要为数据进行外部交换应

用提供防泄漏能力，可对泄露数据进行水印解析和溯源分析，确保数据安全高效共享；数据安全监控审计方面，主要对全生命周期提供监控视图，确保及时有效发现敏感数据不规范访问应用。2023 年，该平台主要聚焦于本行实际场景难点问题的解决和能力提升，在数据资产识别、鉴权、管控和审计方面提供了一站式解决方案；在权限管理方面也实现了"表级、行级和字段级"层面的数据访问控制；同时实现了数据安全"整体防控、动态防护、协同联防"，为全行数据应用保驾护航。

五　发展趋势与展望

（一）金融数据要素治理体系持续完善

一是完善数据治理组织架构。金融机构需建立健全的组织架构，明确各级组织的职责与权限，形成自上而下的数据治理机制。在新一代核心系统建设过程中，制定数据规范，构建企业级大数据智能平台等系统，满足内外部的数据应用需求，建立元数据管理和数据质量管理等企业级数据管控机制。二是数据治理制度的完善。制定涵盖数据采集、处理、存储和使用等各环节制度，确保数据治理有章可循。针对信息采集与运用不合规的情况，实施数据收集的全面闭环管理，利用人工＋自动化工具进行数据清洗，对数据类型实施精准标记并妥善归档。同时，构建制度完善、规范制定的考核评价体系，确保数据治理的全面性和有效性。三是引入先进数据治理技术。采用先进的技术手段，确保数据安全和隐私保护，提高数据治理的效率和安全性。

（二）金融数据要素的合规应用深度推进

金融机构必须严格遵守国家和地方的数据安全、隐私保护等法律法规，确保数据应用合规。为此，机构应建立数据治理体系，严格控制数据访问权限，加强数据隐私保护技术应用，详细记录数据操作，及时审查和处理异常数据活动，防范数据滥用和违规行为，并通过制度化手段，将数据治理纳入公司治理的重要组成部分。在面对全球化业务需求的同时，应制定明确的跨境数据传输政策，确保数据传输符合目的地国家或地区的法律法规要求。对于涉敏感数据的跨境传输，需进行严格的风险评估和控制，确保数据安全和隐私保护。利用新兴技术提升数据合规管理水平，如引入区块链技术进行数据追踪和验证，提高数据透明度和可靠性；通过人工智能和机器学习技术，自动识别和预警潜在的数据合规风险，提升数据合规管理的智能化水平。此外，也应加强员工的数据合规培训，提高全员数据合规意识。定期开展涵盖数据安全、隐私保护、法律法规等内容的培训，确保员工了解并遵守相关法律法规和内部合规政策。通过模拟演练、案例分析和测试评估等方式，提高员工的合规意识和能力。

（三）金融数据资产化与标准化不断深入探索

金融机构应系统化管理数据资产、评估数据价值、优化数据资源配置。首先，构建完整的数据治理顶层设计，推动数据流通和数据资产的高效管理，从而形成数据驱动力。其次，完善数据资产管理体系，采用科学的数据资产评估方法，准确评估数据价值并优化数据资源配置。最后，制定数据标准，推动数据格式、接口和质量的标准化，提升数据的互操作性和共享性。

金融机构还应提升数据治理技术能力。为此，应引入前沿的大数据解析、云计算架构和人工智能技术，提升数据治理和数据资产管理的技术水平。当然，构建跨机构、跨行业的数据共享与合作框架也不可或缺，金融机构可通过行业联盟和数据共享平台，促进不同金融机构之间的数据共享与合作，从而提升整体数据利用效率和数据价值挖掘。在数据资产化和标准化的过程中，金融机构应运用数据加密技术、访问控制机制和数据脱敏等技术加强数据安全与隐私保护，确保数据安全与隐私不受侵害。同时，国家管理部门应完善数据资产的法律保护体系，保障数据资产的合法权益。

（四）金融数据要素驱动的决策与业务创新实践多元应用

金融机构应通过大数据技术、机器学习和深度学习技术，进行实时数据分析和预测，以辅助决策层在复杂环境下做出精准决策，提升业务的灵活性和适应性，创新金融产品和服务模式，满足多样化的客户需求。例如，通过大数据分析，可以推出针对不同客户群体的个性化金融产品。在客户关系管理方面，金融机构应深入挖掘客户数据，精准定位客户需求，构建全渠道、全生命周期的客户关系管理体系，提升客户体验和品牌忠诚度。在智能运营与流程优化方面，金融机构应利用人工智能和机器人流程自动化技术，对后台业务流程进行自动化改造，以提高运营效率和服务质量。智能运营和流程优化将成为金融机构提升竞争力的重要手段，通过数据驱动的智能化改造，实现业务流程的精细化管理和高效运作。

（五）金融数据要素赋能新质生产力形成与发展

金融数据要素赋能新质生产力的形成关键在于数据的应用，金融机构应结合实际需求和业务发展特点，不断挖掘应用场景，实现数据有效运转和循环。内部应用上，金融机构应构建企业级数据共享平台，推动跨部门的数据共享与协同合作，提升整体运营效率和管理水平，促进集团有效循环应用。外部应用中，金融机构应利用数据分析技术推动金融创新，构建开放、协同的金融生态系统，与各类金融科技企业和数据服务提供商合作，深度挖掘多场景应用，促进金融数据要素交易流通，实现数据与实体经济融合，共同推动金融行业的数字化转型和智能化发展。

B.11
金融数据安全保护应用实践

北京银联金卡科技有限公司　中国邮政储蓄银行股份有限公司

深圳市腾讯计算机系统有限公司 *

摘　要：　随着金融行业数字化转型的加速推进，数据价值不断凸显，数据成为金融机构最为重视的核心资产之一。金融数据和新兴技术深度融合应用，对金融行业业务模式、产品服务、科技创新等方面产生了重大影响，持续赋能金融服务提质增效。金融数据安全是数字金融发展的安全基座，数据安全保护成为金融机构面临的一项重要课题。由于行业监管格局发生变革、数据要素利用和创新技术应用，金融机构面临着来自多方面的数据安全风险和挑战。本报告通过介绍金融行业数据安全保护工作最新进展和实践现状，分析当前金融行业数据安全保护面临的主要问题和挑战，包括新时期监管格局带来的多重合规挑战、数据要素创新应用与安全保护如何平衡的挑战，以及新兴技术应用过程蕴藏的未知风险的挑战，以此为背景梳理数据安全保护策略和体系、关键技术等保护路径，并阐述金融机构数据资产安全管理与安全防护体系建设、数据安全智能化保护相关案例，为金融机构开展数据安全保护工作提供参考。

关键词：　金融业　数据安全　数据应用

---

* 执笔人：张艳君、彭乾、蒋利兵，北京银联金卡科技有限公司；朱晨红、张楠，中国邮政储蓄银行股份有限公司；王海平、翁艳波、贺艳燕，深圳市腾讯计算机系统有限公司。

一　金融数据安全保护概述

（一）安全现状

党的十八大以来，习近平总书记多次就金融领域的发展做出重要论述。2023 年 10 月召开的中央金融工作会议强调，要加快建设金融强国，以金融高质量发展助力强国建设，民族复兴伟业，做好科技金融、绿色金融、普惠金融、养老金融、数字金融"五篇大文章"，为推动金融高质量发展指明方向。数据是金融行业重要的无形资产和生产要素，数据安全更是数字金融发展的安全基座，金融业机构对数据安全的理解和重视程度也在不断丰富和加深。与此同时，一方面，金融机构面临复杂而隐蔽的数据安全风险，针对数据的攻击和窃取等安全事件屡见不鲜。另一方面，逐步收紧的监管态势对金融数据安全保护提出了更高的要求。在此背景下，金融机构对于数据安全保护积极布局，采取各类安全保障措施持续加强自身数据安全建设，同时也面临着来自不同层面的问题与挑战。

（二）问题与挑战

1. 新时期监管格局多重合规挑战

2023 年，中共中央、国务院印发《党和国家机构改革方案》《关于国务院机构改革方案的说明》，对金融行业主管部门及其监管职责做出调整，我国金融监管架构由原来的"一行两会"转变为现在的"一行一局一会"。中国人民银行和国家监督管理总局关于数据安全领域的管理规定均已公开发布并征求意见，中国证券监督管理委员会也发布了相关的规章和标准对数据安全保护做出要求。对于金融业机构来说，不仅需要满足不同金融行业主管部门的数据安全合规要求，而且面临着来自中央网信办等部门的数据跨境等方面合规压力。在当前形势下，如何开展数据安全工作并划定满足多方要求的数据安全合规基线，是金融机构面临的首要难题。

2. 创新发展与安全保护平衡挑战

近年来，国家发布专项政策，并成立国家数据局，大力提倡数据要素开发利用。金融行业数据要素创新应用使金融业务创新、服务提质增效等取得了显著的成效，但也面临数据泄露、数据滥用等多重数据安全威胁。如何统筹数据创新应用和数据安全保护，成为金融机构面临的一道难题。一方面，借助技术优势创新应用，可能造成过度或违规使用用户数据，导致隐私泄露；另一方面，保守不前则造成数据资源的冗余和浪费，无法充分释放数据价值，致使出现不敢用、随意用的现象。如何平衡创新发展和安全保护，在保障安全与合规的前提下，最大化发挥数据要素价值，是金融机构所面临的重要挑战。

3. 新兴技术携带未知风险"病灶"

随着我国数字技术和实体经济的不断融合，特别是大模型的爆火，越来越多的企业开始探索大模型的应用和落地。传统产业"+互联网"速度加快，新应用、新业态催生"新质生产力"，促进各类生产要素互联互通的同时，往往也伴随巨大的数据安全隐患。例如，大模型训练伴随数据使用缺少合规审查和安全保护等隐患，从而造成数据泄露、侵权和合规风险等一系列问题。

我国高度重视大模型的健康发展和规范应用，2023 年，中央网信办联合六部门发布《生成式人工智能服务管理暂行办法》，明确生成式人工智能技术的各项管理要求等；2024 年，全国两会中多位全国政协委员就人工智能安全创新应用建言献策。企业亟须提前布局大模型数据安全，确保大模型技术的安全可控，为数字经济发展提供坚实保障。

（三）实际需求

随着国家及行业数据安全相关各项法律法规、政策、标准持续完善和细化，围绕数据处理活动的安全保护要求也越发明确和清晰。同时，在当前金融业数字化、智能化发展提速的背景下，人工智能等新兴技术应用和数据创新利用为数据安全保护带来了新的挑战和机遇。如何构建与当前数据应用情况相适应的安全防护策略和体系、有效部署安全保护技术措施，从而保障核心数据、重要数据、个人隐私数据等安全可控，防范数据泄露、数据丢失等安全风险，同时避免触碰监管合规红线，是当前金融行业亟须探索和解决的问题。

二　金融数据安全保护路径探索

（一）策略和体系

金融机构应建立与自身相适应的数据安全治理策略及体系，以期达到满足监管合规要求、化解数据安全风险、促进数据开发利用的目标。数据安全保护体系是达成企业数据治理目标需要具备的能力框架。金融机构数据安全保护框架应至少包括清晰的组织架构、完善的制度体系、标准化的技术工具、充足的人员支撑以及浓厚的文化氛围。

1. 组织架构

数据安全保护是一个需要多方共同参与的持续过程，明确的组织架构有助于划清权责边界，构筑协同机制。因为数据安全的合规属性，数据安全保护组织架构是自上而下、有效衔接的。

（1）数据安全责任制。金融机构应当建立数据安全责任制，按照监管要求包括：一是由组织的党委（党组）、董（理）事会对本单位数据安全工作负主体责任；二是明确组织的主要负责人为数据安全第一责任人，分管数据安全的领导为直接责任人；三是明确各层级负责人的责任，明确违规情形和责任追究事项，落实问责处置机制。

（2）架构设置逻辑。一般而言，从纵向层级来看，一套科学的组织架构应至少包括决策层、管理层、执行层和监督层，相互制约，相互促进，确保数据安全相关工作能够持续稳定贯彻执行。决策层听取数据安全领域工作情况及重大事项，一般由高层领导及各部门负责人组成，以专委会等虚拟组织存在，统筹决策数据安全领域重大事项。管理层主要为数据安全牵头管理部门，负责推进各项数据安全领域工作。执行层由业务及技术部门构成，负责贯彻各项数据安全要求，部署数据安全防控技术。监督层主要涉及审计、风控等部门，对数据安全工作情况进行监督优化。

（3）数据安全三道防线。金融机构可以围绕组织内部数据安全保护的目标构建数据安全三道防线。第一道防线一般为数据安全责任部门，按照"谁管业务，谁管业务数据，谁管数据安全"的基本原则，在产品设计、数据使用、系统运维等过程中提出数据安全需求、执行数据安全规范，严控数据安全风险。第二道防线为数据安全管理部门，由科技、风险、内控、法律等部门协同建立数据安全管理体系，不断完善制度规范、管理流程、技术工具等数据安全基础设施，为全行数据安全提供管理规范和能力支撑。第三道防线为数据安全监督部门，由审计部门持续加强对数据安全各环节的监督检查，促进数据安全风险防控体系不断完善。

2. 制度体系

数据安全工作需要明确的制度加以约束，明晰各方权责利，以满足法律合规、业务安全、风险控制等需要，一般由管理办法、实施细则、内部标准规范、管理策略及方案等组成，共同构筑数据安全防护体系。制度体系需具备权威性、科学性、完备性、可行性，为具体业务场景提供细化指导。数据安全保护制度体系一般涵盖治理体系、基础安全管理、生命周期安全管理等方面，如组织内部的数据安全管理办法、数据分类分级实施细则、数据分级管控实施细则、数据脱敏实施细则、数据安全应急预案等，在不同层面、不同场景为企业数据安全各项工作提供专业指导，推进数据安全工作的制度化和规范化。

3. 技术工具

数据安全保护技术是根据自身使用场景，围绕组织内部数据全生命周期各阶段的安全要求而建立起来的与数据安全保护制度体系相配套、相适应的平台、技术和工具。一是管理层面，需要数据安全管理平台、数据资产管理平台、数据分类分级系统等，实现数据安全基础管理的线上化、自动化。二是数据全生命周期保护层面，需要例如身份认证及访问控制、敏感数据识别及脱敏、密钥管理及加密等基础通用类技术工具，为数据全生命周期的安全提供支撑。三是风险监测及处置层面，需要借助数据操作日志审计、数据安全监测、漏洞扫描等工具，实现数据安全保护的闭环管理。例如，数据资产管理工具可实现数据资产扫描梳理、数据分类分级打标和数据分类分级管理等功能；身份认证及访问控制工具可实现信息系统数据处理各环节身份认证和权限管理；监控审计相关工具平台可接入各信息系统，通过操作行为日志实现对数据安全风险的实时监控及预警阻断等。

4. 人员支撑

数据安全治理离不开相应人员的具体执行，数据安全人员的管理能力、技术水平等都会影响到数据安全保护策略的执行效果。一方面，金融机构应设置数据安全专职岗位，区分数据安全管理岗、数据安全技术岗等专职岗位，并根据不同角色细化岗位职责与能力要求。另一方面，金融机构也应根据自身业务特点，加强对数据安全人才的培养，从管理与技术两方面铺设适配的数据安全人才培养晋升机制。

5. 文化氛围

数据安全风险来自方方面面，从管理及技术层面无法完全杜绝隐患，需要技防与人防相结合。特别是对于金融机构而言，海量的客户数据十分敏感，需要金融机构不断加大员工培训力度，全面强化上下一体的安全意识。具体而言，一是需要面向组织开展通识性培训，宣贯解读最新法律法规、监管政策和行内管理要求，提升全员数据安全意识。二是需要面向专职岗位和团队开展专业性培训，提高员工数据安全技能。三是应当增加数据安全违法违规案例，给予负面警示。通过全方位的数据安全宣导，警惕并纠正工作中的不良习惯，降低因意识不足带来的数据安全风险。

（二）关键保护技术

1. 敏感数据识别

敏感数据主要包括金融消费者个人信息类数据，如身份证号、支付密码、账户密码、医疗记录等，一旦发生泄露会对金融机构及相关个人金融信息主体带来严重的经济、声誉等损失。敏感数据识别技术通过对本机构所采集的数据进行识别和梳理，发现其中的敏感数据，以明确重点保护对象，从而进行精细化的安全管控。敏感数据识别技术通常采用敏感词库+关键词匹配对元数据信息进行敏感字段识别，基于预先定义的正则表达式对数据内容进行敏感数据及其安全级别的匹配。由于此类基础规则匹配方法对于中文信息识别效果往往难以满足需求，因此引入自然语言处理技术对中文内容进行分词，通过对比算法对分词内容和敏感词的近似度进行计算，来进行敏感数据字段的智能识别。

2. 数据防泄漏

数据防泄漏技术主要包括网络防泄漏、邮件防泄漏、终端防泄漏等，基于数据安全管控策略，对网络、邮件、终端等关键环节进行监控和预警，防止数据资产在未经授权、错误分发、异常操作等违反安全策略规定的情况下发生泄漏。数据防泄漏涉及的具体技术包括光学字符识别、正则表达式识别、数据字典识别、标签识别、指纹识别等数据识别技术，分层管理架构部署、策略分级部署等方案部署技术，以及策略分发、角色管理等管理与控制技术。

3. 数据水印

在数据提供、公开披露等环节，数据水印技术通过对数据进行处理使其承载特定信息，使得数据具备追溯数据版权所有者与分发对象等信息的能力，主要起到威慑及追责的作用。数据水印的实现方法主要分为物理水印和逻辑水印。物理水印即将水印信息直接写入原始数据中，类似于在纸张上打上指纹一样。物理水印可以采用一些特殊的标记技术，如二值矩阵水印、图像水印、声音水印等。逻辑水印即将水印信息编入算法中，以隐藏的形式嵌入数据内部。逻辑水印可以使用 hash 算法、非线性变换算法、离线算法等，通过一定条件的运算规则，将水印信息与原始数据一起进行加密处理，形成新的数据流。

4. 加密算法

加密算法主要分为对称加密算法和非对称加密算法。对称加密算法指加密和解密使用相同密钥，通常用于保证数据或消息的机密性。非对称加密算法又称为公钥密码算法，通过使用一对数学上相关的密钥来执行加密和解密操作，主要用于数字签名、密钥协商、密钥加密、报文签名、身份认证等场景。

5. 哈希算法

哈希算法又称为密码杂凑算法，能够将任意长度的输入数据转换成一个固定长度的输出数据来确保数据的唯一性和完整性，输出数据被称为哈希值、散列值或摘要，广泛应用于数字签名、消息认证码、完整性校验等场景。

6. 身份鉴别

身份鉴别指通过各种方法验证用户身份信息的技术，以确认用户的真实身份。这些方法可以包括密码、生物特征（如指纹、面部识别、虹膜扫描等）、智能卡、手机短信验证码、双因素认证等。这些技术可以单独或结合使用，提供多层次的安全保障。

7. 数据脱敏

数据脱敏是指从原始环境向目标环境进行敏感信息交换时，通过一定的方法消除原始环境中数据的敏感性，并保留目标环境业务所需的数据特性或内容的数据处理过程。

8. 数据泄露追踪

数据泄露追踪是一种用于监控、检测和追踪数据泄露事件的技术。通过对数据流动进行实时监控和分析，可以及时发现数据泄露行为，并追踪数据的流向，以便及时采取措施保护数据安全。

9. 数据防篡改

数据防篡改是一种用于确保数据完整性和可信度的技术，旨在防止数据在传输或存储过程中被不当篡改或修改。通过使用加密、数字签名、哈希算法等技术手段，可以有效地检测和防止数据被篡改，确保数据的真实性和完整性。

10. 数据删除

数据删除指在计算机系统中将存储在存储设备上的数据从系统中移除或清除的过程。数据删除通常包括从文件系统或数据库中删除数据记录，并确保数据在存储介质上被覆盖或擦除，以确保数据不再可访问或恢复。

11. 数据销毁

数据销毁是一种彻底且不可逆转的数据删除过程，通过物理破坏或加密等方式，使数据无法被恢复或访问，确保数据不被未经授权的人员访问或恢复。

三 金融数据安全保护实践

（一）某银行数据资产及数据安全实践案例

1. 案例背景

以某拥有上亿客户的头部农商银行为例，该行每天都会产生大量交易数据，包括客户个人信息、交易记录、信用评级等敏感信息。这些数据一旦被泄露，不仅会对客户隐私造成严重影响，而且将对银行的声誉及业务带来不可估量的损失。该行在数据资产和数据安全管理中，面临以下三个挑战。

一是大规模数据资产梳理。金融数据大集中后，对数据安全提出更高的要求，其数据体量巨大、来源广泛、数据协同访问涉及面广、承载形式多样、类型复杂、时效性强、处理要求高，导致出现数据资产不清、数据风险面广、数据资产梳理难等问题。

二是重要数据泄露风险。金融业务场景中存在重要数据，甚至是核心数据，如客户数据、业务数据、经营管理数据、系统运行及安全管理数据等，一旦未经授权披露、丢失、滥用、篡改或销毁，或汇聚、整合、分析后，可能影响到国家安全。

三是金融业数据合规标准高。近年来，国家和行业监管机构陆续发布了数据合规的相关法律法规，金融行业在数据合规领域迎来强监管时代，合规风险较其他行业更高。

2. 解决方案

某厂商数据资产及数据安全解决方案围绕数据安全防护体系、数据安全管理平台、数据安全运营体系、个人敏感信息防护等核心合规性标准要求，在数据、人、工具、运营管理安全等方面进行积极防御，全面建成金融行业数据安全体系，如图1所示。

在数据安全风险评估和数据分类分级的基础上，在数据全生命周期各个阶段建立数据分类分级、风险监测、数据加密、数据脱敏、数据操作审计、

	数据采集	数据传输	数据存储	数据使用	数据销毁
识别	数据安全治理 资产识别 分类分级 脆弱性扫描				
保护	数据安全网关 数据加密 静态脱敏 动态脱敏 访问控制 凭据管理 特权凭据管理 敏感配置保护 硬编码规避 密钥管理 密钥管理 机密计算 透明机密计算				
监测	数据安全治理 应用数据API审计 数据安全审计			数据安全审计 数据库审计	
持续运营	数据安全治理 风险告警 数据安全报告 态势感知 智能化运营				

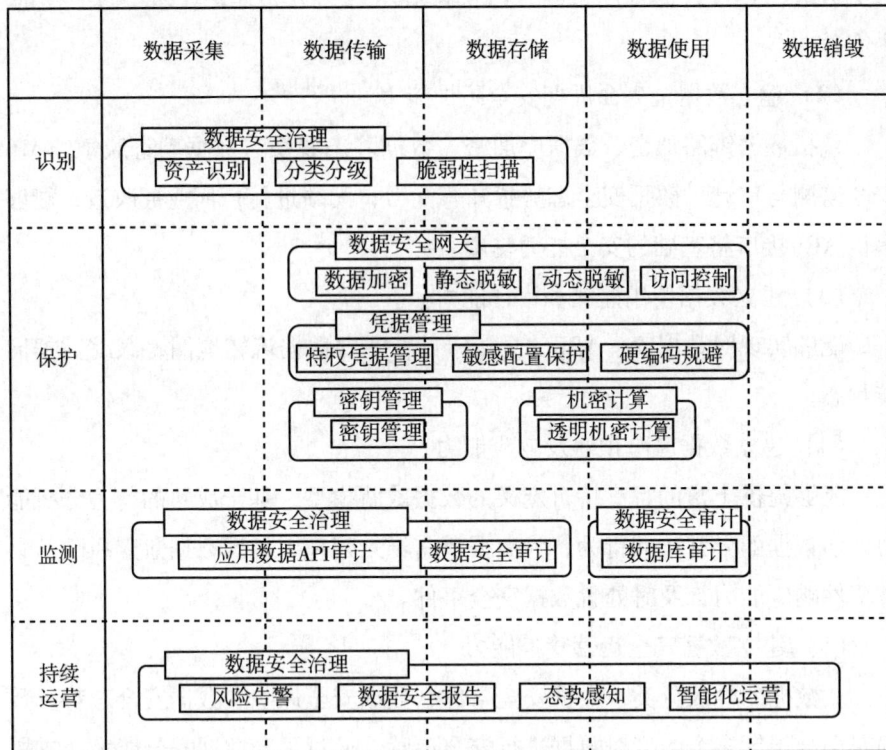

图1　金融行业数据安全能力矩阵

应急处置等技术措施，实现数据可见、可控、可管，为业务的稳定、可靠运行保驾护航。

（1）数据可见：数据的分布、流转、访问可见；

（2）风险可控：风险驱动，减少数据安全的风险暴露面，提升整体安全效能；

（3）数据可管：贯彻"识别、保护、检测、响应、恢复"（IPDRR）的理念，实现数据全生命周期可管。

3. 建设成效

（1）提升数据资产管理能力

通过对多种数据源的对接，自动扫描并管理元数据，实现半自动化数据

141

分类分级；具备数据资产大屏，可视化展示数据分布地图，对"家产"心中有数。

（2）建立数据全生命周期安全防护能力

包括数据链路加密、数据库加密、数据静态脱敏、数据动态脱敏、API安全监测与审计、数据安全态势感知等能力，无须进行任何业务改造；能够提供API接口将基础的安全能力输出。

（3）建立数据使用监测和审计能力

能够实现对数据库、API的全量审计，建立数据流转地图，跟踪数据流转状态。

（4）建立数据风险预警及响应能力

能够提供丰富的且支持自定义的数据威胁模型，基于成熟的行为分析能力评估数据的异常访问行为，为数据泄露场景建模，发现数据泄露风险；具备事件响应能力，及时处置数据安全事件。

（5）建立数据安全运营管控能力

从数据的分级分类、数据安全事件、数据安全风险、数据安全态势、数据安全合规等多个维度对数据进行安全运营，通过平台数据安全能力，支撑平台的安全运营工作；具备数据安全态势感知大屏，实时监控安全风险及运营过程。

（二）某银行数据安全智能化保护实践案例

1. 案例背景

面对当前安全合规、风险威胁、业务保障等对数据安全的综合要求，金融机构都迫切需要一套智能解决方案，可支持在不影响业务架构的前提下，快速、稳定地完成安全保护体系改造，提升数据安全保护能力。

2. 解决方案

某厂商数据安全智能化保护解决方案是结合该金融机构实际业务架构，提供免业务架构改造的一体化解决方案（见图2）。

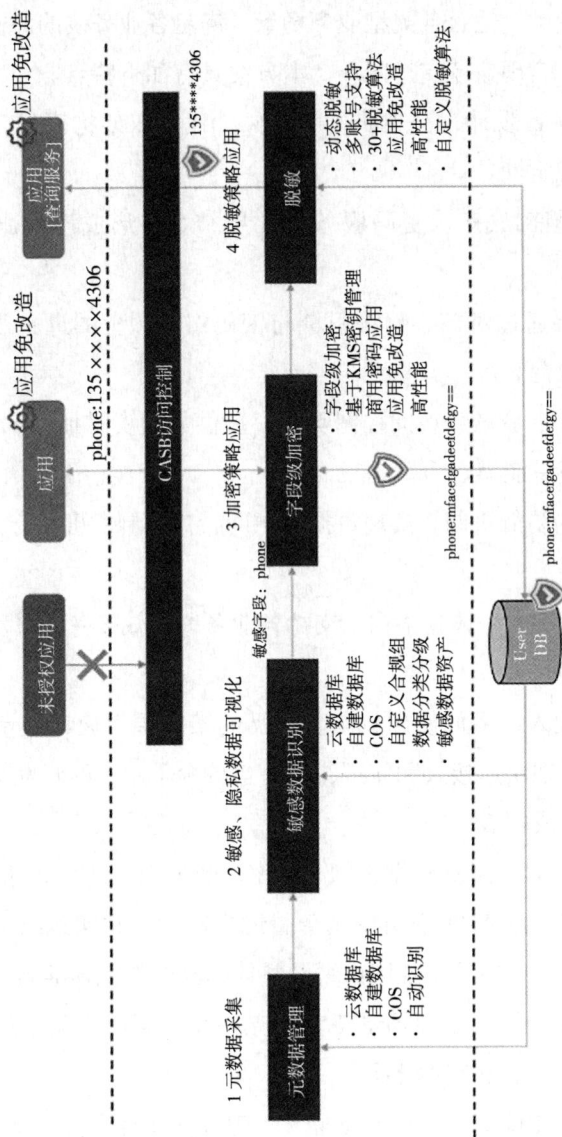

图 2　免业务架构改造的一体化解决方案

由于该行具有用户体量大、端到端覆盖的密码应用场景多（既包括移动终端、IoT 嵌入式物联网设备，也包括服务端、网页端、小程序等）等特点，本解决方案提供面向业务的一站式接入能力，支持各类平台快速接入改造且无业务架构变动，适合各类型业务场景，满足各业务线的商密技术应用和安全合规需求，实现业务支撑闭环。本方案具有如下特点。

（1）采用跨平台设计，自主研发的插件、代理双架构模式，保障跨平台架构的性能、稳定性。

（2）以密码基础底座、密码服务组件层结合，形成商密服务中间件矩阵。

（3）在应用层通过对核心算法引擎与密码组件服务的进一步封装，形成密码应用服务中台。

（4）结合加密、脱敏、访问控制引擎，提供数据实时加密、批量加密、静态脱敏、动态脱敏能力。

（5）基于主动防御机制，实现数据库访问行为控制、可疑行为审计。

3. 建设成效

该解决方案提供了一体化架构，支持各业务线高效接入，项目实施的成效如下。

（1）免改造接入，降低使用成本。产品的架构层面设计尽量减少对业务应用的入侵，实现快速接入和使用，同时也减少了用户侧开发运维的工作量，整体降低使用成本。

（2）AI 能力结合，提高数据识别准确率。数据识别结合 AI 能力实现智能化敏感数据识别。该 AI 识别引擎基于腾讯内部训练和实践结果，能够覆盖复杂和未知场景，突破传统规则束缚，整体提高数据识别准确率。

（3）多数据源支持，多种场景覆盖。支持关系型、非关系型、大数据的多类数据源，可以覆盖多种场景。

（4）云原生方便快捷，资产自动同步。基于云原生采用 SaaS、PaaS 架构，针对云原生产品如云主机、云数据库、对象存储等，一键资产自动同步，接入友好便捷。

数字金融服务篇 ⟫

B.12
证券机构一体化运营中台实践

华泰证券股份有限公司*

摘　要：　一体化运营中台是金融机构及企业构建的一种高度集成和协同的平台体系。本报告以智能营销平台、交易后运营中台和客户Onboarding平台为例，介绍证券机构建设业务中台、数智中台和技术中台，重塑组织架构和业务流程的实践案例。结合重点业务场景，本报告分析了金融机构如何将核心业务能力、数据资产和技术能力以平台化、数字化、智能化的方式进行改造，提出了资源、数据和技术的有效整合与统一管理的实践路径。

关键词：　一体化运营中台　业务中台　技术中台　数智中台

---

* 执笔人：金旻、马晓珺、朱斌、杜金龙、杨盛波、吴沛然，华泰证券股份有限公司。

一 背景及目标

2021 年 12 月，中国人民银行印发的《金融科技发展规划（2022—2025年）》（以下简称《规划》）中明确指出，要健全安全高效的金融科技创新体系，搭建业务、技术、数据融合联动的一体化运营中台，建立智能化风控机制，全面激活数字化经营新动能。

围绕《规划》要求，金融机构在一体化运营中台建设方面应以客户为中心，以数据为根本动力，以新技术应用为支撑，将平台功能与平台能力进行模块化、中台化的重塑，不断整合技术能力、重塑业务流程、提高运营效率，有效赋能业务创新，扎实提升客户体验，着力推动金融机构数字化转型向深水区迈进。

二 一体化体系建设

（一）定义及构成

一体化运营中台是在金融科技时代，为了更高效地响应市场变化、加速业务创新和提升运营效率，金融机构及企业构建的一种高度集成和协同的平台体系。在数字化转型过程中，一体化运营中台是对传统组织架构和业务流程进行重塑的关键一环，旨在打破部门壁垒，实现资源、数据和技术的有效整合与统一管理（见图 1）。

通过整合业务中台、数智中台和技术中台的核心能力，形成统一、强大的运营支撑体系，一体化运营中台不仅集成了企业内部的各种运营资源，还通过数据的深度挖掘和分析、技术的灵活应用，以及对业务流程的优化和自动化，实现了从前端到后端的无缝连接，从而支持企业快速适应市场变化，推动业务的持续创新和高效运作。

1. 业务中台

业务中台结合了科技与行业特性，将企业的核心业务能力数字化并以共

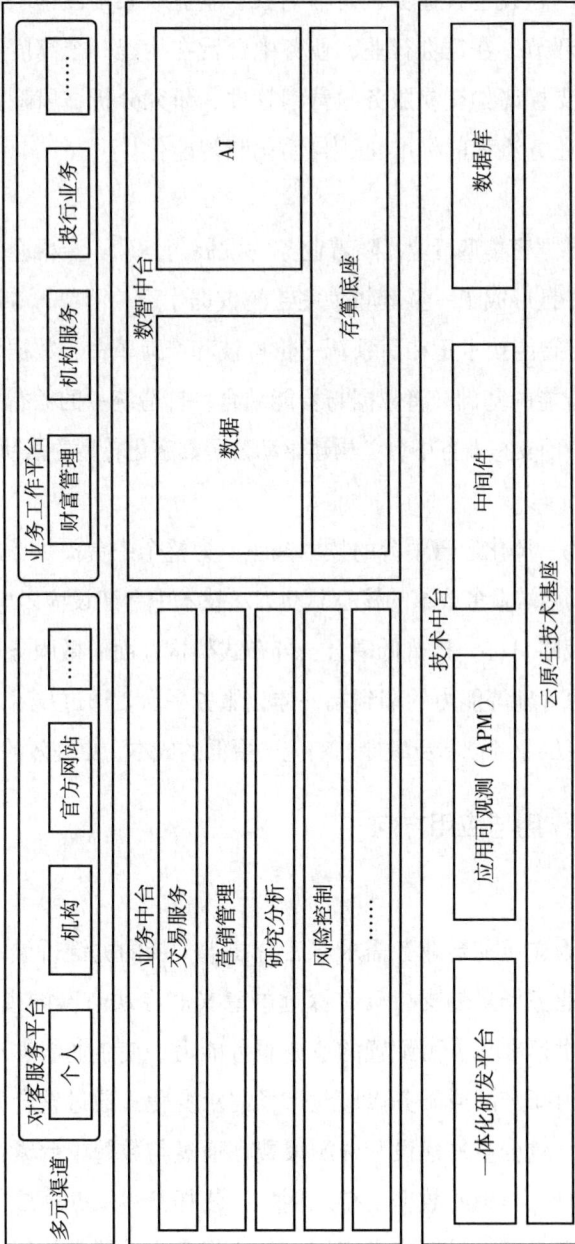

图 1 一体化运营中台架构

享服务的形式集中沉淀，为前台业务提供快速响应市场变化和低成本创新的能力。业务中台的建设包含业务调研与抽象、企业级架构设计、组件建模与系统设计等多个环节。在证券行业，业务中台旨在构建一个高度灵活、可复用的服务体系，支撑诸如交易服务、营销管理、研究分析、风险控制等多种业务场景，实现业务流程的标准化、自动化和智能化。

2. 数智中台

金融行业是数据密集型行业，随着业务的发展与运营，金融企业沉淀了越来越多的数据，并且形成了一整套较为完善的数据生产、消费、应用和管理的体系。同时，人工智能技术正在引领新一轮科技和产业革命，数据作为核心生产要素也是人工智能的基础。将数据与智能结合，打造统一的数智中台，成为新质数智引擎，全面支撑业务中台，构建驱动公司数字化转型的强劲动力。

3. 技术中台

技术中台作为一体化运营中台的技术基座，为整个中台提供标准化技术能力支撑，也是驱动前端业务改革的核心驱动力。技术中台建设应以应用为中心，以云原生为技术战略目标，打造低耦合、分布式架构、面向微服务体系、具备可观测、弹性资源管理等能力的端到端一体化服务平台。通过技术中台的通用服务能力，可以提供业务创新更敏捷的响应、更低的成本、更高效的交付。

（二）价值作用与应用方向

1. 业务中台

业务中台作为连接前台业务需求与后台技术支持的关键桥梁，对于企业价值创造和重点业务场景的支持具有深远的意义。在快节奏的市场环境中，业务中台通过提供标准化、可配置的业务服务能力，使企业能够迅速调整业务策略，快速推出新产品或服务以应对市场需求变化；通过整合并优化企业的核心业务流程，减少重复建设和资源浪费；通过与数智中台紧密集成，为业务决策提供实时、准确的数据支持。例如，依托 Onboarding 统一客户尽调向各业务线提供客户身份尽调集中审核服务，将客户数据归集管理，使业务部门可以更加专注于前台业务服务，有效提升客户服务体验等。

业务中台在一体化运营中台体系中扮演着核心角色，不仅提升了企业的运营效率和响应速度，而且是企业实现数字化转型、增强竞争力和创造持续价值的重要基石。

2. 数智中台

数智中台建设围绕数据的采集、存储、加工、应用和管理，构建向下支撑数据高效汇聚、统一存储，向上形成支撑业务数据连通、融合应用的核心技术。以业务数据化、数据资产化、资产价值化为目标，构建标准统一、全域融通、服务敏捷的高质量数据资产。构建面向数据生产者、数据管理者的一体化的数据开发生产平台。数据资产管理平台，构建面向数据消费者的数据产品矩阵和数据服务，实现数据业务化。同时，采用人工智能技术，特别是大模型能力，大幅提升了数据提取、分析、应用的效率。最终，融合数据+智能+算力，实现商业流、数据流、工作流三流合一，助力业务智能化。在基于用户行为的智能营销、智能客服、智能投顾、智能投研、智能研发和智能办公助手等领域有着广泛和深入的应用。

3. 技术中台

技术中台通过打造标准化、可复用的技术基座，为企业带来更高效、更低成本的应用能力，从而为企业面向市场变化提供核心技术竞争力。围绕现代化应用在分布式架构、微服务、云原生、弹性伸缩、一体化研发等方面核心技术诉求，技术中台可依托云原生技术生态，打造数字化新基建，实现具备弹性、自愈、自动化、可观测、声明式 API 等特性，以应用为中心的云平台能力，助力实现精细化资源调度管理。在云原生技术基座之上，通过建设沉淀标准化中间件、数据库、服务治理等能力，让应用更专注业务逻辑实现，加速业务创新赋能。并基于平台工程理念，建设一体化研发平台，持续构建场景工作台和工具能力，提升研发使用体验、代码质量、交付效能；构建工程度量体系，实现工程的数字化管理。随着业务的发展和技术变革，技术中台演进牵引着应用架构重塑，为企业数字化转型输送技术驱动力。

三 应用案例

（一）智能营销平台

1. 建设目标及应用场景

近年来，证券市场遇冷，从"流量时代"到"存量时代"的行业竞争加剧。在这种市场背景下，公司在经营上追求降本增效，在营销上寻求创新变革。如何降低营销物料生产成本，如何通过运营策略实现差异化运营，如何通过营销效果分析数据进行运营策略的迭代，成为亟待解决的业务痛点。华泰证券的智能营销平台作为一体化运营中台的业务中台核心系统之一，通过客户离线标签和实时行为数据的整合实现客户洞察，结合站内推送、智能呼叫和投资顾问的线下接触等多渠道触达策略，构建数字化精准营销能力。营销以"货"为转化工具，使用营销资源、消息、广告、内容等工具，以"人"为中心，基于客户画像进行目标人群细分，明确运营对象，用"场景"连接"人"与"货"，帮助运营在合适的时机、以合适的方式向合适的对象投放合适的营销物料，以实现转化和活跃目标（见图2）。

2. 能力规划

智能营销平台以客户数据为基础，洞察客户在不同生命周期的痛点，结合营销自动化工具，配合全渠道触达能力，利用行业化内容及策略进行针对性营销，提升企业客户运营的精细化程度和效率，助力企业构建数字化营销运营体系。

经过多年建设，平台已具备多渠道消息触达、营销资源管理、App资源投放、积分商城、会员权益体系、用户全旅程精细化运营等核心能力，以及抽奖、用户任务、秒杀活动等多样化场景。

3. 主要功能模块与价值

智能营销平台主要包括权益中心、自动化营销、业务组件库、营销运营分析四个模块。

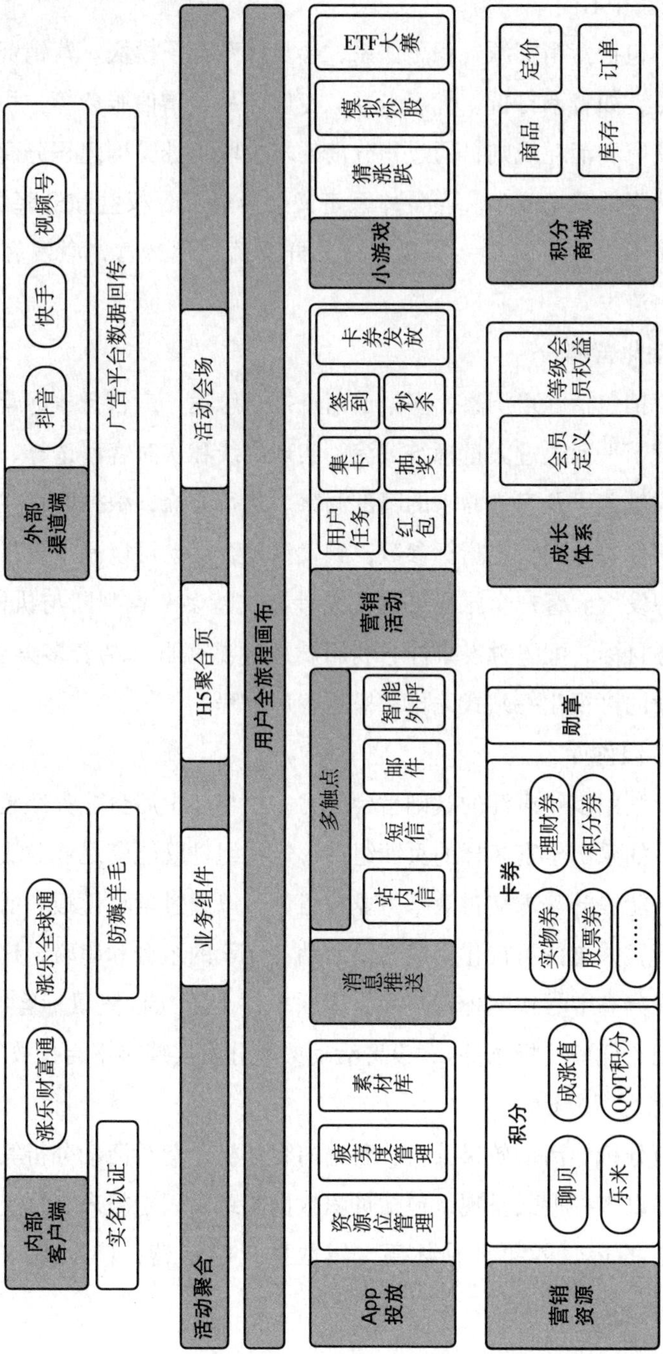

图 2 智能营销平台能力规划

151

（1）权益中心

权益中心包括营销资源、积分体系、会员体系等子模块。营销资源集中管理用户权益，如费率打折、优惠卡券、专属产品、增值服务等。积分体系定义了积分获取和消耗规则，通过积分消耗端关联卡券，构建积分商城，提升效率的同时降低营销成本。会员体系定义会员等级、权益和升降级规则，将营销成本倾斜于优质客户，实现客户分群及精细化运营，激发客户活跃度，防止客户流失。

（2）自动化营销

自动化营销包括客户洞察、多渠道消息推送触达、广告投放、营销资源发放。智能营销平台通过大量标签沉淀，实现离线和实时客群选择、多场景全方位的客群覆盖以及客户需求的精准洞察。执行方面，根据客户在特定时间发生特定事件并达到特定指标参数，触发活动，活动可以是广告投放、消息推送或资源发放。客户全旅程可视化设计器支持多节点判断与执行策略，通过设置业务目标、配置触发事件、利用属性过滤客群、结合多渠道触达，实现营销活动的可视化一站式编排，搭建客户旅程。

（3）业务组件库

平台充分利用多年沉淀的基础平台能力，在与前中后台业务经验相互整合的基础上，抽象出丰富多样的页面组件，这些组件既能满足业务快速发展的灵活性，又能提升需求交付效率。业务组件可以通过素材模板和活动模板组装成微页面，并支持可视化完成营销活动各元素的组合和串联，比如对接权益中心的积分和卡券快速配置奖品，串联事件配置（设置目标客群规则、奖励发放规则、任务达标条件），设置活动渠道分发实现多平台投放等。

（4）营销运营分析

提供渠道分析、活动效果分析、营销内容分析、营销活动分析等多维度数据统计，并以多种形式呈现，包括过程数据跟踪、固定报表、自定义报表等，构建完善的运营效果评估体系，用数据反哺运营，协助提升营销投产比。

（二）交易后运营中台

1. 建设目标及应用场景

证券行业业务特点是以交易为核心，驱动业务运营，其中总体上可以分为交易与交易后两个主要环节。交易侧重为客户提供稳定、快捷、全面的证券产品买卖服务入口，通过询报价、撮合、做市等机制达成交易的过程，而交易后则侧重在交易达成后的交易清算、结算交收、证券托管及相应的资产服务等。

随着券商行业的持续创新发展，业务逐渐呈现多元化形态。除了传统的投行、经纪业务，自营、资管以及跨境等业务线等也逐步发展壮大。业务快速发展的同时也带来了更多的交易与业务运营压力，相关业务线系统众多，处理环节复杂，线下交互多，带来运营成本居高不下、业务风险管理难度加大、系统业务变更效率变慢等问题。

为了解决以上问题，从 2022 年起，华泰证券启动交易后业务运营基础能力平台建设。目标是通过打造券商行业特点的业务运营中台，来沉淀通用的企业级业务运营基础能力，赋能公司核心业务条线的工作平台与应用系统，快速响应市场业务需求，加快系统变更交付速度与质量，提升业务运营风险控制能力（见图3）。

2. 能力规划

交易后运营中台的建设思路，在于抽象沉淀统一的证券经纪、自营、资管、托管等多个业务领域基础运营能力，统一境内与国际业务通用处理流程，实现基于统一运营中台能力的对于公司各项业务的快速赋能支持。

当前已规划建立的运营中台能力有：数据管控中心、参数中心、规则中心、支付中心、计算中心、智能调度中心六个运营中台核心能力，并结合公司级的 RPA、数智中台能力来赋能各类业务运营场景。

3. 主要功能模块与价值

（1）数据管控中心

实现数据文件的统一接收、分发、监控、标准化与入库归档等能力。除

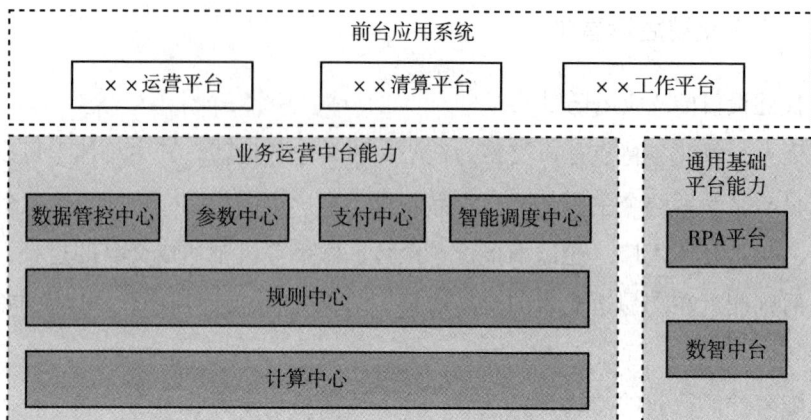

图3 交易后运营中台主要功能模块

常规的交易所、登记结算公司、资讯等外部标准文件管理外，重点实现了非标准化数据文件的标准化管理。如业务往来邮件正文及附件、场外交易确认单、各类格式的对账单据等，其中数据标准化主要通过引入 RPA、OCR、NLP 等能力，可以实现邮件正文及附件自动解析、业务单据的自动化识别与结构化，并经过人工质检复核后入库，建立完整的数据文件统一监控机制，既节省原有人工分散管理各类业务邮件及线下单据数据清洗录入的成本投入，又有效控制了数据文件错漏等造成的运营风险。

（2）参数中心

实现业务参数的统一定义、控制与下发。通过对业务参数的梳理建模，建立标准化的业务参数入库经办、审核与应用流程。各业务系统以参数中心数据为黄金数据源，通过接口调用或者 RPA 形式来对相关参数进行设置与变更同步，保证业务参数在各业务环节中的一致性，降低业务系统间参数不一致导致的处理差错风险。

（3）支付中心

实现资金支付渠道的统一接入与风险管控。支付中心对银行支付、三方支付、SWIFT、CIPS 等资金支付渠道进行统一对接，包括后继的升级与接口版本变更，并经由支付网关对外提供统一的资金划付接入接口，同时支持统一的流控与扩缩容，并可设立通用的支付风险校验规则，有效节省各业务系统资金划付接入的成本与各支付渠道的运维管理成本。

（4）智能调度中心

实现运营流程基于规则与状态的自动化调度。通过对核心运营流程的分析，抽象并封装响应的业务原子服务能力，并根据业务、产品的变化进行流程节点的灵活编排与动态调度，实现全局运营可视化监控与管理。运营人员重点关注流程断点或者异常进行相应处置，从而打造良好的人机实时交互体验，运营人力成本也明显降低。

（5）规则中心

实现业务处理规则的配置化管理。通过将通用的业务逻辑部分抽象为可配置化的业务规则与公式，对于已有业务规则的变更，开发人员不需要修改代码，仅通过修改配置即可快速给予支持，部分强业务属性规则也放开给业务人员进行配置与管理，既可快速地响应业务变更，又显著减少了系统开发测试的投入。

（6）计算中心

实现对业务逻辑的脚本化管理与算力执行管理。通过将业务处理逻辑基于脚本化实现，便于业务逻辑的变更版本管理，同时将脚本发布到服务端，即可通过统一算力调度。根据计算节点空闲情况，合理调度，最大化地利用不同业务间的闲时计算资源，减少硬件资源的综合投入，也可动态根据业务压力情况实时对计算资源进行扩缩容，而对应用系统无感。

通过以上运营能力中台的建设，不仅大幅降低了业务需求的交付周期，而且有效地降低了软件开发成本，更重要的是系统的架构逐步得到了治理，系统的健壮性与稳定性也得到了较大提升。

（三）客户 Onboarding 平台

1. 建设目标及应用场景

在公司数字化转型和平台化发展战略的指引下，为更好地营造"对外一个华泰、对内一个客户"的服务体验，提升机构客户业务办理效率、充分发挥数据价值、实现更为高效的全业务链协同，华泰证券于 2022 年启动客户 Onboarding 平台的建设，力求从源头实现对客户的统一认定，打造极致的客户身份尽调服务体验，持续沉淀客户信息，丰富客户档案（见图 4）。

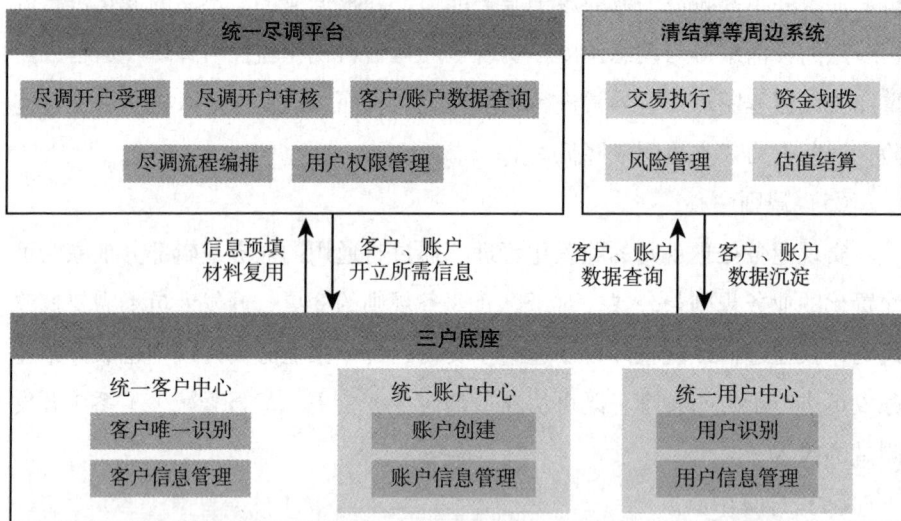

图 4　客户 Onboarding 全局应用架构

2. 能力规划

客户 Onboarding 平台体系以客户、账户、用户"三户体系"为支撑底座，打造可对接各前台业务系统的统一尽调能力以及面向客户的统一电子签署服务。

通过规范准入标准、落地平台运行来畅通信息共享，为机构业务多头对接、客户材料重复提交的问题提供创新解决方案，同时也从源头上实现对客户的统一认定。在此基础之上，客户 Onboarding 平台进一步打通尽调准入、协议签署、账户开立的端到端流程，着力构建客户 Onboarding 流程牵引下的数据体系框架，为机构客户画像的完善构建以及机构业务数字化协同运营的深化开展提供更有力的平台支撑。

3. 主要功能模块与业务价值

（1）统一客户尽调

统一客户尽调涵盖可配置的公共受理页面和可编排的通用审核流程两大平台能力。基于底层统一客户体系以及与名单扫描管控中心、合规智能尽调系统、数智中台等多方能力的有机协同，为对接业务线客户准入尽调提供客户唯一性识别、智能录入及材料复用、名单预警核查、智能表单生成等公共服务支持，赋能接入业务线进一步提升客户身份尽调工作的规范性与流程效率。

依托统一客户尽调向各接入业务线提供客户身份尽调集中审核服务，归集原本分散在各机构业务条线的反洗钱、适当性尽调，使得业务部门可以精简中后台运营工作、更加专注于前台业务服务，有效提升客户服务体验。

（2）统一客户/账户/用户

基于对各业务线账户开修销流程及账户字段的全面梳理，规划设计统一客户账户模型，为关键客户数据的归集和客户综合账户视图的构建夯实了底座。

在统一客户账户模型的基础上，联合业务部门设计统一账户在特定业务线的拓展模型，通过打通尽调准入、协议签署、账户开立的端到端流程，实现客户账户的统一开立，管理客户在公司各项业务下的基础账户信息，为客户综合账户视图及相关应用场景的构建提供基础支撑。

此外，为打造面向机构客户的一体化平台服务体验，基于对各业务线客户服务平台用户体系的梳理打造统一用户中心，规范了对机构用户的唯一识别，并支持统筹派发用户账号及跨平台用户身份互认。

（3）统一电子签署

统一电子签署实现了印章申请和文件签署入口整合，通过行知为机构客户提供一站式签署服务；基于客户、用户维度的唯一识别，实现对文件、印章、经办人的精细化管理，并支持印章的跨部门复用。依托统一电子签署的能力升级，已实现部分业务领域文件在线签署全覆盖，支持客户"当天申请电子印章、当天完成协议签署、当天开通权限、当天进行交易"，打造差异化竞争力。

B.13
金融服务流程智慧再造实践

中国邮政储蓄银行股份有限公司 *

摘　要：　在政策引导、科技进步与用户需求动态变化的合力驱动下，金融服务流程智慧再造已成为产业升级的关键路径。金融机构正以前所未有的力度优化服务流程，深度融合线上与线下资源，用心精心打磨服务细节，不断提升金融服务的普及程度和卓越品质，为经济的高质量发展贡献崭新且强劲的动能。本报告深入地探究了金融服务智慧转型的宏观背景，阐述了当前的行动策略，并对未来趋势进行了展望。同时，展示了邮储银行在金融市场货币台交易、虚拟数字人内容生产等领域的实践案例，这些案例阐述了智慧流程再造的高效路径及卓越成果，为业界提供了重要的参考范例。

关键词：　金融服务　智能化服务流程　智慧再造

一　发展背景

（一）政策导向催生服务流程新标尺

在全球经济一体化与金融科技的双重驱动下，金融服务流程的智慧化转型迎来了前所未有的政策机遇与挑战。监管机构敏锐洞察市场动态，相继出台了一系列政策，推动金融机构在科技与政策的双重引导下构建更加智慧、

＊ 执笔人：汪航、陆俊、马淞、杜依迪、原菁菁，中国邮政储蓄银行股份有限公司。

高效、安全的金融服务生态。

中国人民银行近年来发布了多版《金融科技发展规划》，强调金融科技在推动金融服务创新中的作用。规划指出要加快金融机构数字化转型，将数字元素注入金融服务全流程。2022年，中国银保监会发布了《关于银行业保险业数字化转型的指导意见》，鼓励银行业、保险业加强数字化转型，优化业务流程，增强快速响应市场和产品服务开发能力；加强业务流程标准化建设，持续提高数字化经营服务能力；加强数字化风控能力建设，利用大数据等技术对风控全流程进行管理。2023年底，国家外汇管理局发布了《银行外汇展业管理办法（试行）》，旨在推动商业银行外汇业务流程的再造，以促进跨境贸易与投融资便利化，并加强跨境资金流动风险管理。2023年底，国家金融监督管理总局发布《商业银行资本管理办法》，要求银行制定有效的政策、流程、制度和措施，及时、充分地掌握客户风险变化，确保风险权重的适用性和审慎性。2024年，中国人民银行在工作会议中指出，要扎实推进机构改革和业务流程优化再造工作，落实好分支机构改革方案，统筹推动业务流程再造、信息系统升级、制度机制调整等工作。2024年，国家金融监督管理总局发布《关于银行业保险业做好金融"五篇大文章"的指导意见》，要求金融机构围绕科技金融、绿色金融、普惠金融、养老金融、数字金融"五篇大文章"推动新质生产力发展。此外，智能服务流程的深入发展促使监管层对数据治理和用户隐私保护提出了更高要求，《个人信息保护法》等相关法规的出台为智能金融服务的合规性设立了法律框架，确保了流程再造与消费者权益保护的同步推进。

（二）科技突破赋能服务流程新活力

科技突破正以前所未有的速度，为服务流程注入崭新活力，特别是在大模型和元宇宙技术的引领下，金融服务生态正在经历一场深刻的转型，向着高度智能化、交互多元化的方向加速迈进。

大模型技术，以ChatGPT为典型代表，不仅在自然语言处理领域展现了超乎寻常的潜力，而且跨越了文字的边界，深入图像、视频等多种媒介，实现了内容理解与创作的全方位突破。这一技术的飞速发展，让全球科技巨头纷纷加入"千模大战"，推动 AI 大模型的规模与复杂度达到前所未有的高度。在金融行业，大模型的应用正日益深化，传统人力密集型作业正被自动化浪潮所取代，冗长烦琐的业务流程得以精简优化，效率与成本的平衡点被重新审视与调整。从风险评估到客户服务，从投资决策到反欺诈机制，每一环节因大模型的嵌入而焕发智能与效率的双重光彩。不仅极大地简化了内部管理流程，降低了运营成本，而且凭借卓越的推理能力和自然语言交互功能，让金融智慧得以普及，惠及更广泛的民众，成为实现普惠金融愿景的坚实后盾。此外，元宇宙技术通过整合虚拟现实（VR）、增强现实（AR）和混合现实（MR），开创了全新的沉浸式体验。三维空间的精细构建、高保真度的渲染效果，以及近乎实时的通信技术，使得虚拟世界与现实世界的界限变得模糊，人们可以在这片数字空间中自由探索、学习、工作和娱乐，享受前所未有的交互体验。对于金融行业而言，元宇宙或将成为其发展的新引擎。从场景构建、互动体验到虚拟消费，元宇宙的叙事能力将为金融服务提供全新的维度，通过沉浸式环境提升金融机构获取客户与推广产品的效果。

（三）用户需求激发服务体验新变革

当前，金融服务领域的数字化转型步伐进一步加快，线上服务的广泛应用已达到历史性的广度与深度。用户需求展现出崭新的面貌，从初步追求网络服务的可及性，演进至对服务流程实行深度优化的精细诉求。用户期待超越了基本的效率与操作流畅性，转而寻求能根据其独特个性化需求及偏好量身定制的金融服务，旨在实现服务体验的个性化跃升。尤为重要的是，伴随着消费者心态的日渐成熟，市场需求正朝着功能实用性与情感价值的双轨并行方向演进。消费者在确保所选产品及服务精准对接其根本需求的同时，越发强调情感层面的满足及与品牌核心价值的深层共鸣。这一系列深刻变革，对金融服务业而言，意味着在服务流程设计方面面临着提升至全新层次的精细度与人性化的严峻考验与挑战。

近两年创新技术的兴起与持续突破引起了用户广泛的好奇心与探索欲，也赢得了用户积极的接受与采纳。用户热衷于拥抱科技进展所带来的便利与新颖体验，主动投身于这场波澜壮阔的技术革新潮流之中。

与此同时，移动互联网的广泛渗透促使用户基数持续扩张，尤其体现在三线及以下城市用户群的快速增长，以及老年用户群体的显著加入，这强烈反映出市场对于金融服务普及性、易用性及包容性的迫切需求日益增长。

二　发展现状

（一）融通多元渠道，拓宽服务边界

金融机构加速推进多元化渠道的战略布局，深度融合数据、用户管理与技术创新，旨在构建一个无缝链接的客户旅程生态，提供从始至终的一站式卓越服务体验，推动金融服务实现全面转型与升级。

一是深化渠道服务效能，塑造卓越客户体验。线上渠道已稳居营销与服务的核心地位，尤其在银行业，业务线上化比例已超过95%。金融机构持续强化线上服务的便捷性和广泛触达力，推动移动端应用的创新与优化。截至目前，已有超过 20 家商业银行完成了关键版本的迭代升级，其核心优化聚焦于三大关键领域：一是界面设计的人性化革新，旨在创造更为直观、友好的用户体验；二是操作流程的精简，显著加快服务响应速度；三是服务内容的多元化与个性化定制，旨在增强用户黏性和满意度。以招商银行的"一码通扫"为例，这一创新不仅简化了支付流程，还巧妙地融合了身份验证、积分累积等功能，极大地提升了交易的安全性和便捷性，为客户带来了前所未有的使用体验。与此同时，线下服务正经历一场深刻的变革，从传统的交易执行者向综合生活解决方案提供者的角色跃迁，银行网点正逐步转型为集金融咨询、财富管理、社交活动于一体的多功能空间，充分满足客户日益增长的多元化和个性化需求，构建一个全方位、深层次的客户服务体系。

二是跨越渠道界限，重塑无缝服务体验。尽管线上渠道在金融领域的普及带来了前所未有的便利，但跨渠道服务的连贯性问题依旧困扰着众多金融机构，表现为服务流程中的断点、渠道转换的不畅以及冗余的操作步骤，直接影响了客户的满意度和体验感。金融机构正采取一系列创新举措，力求实现线上与线下服务的无缝衔接。通过内部渠道的深度整合、外部数据的高效集成，以及音视频等远程交互技术的广泛应用，金融机构正致力于构建一个统一、高效的线上服务中心，旨在打造标准化、规范化且流畅的服务体验，推动从单一触点优化向全触点服务革新的飞跃。例如，邮储银行的"云柜"项目，通过整合远程视频服务与实体网点资源，有效缩短了客户等待时间。客户可通过手机银行预约，然后在选定的网点或直接通过视频连线完成身份验证和业务处理，实现了线上线下服务的无缝对接。再如，农业银行依托线上、线下和远程渠道三轮驱动战略，不断推进渠道间的系统融合、数据共享、流程贯通和体验同质。

（二）聚焦精细用户运营，升级体验质效

一是金融服务领域在精细用户运营、升级体验质效中，在战略层面深入洞察市场及用户，在战术层面从深耕"千人千面"用户标签、加强用户全生命周期管理、构建场景化服务生态等方面大力投入，解决金融服务同质化的痛点，精准满足用户及行业的需求，以确保在快速变化的金融环境中持续领先。

二是深耕细分用户标签，"千人千面"提升运营效果。伴随大数据、知识图谱、机器学习、深度学习等技术的发展，金融服务数据迅速积累并逐渐彰显其价值，金融机构通过对用户服务数据的收集及分析，对用户标签进行深耕细分，将重心从推广产品转移至理解用户，致力于在适当的时机与环节向用户提供合适的金融服务。例如，平安银行利用大数据分析对客户进行分类和标签制定，通过多个维度细分出 112 个客群宫格，精准了解客户个性化需求，向各个客群推荐最适配的金融服务，如向信用卡客户推荐"超级还款金"等；邮储银行、工商银行等银行的 App 针对不同用户客群推出手机

银行 App 的不同版本，比如青春版、老年版等，方便不同用户群体在线上办理金融业务时能够获取最优质、便捷、舒适的体验。

三是加强用户全生命周期管理，提升各流程服务效果。金融机构为深刻理解用户特质及需求，纷纷加强用户全生命周期管理，对用户金融服务旅程的各个阶段和流程进行数据记录、收集与挖掘分析，旨在提升用户旅程中的服务体验，及时优化用户在旅程中的真实反馈。例如，民生银行信用卡中心智能语音外呼平台能够有效覆盖客户用卡全生命周期，从办卡、激活、改密、催收、账单分期、还款等环节覆盖高端用户、长尾用户，高效、及时、精准地处理用户需求，提升用户在信用卡服务流程中的便捷度和准确度；北京银行针对用户的全生命周期及不同人生阶段，向用户提供不同的金融服务，围绕用户不同阶段的资产配置需求提供儿童金融、家庭金融、创业金融等服务体系，强化各个客群的服务经营效果，提供个性化、有温度、有人情味的金融服务。

四是构建场景化服务生态，深度嵌入企业客户运营环节。金融机构为满足不同企业客户的金融需求，使用区块链、云计算、大数据等前沿技术，构建更为健康全面的企业金融场景生态。例如，工商银行推出的"工银 E 信"运用区块链技术，为核心企业提供无条件保兑确认，再基于该确认对债权人进行增信，极大程度地优化了供应链末端的中小微企业在融资时的申请审批流程，较好地解决了多级供应商授信问题及融资难的困境。招商银行致力于打通数字金融服务"最后一公里"，推出一站式企业数字服务通用平台"薪福通"，帮助企业用户实现保密发薪、极速报销、异地管理等场景，助力企业一站式实现人员、财务、流程等线上管理。

（三）推动无障碍服务，深化普惠金融实践

金融服务领域在推动无障碍服务与深化普惠金融实践中，展现出更为细致入微且富有前瞻性的战略规划，旨在构建一个全龄友好、包容性更强的金融生态系统。

一是无障碍和适老化金融服务机制建设逐步完善。2023 年，国家出台

了多项政策和标准，助推我国金融服务无障碍和适老化工作向制度化、规范化、标准化发展。2023 年 9 月，《中华人民共和国无障碍环境建设法》正式施行，这是我国首部无障碍环境建设专门性法律，为新时代加强无障碍环境建设，保障无障碍受益人群平等、便捷地参与和融入社会生活，提供了坚实的法治保障。2023 年 12 月，工业和信息化部印发《促进数字技术适老化高质量发展工作方案》，提出到 2025 年底，数字技术适老化标准规范体系更加健全，数字产品服务供给质量与用户体验显著提升。同月，北京市银行业协会发布了全国首个针对视障金融消费者的行业服务标准——《北京地区银行业视障消费者服务标准》，旨在引导北京市银行业为视障消费者提供"零拒绝、无边界"的金融服务。

二是无障碍和适老化金融基础设施改造继续推进。金融机构继续加大营业网点无障碍环境改造升级力度，实现硬件设施与软件服务的全面优化。以建设银行北京市分行和工商银行在长三角一体化示范区的支行为例，通过增设低位服务台、无障碍语音导航、盲文指示等硬件设施，以及提供专人导引，极大改善了视障群体的现场体验。其中建设银行北京市分行共创建改造 369 家无障碍网点、118 家适老化网点，每个网点配置 28 项基础服务设备设施并配置无障碍专员。而工商银行不仅在硬件上完善了无障碍通道、专属停车位等基础设施，而且在软件服务上下功夫，强化员工对特殊需求的培训，设立专用服务窗口，并推出上门服务，确保各类特殊需求客户都能获得迅速、温馨的服务。

三是无障碍和适老化数字金融便利化程度有所提升。金融机构大力推进网络终端及智能设备无障碍和适老化改造，通过开发关爱模式，增加大字服务、语音辅助、一键求助等功能，促进无障碍群体增强数字化适应能力。比如，平安口袋银行 App 的无障碍、适老化改造成为工业和信息化部首批互联网应用适老化及无障碍改造优秀案例。在无障碍改造中，平安口袋银行 App 上线了"组合读屏""数字标签场景化"等特色功能，让视障用户能够"边听"边自主操作 App，并适配 110 多款手机型号，友好地贴合了视障群体的日常生活习惯。在适老化改造中，平安口袋银行 App 上线了"一键切换大字版""一键直达电话客服""验证码输入延迟""防骗宝典""防骗短信验证""安全守护及亲情付"等功能模块，在界面显示、功能交互、防伪防骗上为颐年客群提供更加精准适配、简单易用的在线金融服务，并且确保了老年人的信息安全和资金安全。微众银行则通过集成光纤活体识别与AI语音合成等前沿技术，为视障人士专门设计无障碍验证系统，大幅提升了特殊群体独立操作的可能性。

（四）聚焦新质生产力，引领行业转型升级

聚焦新质生产力的金融服务流程智慧再造进一步凸显其在行业转型升级中的关键角色。在此期间，金融服务流程的智慧化不仅仅是一种技术层面的迭代，而且成为推动行业向新经济形态跃迁的重要驱动力。新质生产力的培育与支持成为金融机构战略蓝图的核心轴心。

一是构建新经济生态，精准服务新兴产业。金融机构积极投身新经济生态的构建，以高精度对接新兴产业、创新商业模式及经济增长的新需求。特别是在科技创新与先进制造领域，为新质生产力的蓬勃成长提供了强有力的金融支撑。以中国银行安徽分行为例，"惠如愿"系列贷款产品紧随农业科技潮流，精准服务种业龙头企业，实现了从资金支持到产业链服务的全面覆盖。而平安银行则通过构建"客群+产品+政策+生态"的智慧经营体系，深化对电子信息、智能制造、新能源汽车等先进制造业的支持，不仅提供了综合且智能的金融解决方案，还显著促进了科技企业的快速成长，科技企业客户群、资金存量及信贷规模均实现显著扩张，这充分展示了科技赋能力量的实效。

二是提升内在科技实力，构建智慧化基础设施。为加速智慧化进程，金融机构正着力提升内在科技实力，纷纷着手构建新一代核心系统，以人工智能、大数据、云计算等前沿技术为基础，打造坚实的数字化底座。这一智慧化基础设施的升级，不仅优化了内部管理与风险管理流程，而且显著提升了客户体验，实现了服务的高效个性化，如实时风险评估、智能化推荐、自动化审批等，使金融机构在瞬息万变的市场环境中保持竞争优势，不断探索金融服务的未来航向。

三 实践案例

（一）邮储银行基于大模型的金融市场货币台交易机器人实践

1. 研发背景概述

金融市场业务范畴广泛、合规门槛严格，伴随海量且复杂的数据处理挑战，迫切需求实现高效且精确的运营管理。电子化交易系统作为前台交易人员使用的核心交易系统，覆盖银行间及交易所债券、货币市场、贵金属及各类衍生品交易，接入各类参考、行情数据，实现量化策略交易、实时风控等功能，

为顺应银行业交易业务的蓬勃发展，确保交易流程中兼顾极致效率与严格风控，邮储银行依托大模型、对话管理等创新技术打造货币台智能交易机器人系统。此举不仅显著减轻了交易员工作负担，而且提升了货币交易的数字化及智能化管理水平。同时，驱动金融科技部门的战略转型，从成本中心转为价值创造基地，深化了业务与技术的融合协同效应。

2. 本项目中服务流程智慧再造应用

本项目核心是通过自动化的方式实现自动报价及实时询价。过往模式中，询价确认的初步沟通主要依赖人工手段（如使用 QQ 等即时通信软件、电话通话或货币经纪），而交易达成与后期清算工作则通过中国外汇交易中心和托管机构的系统完成。邮储银行利用大规模预训练语言模型及人工智能等前沿科技，打造出交易机器人功能，引领货币交易由自动化向智能化跨越。智能交易机器人的出现不仅能够替代交易员进行自动报价及实时询价，还可以辅助交易员进行交易智能分析决策，其主要功能如下：一是实现在线智能询价交谈及自动交易；二是实现询价交谈过程中的实时监控及风险预警；三是实现全景数据自动统计分析；四是实现量化策略平台联通交易机器人进行自动策略报价。

目前，邮储银行货币台日均交易 400 余笔，年交易量达 40 余万亿元，

交易员承担了较重的交易压力。交易机器人借助高级语言模型，高效解析聊天文本中的询价信息，自动生成询价指令，极大提升了交易处理速度。同时，其与风控系统的集成确保了交易前的严格审查，通过提前识别潜在风险，强化了风控措施，有效控制了操作风险和成本，保障了交易安全。利用交易机器人对市场数据的持续监控和分析，邮储银行能够深入理解交易对手行为模式，构建详尽的客户画像，为不同层级的客户提供定制化服务和精确定价。此外，交易机器人的对话技术不仅在交易中发挥效用，还被拓展到客户服务、营销等多个领域，提供个性化、互动式服务体验。

（二）邮储银行企业级虚拟数字员工内容生产平台实践

1. 研发背景概述

一是随着数字技术的发展，银行用户向线上迁移，如何与用户建立良好的连接，提升服务质量、满足客户需求，是邮储银行面临迫切需要解决的问题。虚拟数字人具有多元化、可互动、有温度等特性，可改变原有较为冰冷、机械的线上交互模式，回归人与人的自然交互方式，助力提升金融服务能力。

二是在AIGC（人工智能生成内容）技术飞速发展的背景下，邮储银行业务人员需要从内容传播者向内容生产者转变，通过更新颖的互动与服务方式，提升客户黏性与营销转化率。虚拟数字人内容生产平台可将文字直接生成数字人视频，支持邮储银行服务人员生成数字分身，让内容创作更加便捷、有趣，摆脱传统方式需要多人多物配合导致的周期长、成本高等问题。

三是基于场景的竖井式建设方式难以实现全行数字员工矩阵的统一规划，建设企业级数字人内容生产平台并实现生产、管理、运营等流程的智能化支撑是未来发展方向，同时也可为未来元宇宙等技术的应用落地打下坚实基础。

2. 本项目中服务流程智慧再造应用

邮储银行企业级虚拟数字员工内容生产平台从全行视角统筹虚拟数字人发展规划及管理策略，打通数字员工的人设运营、技能组装、场景应用等流程，建成标准化、配置化、工具化的技术基座，助力数字员工技术的快速应用落地。

一方面，该平台以全新金融服务体验为目标，打造具有邮储银行特色的数字员工形象，承担手机银行智能客服、信用卡 App 虚拟服务经理等角色为客户介绍产品、办理业务等，通过更加智能化、人性化、多元化的人机交互新方式，为客户带来更有温度的沉浸式服务体验。同时，创新推出手语数字人运营平台，方便听障人士更好地理解与办理业务，助力提升金融服务的可获得性。

另一方面，该平台通过"乐高化"的简易操作，建成了一站式数字员工快速生产工厂，助力业务人员快速构建具备多技能的特色的服务人员。平台实现了播报视频、手语视频等内容的生产工具，提供丰富的素材库、知识库和内容库，支持视频编辑、配置多轨道插入画中画、背景、动作等，赋能数字人的生成、驱动、智能、运营"全链路"流程，降低业务人员内容创新门槛，进一步提升内容生产效率，释放员工创作活力，有效推动了这一新模式在银行业内容生产与传播中的应用和推广。

3. 本项目中服务流程智慧再造的实际效用

企业级虚拟数字员工内容生产平台正式上线后，具备数字视频生产、手语视频生产等内容生产功能，对接手机银行、信用卡、云柜（数智化远程金融服务中心）等渠道，支持数字客服、数字柜员、智能助手、数字直播等场景。企业级虚拟数字员工内容生产平台作为全行级虚拟数字员工技术的支撑平台，实现了对数字员工形象、算法等资源的集约化管理，打通了数字员工生产、管理、运营等流程，并建立全面而有效的安全管理策略以确保数字员工应用的规范性和可溯性，帮助运营人员更加科学高效地使用数字员工为银行客户提供服务，科学规范地使用数字人 IP 为银行服务增添亮色。同时，通过智能 AI 实现高效的内容生产，减少人工成本，并实现金融服务的标准化，多渠道全网点覆盖，确保偏远地区也可以享受金融科技带来的普惠服务。

此外，平台还能支持手语数字人内容生产，通过文字即可输出数字人手语视频，打造金融行业手语库，关注障碍人群的需求，增强了金融服务的可达性和公平性。

四　未来趋势分析

（一）积极担当政治使命，深耕细作"五篇大文章"

未来金融服务流程的再造趋势，将紧密围绕"五篇大文章"，涵盖科技金融、绿色金融、普惠金融、养老金融、数字金融五大关键领域，旨在积极履行行业使命，深耕细作，以实现金融服务的全面升级与创新性提升。

科技金融方面，金融机构将更加聚焦科技型企业全生命周期服务的优化，强化研发资金支持，通过信用贷款等金融产品的创新，以及知识产权金融服务的触达，利用金融信用保障，加速科技成果转化，打造科技—产业—金融的良性循环。

绿色金融方面，金融机构将深入推广绿色金融标准，推动绿色金融产品多样化，发展碳排放权、绿色保险，优化绿色资产交易，通过绿色保险费率机制，支持绿色转型，强化 ESG 治理风险评估，助力绿色金融体系的全面转型。

普惠金融方面，金融机构将利用金融科技缩小城乡与企业、个人服务差距，精准识别金融需求，普及信贷、保险产品，利用 AI、大数据优化流程，提升服务可及个性化服务，确保普惠金融的包容性，促进公平和多元化需求的满足。

养老金融方面，金融机构深化第三支柱建设，简化养老产品，提升服务便捷性，针对老年人优化流程，加强用户体验。同时，培育年轻客群，融合养老意识，建立长期养老准备，打造全龄友好型养老金融服务。

数字金融方面，金融机构强化数字金融模式、区块链、大数据、人工智能、模型技术应用，提升交互体验，加快服务速度，安全交易效率，强化智能监管，提升客户保护，优化服务流程，确保安全合规，打造全面的数字金融生态。

（二）深化大模型应用，再造数智化服务

随着大模型的不断成熟与应用拓展，未来的金融领域和服务流程的变革也将越加深刻。

服务个性化方面，大模型能够通过深度学习大量数据，提供更为精准的用户画像和需求预测，使金融服务流程能够根据每个用户的具体情况和偏好进行个性化定制。商业银行可以利用大模型分析客户历史交易、社交媒体行为、兴趣偏好等多源数据，推送定制化的金融产品和建议，提升用户体验和满意度。

自动化决策方面，大模型的应用将进一步促进服务流程的自动化和智能化决策。金融机构能够利用这些模型处理复杂的金融分析、风险管理、投资策略制定等任务，不仅提高决策效率，还能减少人为错误，提高决策的准确性和效率。

交互方式方面，随着语音识别、自然语言处理等技术的进步，智能服务流程将更加注重语音和文本的自然交互。大模型将支持更加流畅、人性化的对话式服务，无论是通过智能客服还是虚拟助理，用户都能以自然语言进行交流，获取服务或解决疑问。这将极大地提升无障碍服务的覆盖，特别是老年用户和特殊需求群体可以极大地降低金融服务的获得门槛。

持续学习方面，大模型的持续学习能力意味着智能服务流程能够不断地从用户交互和反馈中学习，自我优化服务策略。这种动态适应能力将使金融服务更加灵活，能够快速响应市场变化和用户新需求，实现服务流程的持续改进和创新。

（三）强化合规科技应用，重塑风险管理框架

面对金融服务流程的智慧再造，合规科技在其中扮演着至关重要的角色，不仅顺应了数字化转型的大潮，而且是实现流程优化与风险控制现代化的必然趋势。

信息技术的发展和迭代升级为金融行业的合规带来了新的机遇和挑战。

在科技的推动下，企业合规逐步呈现出技术化、数字化和智能化的特点。当前，越来越多的企业采用合规科技加速合规流程自动化，通过人工智能、大数据、区块链、隐私计算、数字身份、密码技术等合规科技手段，提高政策理解能力和风险监测能力，降低合规成本，重塑风险管理框架，提升合规管理能力。如侧重对外的"业务合规"，聚焦交易监控、反洗钱、业务运行等场景；侧重对内的"管理合规"，聚焦人力资源、印章管理、监管报送等场景；通用的"数字合规"，聚焦网络安全、系统安全、数据安全、隐私安全等场景。以银行业的业务合规和管理合规为例：首先是业务合规。银行可利用大数据和人工智能技术进行操作风险、信用风险、流动性风险等风险管理，提高预判能力。通过构建违规发现模型和风险预警模型，有效监测金融机构的内部和外部风险。一是利用模糊推理技术和案例推理工具，学习以往案例及当前监管规定，进行全局化分析计算，及时提醒金融机构调整操作确保合规。二是利用机器学习等构建流动性风险的网络模型，选取更合适的风险指标衡量流动性情况，辅助金融机构做决策。三是利用人工智能技术开展金融压力测试，对市场可能发生的风险进行预警，增强金融机构的风险管理能力，控制风险的影响范围，提升系统性、交叉性金融风险的甄别能力。其次是管理合规。科技手段可以实现金融机构内部控制的数字化，大数据和人工智能技术的应用使得 7×24 小时的实时监测和控制成为可能。依托线上化和数字化，构建以监测预警、追踪查证为主的业务应用模型，提升内部控制和管理合规效率，推动内控工作从"专家经验+风险主观评估"转变为"数据驱动的量化客观评估"，实现以全量数据分析为基础、以风险控制为导向的管理合规工作模式。

B.14

金融服务多元融通渠道建设实践

中国联合网络通信集团有限公司　上海浦东发展银行股份有限公司信用卡中心*

摘　要:　本报告探讨了银行渠道建设在业务运营和数字化转型中的关键作用。首先,分析了渠道建设对客户服务、关系维护和价值创造的重大意义,指出渠道数字化是提高服务效率和增强客户体验的核心途径。其次,介绍了多元渠道建设的现状,强调全渠道协同经营已成为趋势,并通过实际案例展示了银行在这一领域的创新实践。本报告还探讨了渠道数字化过程中面临的技术复杂性、数据安全和组织调整等挑战,并提出了渠道融合的首要目标是服务客户、技术创新为渠道转型提升动力、打造共生共赢的金融渠道生态系统的策略建议。

关键词:　渠道　数字化　客户服务

一　多元融通渠道建设的意义和现状

渠道建设在银行业务运营中占据核心地位,同时也是推动银行数字化转型的重要驱动力。有效的渠道数字化不仅影响银行在营销、产品推广、流量管理和风险控制等方面的表现,还决定了整体运营效率。因此,整合线上和线下渠道,实现渠道协同,是银行数字化改革的关键步骤。

---

* 执笔人:高娅楠、王慧娟、袁蓉,中国联合网络通信集团有限公司;铁锦程、李虎,上海浦东发展银行股份有限公司信用卡中心。

（一）多元融通渠道建设的意义

渠道建设是银行业务运作的核心能力，同样也是银行数字化转型的关键环节。可以说，"渠道数字化"直接决定了银行在营销、产品推广、流量管理和风险控制等多方面的绩效。因此，推动银行线上和线下渠道的整合及渠道之间的协同作用，是银行数字化改革的关键。

首先，渠道建设提供了接触客户的机会。在任何商业模式中，服务客户的目标都是创造价值以提升自身的价值。渠道建设能够应对科技的进步和社会经济的变化，是提高服务效率的关键途径。只有满足客户在资金管理和支付结算的需求，才能赢得客户的认可与偏爱，从而建立稳定的合作关系。

其次，渠道建设有助于维护客户关系。要与客户保持长期稳定的交流，必须依托有效的业务模式，而渠道建设能够将银行与客户的业务系统紧密连接，加强双方的合作关系，从而使合作更为牢固。

最后，渠道建设是创造价值的手段。通过渠道建设，银行的服务能深入社会各层面，从而提升银行的品牌形象并创造更多的价值机会。相反，如果缺乏有效的渠道建设，就无法支撑数字化时代的新型资金管理和支付模式，也难以适应新的商业形态。这可能会导致失去现有客户和业务发展的停滞。

（二）多元融通渠道建设的现状

随着银行数字化转型的加速，全渠道协同经营已成为发展的新趋势。信息与服务渠道的增多和业务处理的线上化、自动化使得客户更偏好碎片化、移动化的交互。传统的单一或隔断式渠道经营已不能满足客户对个性化、一致性和无缝服务体验的需求。因此，全渠道协同经营模式将在市场中占据优势，构建这一模式成为银行重塑核心竞争力的关键。

1. 银行网点

目前，银行物理网点仍然是客户服务的重要渠道，承载面签、咨询等必须到店的业务办理。在线上金融服务日益常态化的背景下，银行业务的发展逻辑和组织流程需要重构，物理网点需要从传统的线下获客模式转变为更主动的获客策略，寻求转型和突破，传统网点的转型升级势在必行。

传统物理网点在运营中面临以下困境：一是顶层规划不足，包括网点的选址、网点布局、业务规划、业务流程优化缺少数据支撑，不太科学；二是缺乏吸引力营销力，传统物理网点由于缺少获客场景和有科技感的金融服务体验，导致对客户的营销和服务能力都比较弱；三是客户黏性不够，传统网点的产品和服务单一，缺乏差异化、特色化、智能化的服务；四是运营管理能力不足，对各种风险缺乏数字化、智能化的监控管理能力和手段。

2. 上门服务

国内银行业通过移动展业，借助人脸识别、大数据分析和移动定位等技术，实现了小额贷款从申请、审批、放款、贷后管理及档案管理的全流程数字化。这种转型不仅提升了业务办理效率，而且改善了客户体验。客户经理携带移动展业设备，将金融服务直接带到企业和特殊客户群体的身边。

5G智慧展业在提供上门金融服务方面发挥着关键作用，支持多种业务类型，如银行卡发卡、客户信息维护、密码重置和手机银行签约等。5G智慧金融展业极大地改变了金融服务模式，通过灵活便捷的移动服务，突破了物理限制，拉近了与客户的距离，提升了服务质量和效率。这不仅对普惠金融的实现产生了积极影响，也促进了实体经济的高质量发展。

3. 网上银行

个人手机银行已经成为银行开展零售业务的关键渠道。手机银行App的运营面临新增流量放缓和存量竞争加剧的挑战。2024年3月，手机银行App服务应用行业的活跃用户规模达到了5.6亿户，同比增长5.76%，但较2023年同期下降了3.11个百分点。为了提升手机银行App的竞争力，各商业银行普遍注重提高其精细化运营能力。

随着业务的不断发展，手机银行App同质化严重、用户体验差、用户黏性低和活跃度不高等问题逐渐显现。这要求手机银行App在运营上要更加深入和精细化，精细化运营能力逐渐成为银行取得竞争优势的关键。此外，手机银行App涉及客户数据、交易数据和资金流动等敏感信息，场景化和生态化的发展趋势也对数据安全和隐私保护提出了更高的要求。

4. 呼叫中心

随着5G、大数据、AI、大模型等技术的纵深演进发展，企业客户服务中心的前端发生了巨大的变化，人们对呼叫中心客服的认识不再局限于一个排队机+几部电话的模式，人们的通信手段也已不仅仅局限于传统的电话方式。

在智能化、数字化的推动下，传统意义上的呼叫中心逐渐被全渠道多媒体呼叫中心所代替，客户不仅可通过电话，还可通过视频、WEB、微信，甚至是互联网社交媒体与服务中心联系。通过与互联网中各种社交媒体网络以及IM通信工具集成，企业可以建立科学、高效、人性化的智能服务和运营管理体系，利用互联网低成本、爆发性特性实现高效的营销与快速的响应，提供无处不在的高品质服务体验。助力企业拓展服务模式、节约服务成本、提升运营管理效率、提高客户满意度的"人工+大模型+智能化服务"正重塑呼叫中心的主流运营模式。

二　多元融通渠道建设实践

全渠道协同经营通过"线上+远程+线下"的模式，为客户提供个性化服务和优质的体验。与传统模式相比，通过有效的渠道和商机管理，提升经营效率，实现渠道间的无缝衔接，从而高效地管理和转化商机。此外，依托数据和技术支持，全渠道协同经营实现了客户管理的自动化、精细化和智能化。

（一）前端渠道触达

1. 物理银行

物理银行通过线上线下渠道一体化协同建设，探索不同主题场景开拓，将物理网点打造成为链接线上平台与周边客群的综合载体，以强化全渠道融合发展能力，为客户提供跨渠道无缝体验。

在网点主题场景打造方面，有些银行建设了养老主题场景，开发专属养老服务 App 提高服务效率。打造线上线下相结合的渠道服务场景，在营业网点，通过"人员服务+智能机具"模式提供金融服务。有些银行打造绿色网点和零碳网点，建设网点零碳管理平台和员工碳积分 App，探索绿色网点发展新路径。

通过上市银行年报看出，用数字技术赋能网点运营，是各家银行追求数字化转型的实现路径之一，而网点的自助、智能设备，是网点智能化运营的关键承载体。对银行而言，网点运营具有硬件和人力方面的刚性成本，而数字化转型带来的线上化作业以及线下自助智能设备，为银行网点释放人力、提高运营效率带来了实际的降本效果。不少银行通过打造金融服务舱，将线上金融服务渠道嵌入智能屏终端，下沉至县域和偏远地区，解决银行在县域和偏远地区覆盖不足、传统综合性网点建设成本高的问题。部分银行也在普惠型网点、离行式网点、离行式舱体以及合作单位场地部署智能屏，通过技术和设备创新，探索物理网点+线上渠道相结合的低成本"胶囊网点"轻量化经营模式。为了适应普惠金融需求，部分银行通过移动金融服务站为客户提供普惠金融、服务到家的金融理财体验。借助流动服务车、金融服务站等强化网点与周边社区生态交互，融合教育、医疗、交通、社保等金融需求，可打造"多项服务只需跑一次"的社会性金融"触点"。

2. 手机银行

手机银行 App 作为银行客户服务的主要渠道和产品创新的核心平台，是商业银行数字化经营成功的关键因素之一。2023 年，中国个人手机银行 App 用户使用比例已达到 86%，表明手机银行 App 的综合服务生态体系日益完善，不断满足用户实际需求。

银行通过先进的金融数字技术，将金融产品与场景服务有机结合，提升经济行为的效率。人工智能等技术的应用提高了金融业务的智能运营水平，涵盖智能投顾、智能营销、智能客服、智能风控等方面的能力升级。许多银行的智能客服在用户首次进入时会推荐常见的相关问题，例如个性化内容推荐、理财建议和理财推荐，方便用户进入解答环节。当用户难以用文字表达时，还支持语音、图片、视频等沟通方式。智能客服还可以根据账户管理、转账汇款、贷款业务等多个场景，为用户提供多样化和便捷化的服务。

在开放场景生态的前提下，手机银行 App 将金融服务嵌入各种不同的生态场景中，通过连接客户生活和生产场景中的金融需求，提供端到端的服务，从而不断扩大客户群体。手机银行 App 打造线上综合金融服务平台，完善服务和优化用户体验，带动用户活跃度和应用服务的使用。多家银行聚焦不同群体在金融服务场景中的需求，积极构建财富生态金融服务场景，为各群体提供更加便捷和个性化的金融服务体验。例如，针对普通客户设立的标准版本提供理财投资、保险服务和生活消费等服务；针对企业客户定制推出企业版本，提供全方位的金融服务支持。

3. 远程银行

远程银行是在客服中心的基础上扩展，提供了客户服务和客户经营两大主要业务。通过电话语音、文本和视频等多种手段，结合人工座席和智能机器人的服务方式，贯通了各类线上线下渠道，为客户提供业务咨询、投资理财、产品营销和账户交易等综合金融服务。在 5G 和 VOLTE 技术的支持下，随着智能 AI 能力的不断提升，数字人智能客服和视频客服逐渐在金融场景中得到了广泛应用和推广。

数字人智能客服，作为利用先进的人工智能、自然语言处理、语音识别等技术发展起来的应用服务，通过高清晰度的视频、3D 图像和 VR、AR 技术展示呈现，帮助用户得到更具智能交互性的真人化服务，特别是在售前咨询、业务介绍、账户查询、交易指导、投诉处理等环节的服务体验更加丰富、便捷和智能化，提升用户的亲和力感知，实现全方位为客户服务。

视频客服打破了传统电话客服"只闻其声"的交互服务模式，依托 VOLTE 网络，实现"一对一"和"一对多"服务，可以为客户提供"视听结合"的无障碍交流服务。同时，视频客服更是在"远程服务"保障中发挥了重要作用，富媒体交互的服务优势在人脸识别、拍照录像、电子签名、定损理赔、手语沟通、数字人直播等场景显著提高了服务效率，不断提升客户服务体验。

未来全渠道多媒体音视频呼叫中心更具有人性化处理能力，是一套多业务综合处理的智能设备平台，既能提供强大的业务生成能力，又能提高企业的服务质量和公众形象，还能增强企业的竞争能力。业务运营者可根据自己的实际需求灵活定制属于自己的业务，从而给企业带来了更多的便利，给客户服务带来了新的应用和场景。

（二）中台渠道协同

1. 客户经营策略

通过大数据分析，银行可以对客户群体进行战略性分层和策略性分组，识别重点客户群体并挖掘其经营场景。结合客户在产品、渠道、权益及活动方面的偏好，银行可以设计精细化的客户细分和定制化的渠道经营策略，实现客户与经营策略的精准匹配，支持渠道的敏捷协同经营，提升经营效率和转化效果。

金融机构通过运营私域流量，能够提升客户黏性、促进复购和提高转化率。这包括全渠道获客转化私域用户、构建私域用户画像、进行用户关系管理和维护，以及精细化运营自有社群等。通过这些实践，金融机构与用户建立深度连接，将不同用户进行分群，并提供高质量的差异化内容和服务，从而实现客户生命周期价值的最大化。

银行通过搭建数据中台，整合各渠道触点的客户交互行为数据，形成基础的客户行为轨迹数据。根据这些数据，构建详细的客户画像，例如高净值客户、小微企业主、信用卡活跃用户等。在业务办理场景中，实时监控客户的办理进度，分析客户遇到的问题，并依据预设的解决方案，通过最合适的渠道及时提供解决方案，疏通业务办理过程中的堵点，提升客户体验和业务成功率。在客户服务场景中，全面了解客户的业务办理断点，预测客户的咨询意图，实现对客户问题的提前解答，提升客户服务的效率和满意度。

通过精细化运营，银行可以提供高质量的个性化服务和持续的价值输出。结合 AI 等先进技术，为 VIP 客户提供"一对一"的服务，了解并满足其个性化沟通需求和偏好。将具有相似特征的高价值客户进行分层分类，组成社群并开展针对性的服务，增强客户的服务感知度。在服务过程中，与客户建立长期、稳定的关系，从而驱动业绩增长和品牌忠诚度提升。

2. 渠道协同策略

银行渠道协同的核心在于实现渠道的一体化管理，促进触客渠道的全面融合。通过数字化和智能化手段，以大数据为基础，在合适的渠道向合适的客户推荐合适的产品或服务，达到成本最优和最佳转化效果。

渠道协同的目标是从全行一体化经营的角度，找到促进客户持续转化的最佳路径。在客户成长过程中，银行应尽可能减少对客户的打扰，同时确保客户状态信息在各渠道间顺畅流动。这样能够使合适的渠道在合适的时机进行精准触达。银行需要以"全行运营一盘棋"的原则，打通从总行到分支行、网点的立体式营销运营流程。通过上下协同管理，总行负责搭建数字化集中经营平台，制定数字化营销服务标准，并完善手机银行 App 运营体系，提升全行的营销运营能力。分支行则需构建数字化经营能力，建立线上运营团队，利用总行提供的资源进行区域化线上运营和客户属地化经营。网点的客户经理和营销人员应遵循总分行的策略，通过线上线下渠道进行高契合度的产品销售和客户服务。

银行要将客户在各渠道的交易及行为数据集中到策略大脑，由其进行统筹决策，从而银行为单一客户制定全行的最优策略。渠道协同除了做产品与客户的匹配之外，还涉及触达渠道、触达时机、触达形式和触达内容的精细化管理。渠道协同不仅要实现跨渠道的营销动作，还应整合客户服务，对客户关键日期的提醒、客户问询或投诉的跟进、积分/权益礼品的推送等，都应在各渠道间无缝衔接。渠道协同需要贯穿客户营销与服务的全旅程，捕捉并呈现客户在各渠道的完整行为轨迹，形成更精细、精准的客户画像。通过全埋点分析，银行能够全面了解客户行为，提供更个性化的服务和营销方案。通过以上措施，银行可以实现真正意义上的渠道协同，提升客户体验和满意度，从而在竞争中获得更大优势。

三 实践案例

（一）太保集团智慧营销工作手机

太保集团智慧营销工作手机为业内首个集团部署全国覆盖的智慧终端平台项目，覆盖全国全部 38 家寿险分公司以及产险客户赋能近 3 万名员工，协助太保集团提升数智化营销能力，强化客户体验管理，推动营销、交易、服务、风控线上化智能化。

项目充分运用 5G、全国集约化 IT 系统、运营服务能力发挥一体化集成交付运营的禀赋，采用"终端+网络+平台+应用"一揽子解决方案，通过信息脱敏、实时录音、设备定位等对营销人员精细化管理。为寿险高端代理人及产险营销人员提供定制化工作手机及平台，充分响应太保集团对太保寿险长航战略与产险科技赋能深度嵌入的要求，助力客户业务平台渠道营销互联网化改造，并完成营销人员从坐销向行销模式转变。此外保障客户信息资料安全，提升保险企业风控能力，赋能太保集团高效运营，助推企业孕育新质生产力。

（二）基于软交换技术的国产化语音云平台

上海浦东发展银行大力实施创新驱动发展战略，积极响应金融信创战略，坚持可靠安全、自主可控的核心研发战略，通过不断探索研发，推出了拥有自主知识产权的软交换语音云平台，实现系统 100%国产化的同时，也实现了核心技术的自主可控，在金融信创工作中起到了示范和引领的作用，打造了行业标杆。平台以云原生、分布式架构为基础，以软交换技术为核心，摒弃传统语音专用硬件设备，在支持千万级话务处理的同时，大幅降低了呼叫中心建设成本，单位成本仅是传统平台产品的三分之一。同时，多项技术实现突破处于国内领先水平，累计申报知识产权 20 多项，已能够完全替代国外主流产品。一是预测式外呼能力更精准，其效果赶超国内外主流产品；二是创新基于语音频谱的号码状态检测方法，大幅提升检测准确率和线路资源的利用率；三是创新研发语音测试机器人，填补了语音应用自动化测试的空白，使测试效率提升约 15 倍；四是打破了传统语音服务边界，实现微信、App 等全渠道一体化和短信文本、视频等全媒体一体化，尤其是在抗击疫情期间，提供诸多无接触、不间断、智能便捷、有温度的金融服务，切实为人民居家生活提供便捷美好。

目前平台已广泛应用于服务、营销、催收等信用卡核心业务，支持万级大容量、高并发、高稳定作业，并成功打造智慧座席服务、远程移动服务、智能语音机器人三大应用产品线，稳定支撑上百个业务场景的呼入及呼出作业。

四　面临的挑战及发展建议

（一）面临的挑战

金融机构在多渠道协同上主要面临业务策略、数据安全、组织架构和人才等方面的挑战，具体如下。

1. 业务策略挑战

各银行在业务特点和经营目标上存在显著差异，因此需要制定与之匹配的数字化经营策略。不同业务类型的策略和应用场景也各不相同。例如，零售银行更侧重于提升客户体验和服务效率，而企业银行则更关注优化业务流程和加强风险管理。数字化转型要求银行在渠道定位和场景建设上与具体业务和客户群体特点相契合。通过精准的渠道定位和场景建设，银行能够更好地满足客户需求，提升客户满意度和忠诚度。

2. 数据安全挑战

在融合创新场景下，银行需要与外部合作伙伴进行数据共享和共同治理，以推动业务创新应用。例如，银行可以通过与政府数据融合开展普惠金融，与同行业机构数据融合进行精准智能风控，与多方数据联合建模实现智慧营销等。随着这种跨行业、跨机构、跨部门的数据融合应用逐步落地，数据开放共享的类型和渠道、数据的汇聚与关联分析变得更加复杂，增加了数据安全泄露的风险。因此，如何平衡数据潜力的释放和数据安全保障，成为确保融合创新应用顺利实施的关键因素。

3. 组织架构和人才挑战

在渠道数字化转型过程中，银行各部门之间需要紧密协作。然而，传统的银行架构通常存在部门分割、协同作业成本高、业务与科技融合不足等问题，难以形成创新合力，显著降低了银行响应客户需求的效率，这与数字化转型所需的敏捷性大相径庭。尽管银行在科技人才培养方面取得了一定进展，但仍缺乏既熟悉银行业务又具备数据分析能力的复合型人才，从而影响了数字化升级和迭代的速度。

（二）发展建议

渠道数字化转型已成为银行提升竞争力和服务质量的关键驱动力。银行业的数字化转型不仅依赖于技术的进步，还需要在渠道融合、技术创新和生态系统构建方面进行深度探索和实践。

1. 渠道融合的首要目标是服务客户

数字渠道服务体系的持续创新和发展，旨在实现多渠道服务的敏捷实时、无感对接和相互融合。这一过程中，始终要坚持以客户需求为中心，制定线上线下场景互动和流程协同的策略，为用户提供精准、高效且富有温度的服务。通过数字化驱动和运营支持，银行能够有效维系客户情感，满足客户深层次、多元化的金融与非金融需求，增强客户体验和满意度。

2. 技术创新为渠道转型升级提供动力

由 ChatGPT 引领的 AIGC 浪潮，将进一步推动银行渠道的数字化转型。AIGC 强大的用户交互能力，对提升渠道端智能客服系统的完善性以及场景化金融服务的能力具有显著的积极作用。将大语言模型融入客服交互后，可以延长与用户的对话时间来积累并分析用户数据，形成用户画像，为全面的金融服务提供数据支持。大模型的"深度学习"特性，不仅能实现人工分流和辅助应答，还能解决客服人员知识储备不足的问题。统一的标准化输出，更能避免因表述问题引起的合规风险。

3.打造共生共赢的金融渠道生态系统

在渠道融合发展中，银行必须以用户价值为导向，采用纵向产业链整合和横向用户圈扩展的商业模式，把握开放共赢。通过与合作伙伴资源共享、场景融合和优势互补，银行能够为客户提供全面的金融及泛金融服务，涵盖衣食住行等各个方面。开放共赢的策略不仅能提升银行的服务能力和市场竞争力，还能实现与合作伙伴的共同成长，推动整个金融生态系统的繁荣发展。

参考文献

[1] 潘小明、屈军：《金融服务需求模式演变与商业银行渠道管理》，《南方金融》2019年第1期，第82~91页。

[2] 罗爱华、张芳、沈军等：《商业银行零售业务渠道协同战略实施路径研究》，《农银学刊》2022年第1期，第42~46页。

[3] 马晨：《商业银行渠道发展与转型》，《中国金融》2021年第8期，第72~73页。

[4] 赵惠娆、李海荣、沈达：《普惠金融数字化渠道建设的研究》，《现代金融》2021年第10期，第19~23页。

[5] 谢绚丽、王诗卉：《中国商业银行数字化转型：测度、进程及影响》，《经济学》（季刊）2022年第6期，第1937~1956页。

B.15
数字绿色金融发展创新与实践

兴业银行股份有限公司　浙商银行股份有限公司*

摘　要：　随着全球气候变化和环境问题日益严峻，绿色金融逐渐成为金融关键领域。数字绿色金融将数字技术与绿色金融相结合，用数字化手段推动环境、社会和经济的可持续发展，具有高效、普惠、可持续等特性，成为金融行业推进绿色金融服务的新模式。本报告旨在全面梳理数字绿色金融的内涵和发展现状，探讨金融行业发展数字绿色金融的主要路径，研究分析金融行业数字绿色金融的最新创新实践经验，对未来数字绿色金融服务的发展进行展望并提出加强监管引领、夯实技术底座等建议，助力我国绿色金融可持续高质量发展。

关键词：　数字金融　绿色金融　金融科技

一　数字绿色金融的背景与现状

（一）数字绿色金融背景介绍

绿色金融是指为支持环境改善、应对气候变化和资源节约高效利用的经济活动，即对环保、节能、清洁能源、绿色交通、绿色建筑等领域的项目投融资、项目运营、风险管理等所提供的金融服务。随着环境保护和气候变化问题日益严峻，绿色金融成为实现绿色发展、低碳经济和循环经济的重要手

---

* 执笔人：宋宏、贺冠华、张依漪，兴业银行股份有限公司；胡垚垚、张敬之，浙商银行股份有限公司。

段，发展绿色金融已经成为全球共识，全球各国政府和国际组织都在积极探索和推动绿色金融的全面发展。我国高度重视绿色金融发展，将其作为推动经济转型升级和实现可持续发展的重要举措。2015 年，党中央首次提出构建绿色金融体系，2020 年提出的"碳达峰、碳中和"更是明确了我国绿色金融的发展目标。2023 年 10 月，中央金融工作会议明确指出，金融系统要着力做好"绿色金融"大文章。2024 年 5 月，国家金融监管总局印发的《关于银行业保险业做好金融"五篇大文章"的指导意见》明确要求，绿色金融要乘势而上、先立后破，促进经济社会发展全面绿色转型。为推动绿色金融的高质量发展，我国金融监管机构也出台了一系列政策措施，包括《关于构建绿色金融体系的指导意见》《绿色债券发行指引》等，通过建立完善的绿色金融体系，推动金融机构加大绿色金融产品和服务创新，提高绿色金融服务的效率和质量。

我国绿色金融近年快速发展，但也面临一些问题，如信息不对称、标准不统一、信息披露不足、数据质量不高、缺乏高效风险管控手段、专业人才缺乏等，影响了绿色金融的发展。随着全球数字经济发展和金融机构数字化转型，数字绿色金融正成为解决绿色金融发展问题的重要模式，被监管和各领先金融机构广泛关注，并在探索如何创新和持续推进。数字绿色金融是指在绿色金融服务过程中，运用大数据、人工智能、物联网、区块链等新质生产力工具，推动绿色经济、低碳经济和循环经济发展的金融服务新模式。目前，国内外主要监管部门和金融机构已经有了较多创新和尝试，为环境、社会和经济的可持续发展提供更优质的金融服务。

（二）国际数字绿色金融发展分析

当前，国际数字绿色金融领域发展势头强劲。联合国环境规划署在 2014 年发起了可持续金融体系设计探寻项目，首次研究了利用数字金融技术辅助可持续发展的潜能。此外，联合国环境规划署与世界银行于 2017 年制定了《可持续金融体系路线图》，提出数字金融技术在防范环境风险、促进可持续发展融资转型等领域应用的可能性。

各大金融机构利用人工智能、区块链、云计算、大数据、物联网等技术手段，辅助传统绿色金融业务的开展。例如，在 ESG 领域，德意志银行基于大数据技术检索分析美国证券公司和证券交易委员会相关报告，并融入新闻舆情类数据，构建企业 ESG 评价模型，助力投资领域风险控制。在碳足迹领域，瑞士的 South Pole Digital Lab 针对气候风险和其他环境风险提供解决方案，使用专有的温室气体核算软件测量监控企业温室气体排放；汇丰集团与谷歌云联合开发客户碳足迹工具；巴黎银行的客户碳足迹应用程序实现了针对客户的碳足迹计算功能。在碳信用领域，由瑞银集团、渣打银行等搭建的"Carbonplace"碳信用系统，依托区块链技术辅助碳信用额转让，被视为碳交易市场的 SWIFT。

（三）我国数字绿色金融发展分析

作为新兴领域，我国数字绿色金融发展时间较短，顶层设计与相关应用仍在探索阶段。在"双碳"目标的背景下，我国金融管理部门高度重视数字技术在绿色金融的应用，明确提出银行要大力发展金融科技，支持绿色金融业务发展，辅助国家"双碳"目标的达成。中国人民银行在 2022 年印发的《金融科技发展规划（2022—2025 年）》中强调，要强化金融科技与绿色金融深度融合，创新发展数字绿色金融，运用科技手段有序推进绿色低碳金融产品和服务开发，着力提升金融服务绿色产业的覆盖面和精准度。原中国银行保险监督管理委员会在 2022 年印发的《银行业保险业绿色金融指引》中提出，银行保险机构要"积极发展金融科技，提高信息化、集约化管理和服务水平，渐进有序减少碳足迹，最终实现运营的碳中和"。

在政府侧，各地政府也在积极响应中央号召，通过搭建绿色金融综合服务平台，促进数据共享，打通金融机构与绿色项目沟通桥梁，践行数字绿色金融服务模式。例如，浙江省湖州市在国内率先建成了"湖州绿色金融综合服务平台"，涵盖绿贷通、绿信通、绿金宝、绿治通等板块，并具有小微企业融资主体 ESG 评价功能，以绿色项目和绿色企业识别认证、绿色信用体系建设、绿色项目库产融对接为基本目标，有效解决了绿色金融信息不对称问题。目前，湖州的数字绿色金融服务模式已在兰州、重庆、成都等多地实施落地。

在金融侧，绿色金融领域领先的金融机构在绿色识别、碳账户、ESG等领域均有积极探索。早在2018年，兴业银行就上线投产了绿色金融业务"点绿成金"系统，成为我国银行业首套绿色金融专业系统，实现了业务管理、客户管理、资产管理、风险管理以及运营管理等全链路线上化绿色金融管理功能。工商银行利用大数据技术构建了"工银·绿色金融风险管理系统"，建立客户行业、项目与绿色产业的映射关系，使用系统智能识别与人工核实纠偏相结合的方式，实现了对绿色项目和企业的全方位风险分析和预警，提升了绿色贷款识别效率和管理水平。此外，国内多家银行上线了碳账户，如光大银行推出的个人碳账户，平安银行推出的"低碳家园"，建设银行推出的"碳账本"等。

结合国内外实践来看，数字绿色金融具有以下特点：一是高效性，利用数字技术手段，能够有效提高绿色金融服务效率，降低成本；二是创新性，数字绿色金融不断创新金融模式和服务，为绿色发展提供新动力；三是普惠性，可以推动绿色金融覆盖更广泛群体，推动绿色金融服务的普及；四是可持续，通过数字技术，可以提高绿色金融资源的高效匹配，有效控制金融风险，促进绿色金融发展的长期稳定。

二　数字绿色金融的主要问题和发展方向分析

（一）数字绿色金融主要问题分析

随着数字绿色金融高速发展，整体规模快速上量，在发展过程中，也面临一些问题亟待解决。

1.绿色金融标准尚未统一

目前，我国绿色金融相关标准繁多且尚未统一，绿色标准认定难度大。以绿色项目认定标准为例，2019年，国家发展和改革委员会发布了《绿色产业指导目录（2019版）》，中国人民银行、原中国银行保险监督管理委员会等监管机构均出台了相应的绿色信贷及绿色债券标准，商业银行等金融机构依据自身业务开展需求也制定了各自的绿色金融标准。各项标准之间存在差异性，暂未完全统一，给绿色金融判定工作造成一定困扰。

2. 数据质量亟待提升

当前，对于环境效益等尚未形成统一的计算标准，数据采集与测算方法五花八门，导致最终测算的绿色结果不尽相同。同时，也缺乏科学的数据溯源手段与机制，数据采集源头的准确性无法保障。此外，各级机构的绿色数据没有统一且强制的信息披露标准与制度，数据更新频次各不相同，数据披露质量较差。

3. 政银企信息不对称

政府部门收集了海量的企业环境信息，但是由于金融机构与政府部门之间没有统一的绿色信息共享平台，金融机构无法及时获取企业环境数据并跟踪企业的绿色表现。此类绿色信息的滞后性加剧了金融机构在信贷审批与贷后风险控制中的不确定性。

4. 绿色金融项目成效难以测算

很多绿色金融项目所在地区地广人稀，交通极不便利，靠人工测算，时间周期长，成本极高。例如，林业碳汇是"双碳"目标下的创新资产，因为森林资源分布广，林木种类多，许多森林地势险峻，核算方法学晦涩难懂，导致林业碳汇测算难度大，第三方机构纯人工盘查核证成本高，耗时长。大量光伏、风电等项目多在远离城市的地区，贷后管理路途遥远，且由于面积过大以及地形存在起伏，实地贷后管理也无法直观统计光伏板和风机数量，监测难度极大。因此，对此类项目金融服务覆盖难度很大。

5. 风险控制能力仍显不足

在绿色金融业务实际开展时，数据质量不高和信息不对称将导致金融机构无法精准判定绿色企业和绿色项目属性，仍有不少企业存在洗绿（Greenwash）风险，即企业伪装成"环境之友"，试图掩盖对社会和环境的破坏，以此保全和扩大自己的市场或影响力的行为，也称"漂绿"现象。

此外，金融机构在贷后管理环节对企业环境信息如碳排放效果等亦缺乏明确的量化方法，导致对绿色信贷投放效益难以准确量化评估。

（二）数字绿色金融的主要发展方向

为解决数字绿色金融发展过程中面临的诸多问题，亟须明确未来数字绿色金融发展的主要方向和主要路径。

1. 提高绿色金融标准应用的便捷性

金融机构通过人工智能技术构建绿色智能识别模型，依据各类绿色金融标准要求，通过信贷业务涉及的发改委批复、环评批复、可行性研究报告及贷款资金用途等核心信息，基于关键词检索等方式自动判断信贷项目是否符合相应的绿色标准要求，初步归类生成绿色分类结果，再叠加人工二次确认，解决了国内绿色标准多、绿色标准认定专业度要求高的痛点，从而提升绿色金融标准应用过程中的便捷性。

2. 提升绿色金融信息的透明度

绿色信息的透明化和追溯性成为绿色金融发展的关键因素，区块链、物联网、空天遥感等技术正为解决这些问题提供重要支撑。区块链技术具有去中介、公开、透明、可追溯等特点，能够为反洗绿工作提供技术支撑。如，在绿色融资活动中，基于区块链管理各节点机构的绿色资金拨付，有效追踪绿色资金流向，确保资金投向为绿色产业。在企业碳核算领域，物联网技术可以提升碳核算数据采集的准确性与及时性，有效提升企业的能源使用效率。此外，遥感技术的发展也为林业碳汇测算、新能源项目的贷款监测提供了新的思路。通过卫星遥感获得实时数据，可以提升林业碳汇、风电与光伏项目的贷前审查效率，助力贷后风险及时预警。

3. 增强绿色金融风险的管控能力

金融风险管控也是绿色金融发展的重要制约因素，各类数字技术也能发挥重要作用。例如，随着物联网、空天遥感技术的演进，正形成崭新的环境风险监控和预警机制，提升了绿色信贷、绿色保险等业务的风险控制能力。在林业、草原碳汇信贷和保险方面，空天遥感技术可以高效监测森林和草原碳汇变化情况，实现长势、火灾、病虫害等风险的提前预警。在 ESG 领域，可以借助机器学习、时间序列等方法，构建 ESG 风控模型体系，针对企业环境信用评级、碳排放水平、员工权益、安全生产、公司治理以及财务指标等关键变量赋予权重，并将其纳入运算节点以计算违约概率，对企业客户履约能力进行研判，实现 ESG 风险预测。

三 数字绿色金融的创新实践探索

（一）汇聚多方数据构建绿色项目资金追溯体系

数据质量一直是绿色金融发展的重点和难点，只有汇聚多方高质量数据，才能有效解决金融机构在绿色金融发展过程中面临的政银企信息不对称、风险控制能力不足等问题，并深挖绿色数据价值，为绿色金融客户提供更多增值服务。

浙商银行广泛运用金融科技，深挖绿色金融场景，通过汇聚多方数据，构建绿色项目资金追溯体系，有效提高了绿色金融服务效率，赋能绿色金融业务高质量发展，取得显著成效。

一是汇聚多方数据识别"善标"客户。浙商银行通过与各方联动，汇集高质量的企业绿色数据，例如与湖州金融办对接，获取企业排污与能耗数据；与浙江省金融综合服务平台对接，获取企业水、电、煤、公积金等数据。在绿色客户识别与评价方面，浙商银行汇聚内外部数据，使用人工智能、大数据等构建了适配不同行业和标准的客户评价模型，如小微企业 ESG 评价模型。通过落实绿色客户评价模型，提高客户"善标"信息采集的便利性，提升了"善标"企业客户身份识别度，为浙商银行绿色金融风险管理提供依据。在绿色项目智能识别方面，浙商银行融合知识图谱技术，对接绿色信用信息系统，构建绿色项目融资方关系网络，有效降低了绿色认定的难度以及绿色识别的人工成本，为提升环境风险管理能力、辅助绿色金融精准营销提供了强有力的技术手段。

二是构建绿色项目资金追溯体系。浙商银行作为"国家区块链创新应用项目"的技术支撑和试点单位，运用区块链、知识图谱、多方安全计算等前沿技术，积极对接政府部门、金融管理部门、银行等机构内部信息系统，采集上链企业注册、银行账户、资金转移流动等数据，聚焦"账户资金转移流动""资金应用行为分析"等应用场景，构建了信贷资金挪用、专项资金监管、产业链供应链交易欺诈等风险联合管控和跨行数据安全共享机制，精准展现企业关系图谱，实现信贷欺诈、资金挪用、供应链产业链虚假交易等多种风险的事前、事中以及事后全生命周期管理。在绿色金融相关的信贷资金流向分析方面，浙商银行构建了绿色项目与资金分析系统，涵盖银行、企业、监管等相关方，绿色项目贷款信息、历史合同履行情况、非财务数据等在区块链中实时采集存储，实现全流程可追溯，有效监管资金使用情况，精准定位绿色金融需求，提升产业链整体绿色水平。

（二）运用卫星遥感技术助力绿色金融发展

兴业银行作为国内首家采纳赤道原则的金融机构，一直以来强调树立具有兴业特色的"从绿到金"品牌，秉承"寓义于利"的可持续发展理念，充分利用数字技术，积极探索数字绿色金融服务的可行道路。目前，兴业银行创新性运用卫星遥感技术辅助林业碳汇与新能源贷款项目开展。

卫星遥感影像具有广覆盖、弱接触等诸多优势，在贷款全流程管理中具有极强的潜在应用前景。2022年11月，兴业银行上线"卫星遥感应用系统"，重点赋能生态碳汇开发和新能源开发两个场景。在林业碳汇领域，该系统率先利用卫星遥感碳汇估算技术，2023年1月在福州落地。卫星遥感影像初步解决了大尺度下森林分布监测与碳汇定量的问题，支撑林业碳汇信贷业务客户营销、授信准入、贷后风险管理等，有效赋能林业客户生产经营，是"绿水青山就是金山银山"的有力印证。以一个360亩的林场为例，系统年减排量达1600吨二氧化碳，相当于汽车行驶592万公里排放，可支持信贷规模达500万元。在新能源领域，该系统可利用空天大数据对光伏板安装面积、配套逆变器和其他设施建设进度、光伏发电量测算、风机数量进行监测，实现风机、面板数量的统计，解决银行对新能源项目的监管痛点，提升银行对项目建设的支持力度，对于能源结构转型具有重大战略意义。以一个 200 兆瓦的风力发电站为例，系统年减排量 27 亿吨二氧化碳，可供 55 万人 1 年用电，可支持信贷规模达 6 亿元。

（三）构建"双碳"账户精准支持节能减排

为深入落实我国"碳达峰、碳中和"目标，多家金融机构都在通过碳账户形式，精准核算企业和个人的碳排放和减碳行为。碳账户是从碳维度对有关经济主体碳排放的全面记录，通过绿色减排行为核算各主体的碳资产，并形成以碳评价为基础的碳征信体系，可以将其与金融服务、用户权益、碳普惠机制挂钩，未来甚至可将其中的碳资产兑现成真金白银。广义的碳账户包括个人碳账户和企业碳账户。碳核算是构建企业与个人碳账户必不可少的一环。但是，碳核算流程复杂、难度高，其中涉及多套国家标准以及数量较多的国内外主流碳因子数据，需要一个统一的数字化系统进行管理。

兴业银行借助大数据、云原生、物联网等前沿技术，自主研发了"双碳管理平台"，为企业碳账户、个人碳账户管理提供数字化新模式。该平台已于 2023 年 3 月正式上线，可以通过碳账户衍生出的数字金融服务触达社会经济各个参与主体，全面覆盖绿色低碳应用场景。

在个人碳账户方面，平台支持个人低碳行为的碳减排量核算，推动绿色低碳融入公众生活，助力普惠绿色金融发展。通过个人碳账户体系建设，兴业银行不断完善碳积分激励机制，利用普惠金融力量撬动个人绿色行为，激发更多人低碳环保的内生动力。结合个人碳积分，兴业银行正在开发更多个人绿色金融产品，扩大个人碳账户的低碳场景范围，丰富碳积分的应用渠道。

在企业碳账户方面，平台提供碳账户数据管理功能，包括碳排放、碳减排、碳资产等数据采集，以及碳排放计算模型和实时计算企业碳效评价。平台围绕"碳价值"维度，全面衡量企业低碳转型成效，通过绿色金融产品、碳资产管理与交易、节能减排举措等支持企业绿色可持续发展，降低企业运行带来的负外部性。

四　数字绿色金融发展建议

数字绿色金融是绿色金融与数字金融融合发展的新模式，也是有效解决绿色金融发展过程中诸多难点痛点的重要途径，需要各方大力支持，促进数字绿色金融的高质量发展。为此，有如下四个建议。

（一）加强监管引领，打造数字绿色金融监管框架

统一数字绿色金融创新政策，与已有的监管沙盒机制相结合，通过创新试点的方式，鼓励各地区积极开展数字绿色金融的创新。在风险可控的前提下，为数字绿色金融的创新提供具有一定容错性的监管环境。从顶层设计的角度规划制定数字技术赋能绿色金融领域的政策指引，并配套有效激励措施，自上而下地推动数字绿色金融发展落到实处。

（二）夯实技术底座，加强数字绿色金融技术支撑

丰富的绿色金融场景挖掘需要一个强有力的数字化底座作为支撑。基于各类新质生产力工具构建数字绿色金融底座，不断开发新型数据平台与分析工具，为绿色金融的运营、营销、风控等各个业务场景提供全数字化支撑。此外，绿色数据的共享也是必不可少的一环。数字绿色金融服务体系的构建需要打破绿色信息的数据孤岛，强化自上而下的气候环境信息数据共享，将市场各方参与者均纳入其中，数字技术才能更好地服务于绿色金融市场。

（三）鼓励产品创新，丰富数字绿色金融产品供给

金融机构在数字化浪潮的推动下，需要不断推陈出新，丰富既有的绿色金融供给品类，在绿色信贷、绿色债券、绿色基金、绿色保险等方面创新推出更多样化的金融工具。例如，在发放碳减排贷款场景中，金融机构基于区

块链、物联网等新技术辅助企业碳核算，按年计算贷款对应的碳减排量，以此作为依据向金融管理部门申请碳减排支持工具额度。

（四）加快人才培养，构建数字绿色金融人才梯队

数字绿色金融属于绿色金融和数字技术的交叉领域，需要结合当下数字绿色金融发展趋势，培养一批既懂绿色金融知识，又具备数字化技能的复合型人才队伍。相关部委可在高校开设针对数字绿色金融的专业，通过建立产学研基地与实验室，将数字绿色知识融入相关课程教学。高校通过校企合作等模式，与金融机构、科技公司等建立紧密合作关系，共同制订人才培养方案，解决人才供给不足的问题。

参考文献

保尔森基金会、北京绿色金融与可持续发展研究院：《金融科技推动中国绿色金融发展：案例与展望》，2022。

保尔森基金会、北京绿色金融与可持续发展研究院：《金融科技推动中国绿色金融发展：案例与展望》，2023。

唐泽地、刘晓辰：《数字技术赋能绿色金融的实践与启示》，《银行家》2023年第7期，第97~99页。

王遥等：《绿色金融科技创新——基础理论与行业实践》，中国金融出版社，2023。

董佳艺、张艺、王浩、卢怡彤、杨波：《浙商银行善本金融背景下绿色金融数字化发展研究及实践探索》，《金融科技时代》2023年第12期，第44~47。

李玉剑、杨灿吉、姜敬国：《商业银行绿色金融数字化探索》，《中国金融》2024年第3期，第62~63页。

郑国忠、李湘文：《金融科技赋能绿色金融创新发展的思考》，《福建金融》2022年第2期，第22~27页。

杨农：《积极发展绿色金融科技》，《清华金融评论》2021年第8期，第91~93页。

莫兰：《从ESG角度探索绿色金融科技创新——读〈绿色金融科技创新〉》，《中国金融》2024年第5期，第98页。

何德旭、张雪兰：《中国式现代化需要怎样的金融体系》，《财贸经济》2023年第1期，第18~29页。

曹海军、何如海：《深化绿色金融发展 助力"30·60"目标》，《上海节能》2021年第 5 期，第 449~455 页。

王力：《把握绿色金融发展的时代机遇》，《银行家》2021 年第 5 期，第 4~5 页。

胡宇聪：《我国绿色金融发展的现状、挑战、对策及展望》，《中国集体经济》2019年第 2 期，第 109~110 页。

薛畅：《金融科技赋能商业银行碳金融业务发展理论逻辑、现状及对策建议》，《西南金融》2023 年第 3 期，第 16~26 页。

数字基础设施篇

B.16
金融业绿色高可用数据中心建设实践

中国工商银行股份有限公司　新华三技术有限公司　浪潮电子信息产业股份有限公司*

摘　要：　数据中心作为金融机构的核心枢纽，担负着承载金融业务运营，提供数据存储、处理和管理等职责。在国家"双碳"目标和中央金融工作会议"五篇大文章"等指引下，金融业数据中心向着绿色、高效、高可用方向持续发展，在地理布局、能效管理、智能运维等方面开展了实践，以实际行动不断夯实金融创新发展的"数字底座"。本报告回顾近年来国内金融行业在绿色高可用数据中心的建设历程，围绕背景政策、规划设计、建设改造、运维管理、应用创新、实践探索六个方面进行总结，以求展现金融行业在提高科技含量和坚持走绿色可持续发展道路方面所取得的成果。

关键词：　绿色数据中心　高可用　金融业

---

* 执笔人：于航、赵家豪、陈鹏，中国工商银行股份有限公司；王旭东、蔡学识、徐省委，新华三技术有限公司；李金波、赵超，浪潮电子信息产业股份有限公司。

一 背景与政策

（一）国家政策对数据中心的影响

2020 年 9 月 22 日，我国在第 75 届联合国大会上提出将提高国家自主贡献度，采取更加有力的政策和措施，二氧化碳排放力争在 2030 年前实现碳达峰，努力争取 2060 年实现碳中和。作为高耗能基础设施，推进绿色低碳数据中心建设对"双碳"目标的实现具有重要作用。国家各部门相继出台了一系列绿色数据中心相关政策，推动数据中心向绿色、高效、智能方向发展。

（二）金融科技与数据中心的关系

随着数字化转型步伐加快，金融数据中心布局需求日益提高，建设规模不断扩大，面对低碳转型的困难和挑战，科技创新需求尤为迫切。建设绿色、安全和高效的数据中心，成为金融行业的重要抓手。这不仅是满足自身业务可持续发展的需求，而且是履行政治责任、社会责任的重要方式。

（三）金融业数据中心发展趋势

随着金融业务流程、业务数据、业务规模不断增长，金融数据中心迎来爆发式增长，机房数量越来越多，设备总量越来越大，对数据中心的运营管理带来很大挑战，金融数据中心将向着绿色节能和运维智能化的绿色高可用数据中心发展。

在制冷、动力等基础设施方面，充分利用自然冷源、采用液冷等高效的制冷设备、优化气流组织、提高机房送风温度、优化供电架构、采用更高效的供电设备、利用可再生能源、使用新型储能介质等是降低制冷和动力系统能耗，提升系统能效的主要方式，也是动力、制冷等基础设施发展趋势。在运营管理方面，数字化、可视化、大数据分析、智能调优及机器人巡检等技术的应用，为提升运维水平提供抓手。

（四）金融业数据中心政策要求

近年来，国家出台多项政策措施，对数据中心建设提供指引，中国人民银行印发《金融科技发展规划（2022—2025年）》，明确提出要建设绿色高可用数据中心。2023年，中央金融工作会议强调做好"五篇大文章"，提出了金融行业发展要提高科技含量和坚持走绿色可持续发展的道路。工业和信息化部《信息通信行业绿色低碳发展行动计划（2022—2025）》《工业能效提升行动计划》等都对数据中心电能利用效率进行了具体要求。同时，各地方政府针对金融业数据中心也出台了一系列政策。

（五）金融数据中心标准体系建设

金融数据中心标准体系建设是推动金融数据中心建设和运营向高效、绿色、可持续发展方向转变的关键。2023年，中国人民银行在《金融数据中心能力建设指引》（JR/T 0265—2023）中规定了金融数据中心治理、场地环境、网络通信、运行管理和风险管控的能力要求，对金融数据中心建设提供了指引。

二 规划与设计

（一）规划设计目标与基本原则

1. 数据中心规划设计的目标

业务连续性：首要目标是确保业务连续性，数据中心应能够提供稳定、可靠的计算和存储资源，以满足业务对数据处理和存储的需求。

可扩展性：随着业务的发展，数据中心应能够灵活地扩展，包括硬件资源的增加、网络带宽的提升等，以满足不断增长的业务需求。

能效优化：通过采用高效节能的设备和技术，优化数据中心的能源使用效率，降低运营成本，并减少对环境的影响。

2. 数据中心规划设计的基本原则

业务需求导向：规划设计应紧密围绕业务需求展开，确保数据中心能够满足业务的核心需求。

技术前瞻性：考虑到技术发展的快速性，规划设计应具有一定的前瞻性，能够支持未来技术的发展和应用。

模块化设计：采用模块化设计，使数据中心在物理结构、网络架构、数据存储等方面更加灵活和易于管理。

可靠性原则：确保数据中心的可靠性，包括设备冗余、网络冗余、电源冗余等，以防止单点故障导致整个数据中心失效。

（二）数据中心总体规划策略

业务需求：业务需求是数据中心设计的核心。规划应紧密围绕业务需求进行，以确保数据中心在性能、容量、架构、环境动力等方面能够满足业务的发展需求。

技术趋势：考虑当前和未来的技术趋势，如虚拟化、自动化、人工智能等。这些技术可以提高数据中心的效率和灵活性。

可扩展性：设计数据中心时，应考虑到未来的扩展需求。采用模块化设计、标准化接口等技术，可以方便地进行扩展和升级。

（三）绿色节能技术选择与应用

高效能硬件设备：选用具备先进节能技术的服务器和存储设备，可以显著减少能源消耗。这些设备通常具有更高的能源转换效率，从而降低运行成本。

液体冷却技术：随着数据密度的增加，传统的风冷方式已难以满足高效散热需求。液体冷却技术通过直接接触热源进行散热，不仅效率更高，而且更节省能源。

智能能源管理系统：通过集成能源监测、控制和管理功能，智能系统能实时分析数据中心的能源使用情况，并据此调整设备运行状态，以实现能源的最优化使用。

可再生能源应用：在数据中心安装太阳能发电板、风力发电机等可再生能源设备，可以减少对传统能源的依赖，同时降低碳排放量。

（四）智能化系统设计重要性

智能化系统在数据中心设计中扮演着至关重要的角色，不仅提高了数据中心的自动化水平，还有效地提升了运营效率，使得数据中心管理更加高效、精准和灵活。

智能化系统通过集成各种先进的信息技术和传感技术，实现了对数据中心各项运行指标的实时监控和数据分析。通过预设的规则和算法，系统能够自动调整设备的工作状态，优化能源使用，减少不必要的能源消耗。同时，系统还支持多种业务模式和应用场景，可以轻松扩展和升级，满足不断增长的需求。

（五）建筑与布局优化

1. 数据中心建筑和布局优化策略

网络布局优化：通过提高网络的可靠性和冗余性，减少网络拥塞，优化网络设备的放置位置，确保数据传输的稳定性和速度。

服务器布局优化：使用高密度服务器架构，提高每个机柜的服务器数量，优化服务器的排列方式，实现空间的最大化利用。

空调系统优化：合理布局空调设备，采用冷热通道分离技术，提高散热效果，降低能耗。

能源管理优化：采用智能电力配电系统，实时监测和分配电力资源，提高能源利用效率。

2. 建筑和布局对数据中心性能的影响

空间利用率：合理的建筑和布局可以最大化利用空间，提高机架和服务器的密度，减少占地面积。

运行效率：优化后的布局可以减少数据传输时延，提高网络和设备的响应速度，从而提升整体运行效率。

能耗：通过优化布局和采用高效能设备，可以降低数据中心的能耗，减少运营成本。

可扩展性：灵活的建筑和布局设计可以适应数据中心未来的发展需求，便于扩展和升级。

（六）供电系统与能源管理

1. 供电系统设计

主配电系统：主配电系统负责将输入电能合理分配到各个终端设备，包括进线柜、主配电柜、配电柜和母线系统等，确保供电的稳定性和可靠性。

UPS 系统：UPS 系统作为不间断电源，能够在电网故障或断电时为关键设备提供稳定可靠的电源。可以选择静态 UPS 或动态 UPS，根据实际需求进行配置。

电源配电设计：电源配电系统采用并行式结构，实现主备电源之间的冗余设计。同时，通过 PDU（电源分配单元）对电源进行细分和管理，满足电能监控和管理的需求。

2. 能源管理策略

设定能源管理目标：明确降低能源消耗、提高能源利用效率等目标，为能源管理提供方向。

能源审计与评估：对数据中心的能源使用情况进行全面审计与评估，发现能源消耗的主要问题，制订针对性的改进方案。

优化电源使用：通过采用高效节能的设备、优化设备配置和运行方式等手段，降低电源消耗，提高能源使用效率。

3. 供电系统设计与能源效率的关系

合理的供电系统设计和有效的能源管理策略，能够实现能源效率的最大化。通过优化电源分配、提高设备效率、降低能源消耗等手段，不仅可以降低数据中心的运营成本，还能为环境保护做出贡献。

三　建设与改造

（一）建筑节能建设

建筑节能设计原则包括但不限于以下方面。

能源效率优先：在建筑设计之初，应将能源效率作为首要考虑因素，确保建筑在使用过程中能够最大限度地减少能源消耗。

整合设计：通过整合建筑、设备、系统等多个方面，实现整体能源效率的提升。这种整合设计方法能够确保建筑在各个方面都达到最优的能源使用效果。

可持续发展：在建筑设计过程中，应充分考虑环境、社会和经济等方面的可持续性，确保建筑在使用过程中对环境的影响最小化。

（二）场地基础设施绿色建设

在场地选址上，强调选择能源供应充足、气候条件适宜、交通便利的地点，有利于减少能源消耗、降低运营成本，同时便于数据传输和维护。

在场地布局上，注重优化建筑布局和道路网络，确保数据中心内部空间得到最大化利用。通过合理的建筑朝向、间距和排列方式，减少建筑之间的遮挡和干扰，提高通风效果和自然采光，降低空调和照明能耗。

在基础设施建设中，倡导采用环保材料和节能技术。选用可再生、可回收的建筑材料，减少建筑垃圾的产生。

（三）IT 基础设施高效建设

在硬件选择方面，应优先考虑高效能、低能耗的设备。例如，采用高性能服务器和存储设备，确保数据处理的高效性和可靠性；同时，选用节能型网络设备，降低数据中心的整体能耗。

虚拟化技术是提高数据中心基础设施效率的关键。通过虚拟化，可以将物理资源池化，实现资源的灵活调配和高效利用。

自动化和智能化技术也是数据中心基础设施建设的重要方向。通过引入自动化运维工具和智能化管理系统，可以实现对数据中心的实时监控、故障预警和自动修复，进一步提高数据中心的稳定性和效率。

（四）绿色数据中心实施策略

绿色设计与规划：在数据中心建设之初，就需要进行绿色设计和规划。这包括选择合适的地理位置，优化建筑布局，采用节能的建筑材料和高效的设备。同时，要考虑自然环境的利用，如利用自然光、风能等可再生能源。

能源效率提升：能源效率是绿色数据中心的核心。通过优化电源管理、采用高效节能的 IT 设备和冷却系统，以及实施精细化的能源监控和管理，可以显著地降低数据中心的能耗。

资源循环利用：在数据中心运行过程中，要注重资源的循环利用。例如，通过余热回收、废水处理等技术，将废弃的能源和资源转化为可再利用的能源，减少对环境的影响。

（五）数据中心改造升级路径

在数据中心改造升级的过程中，首先需要对现有设施进行全面的评估。这包括了解设备的性能、寿命、能耗等关键指标，以及分析数据中心的运行效率和瓶颈所在。

一方面，在制订改造升级方案时，需要充分考虑现有设施的利用价值。对于性能良好、寿命较长的设备，可以通过升级软件、优化配置等方式，提升其运行效率和稳定性。同时，也可以考虑对老旧设备进行局部更换或升级，以延长其使用寿命并满足新的业务需求。

另一方面，数据中心需要不断引入新技术以提升性能、降低成本并满足新的业务需求。在集成新技术时，需要充分考虑与现有设施的兼容性和协同性，确保新技术能够顺利地融入现有系统并发挥最大效能。

四 运维与管理

（一）运维流程智能化管理

构建智能运维平台、提升数据中心服务能力。一方面，通过替代人工重复劳动，提高工作效率，节省人力成本。另一方面，通过精细化控制，深化自动化传感器在数据中心的部署，完善数据供应链和节点感知能力，通过引入先进的监控系统，实现对数据中心动力设备、网络设备等的全面监控，寻找最优运行点，实现绿色节能的目的。

（二）绿色节能策略实施与管理

一是建立能耗监测和管理机制，实时监控数据中心的能耗情况，并通过数据分析找出能耗高的环节，制定相应的优化措施。二是推广使用高效的制冷技术和节能设备，如液冷系统、高效率 UPS 等，减少数据中心的能耗，实现数据中心节能高效运营。三是实施严格的能源管理制度，包括能源使用的标准和规范，以及能源使用效率的考核机制。

（三）运维安全与风险控制

一是制定全面的安全策略，包括物理安全、网络安全、数据安全等。二是定期进行风险评估，识别潜在的安全威胁和漏洞。三是制订和演练应急响应计划，确保在安全事件发生时能够迅速有效地响应。四是部署安全监控系统，实时监控数据中心的安全状态。五是确保数据中心的运维活动符合相关的法律法规和行业标准。六是定期对运维人员进行安全培训，增强安全意识和技能。

（四）持续升级与改造管理

一是对现有基础设施进行全面的评估，识别出需要升级和改造的部分。二是制订详细的升级改造计划，包括技术选型、实施步骤、风险评估等。三是在升级改造过程中，采用模块化和预制化的设计，缩短建设周期，降低改造成本。四是考虑数据中心的可持续发展，采用绿色、节能的技术和材料，减少数据中心对环境的影响。

五　应用与创新

金融业数据中心正经历着一场以技术创新为核心的转型，旨在实现更高效、更绿色、更智能的运营。

（一）高效制冷技术创新与实践

高效制冷技术作为提升数据中心能效的关键手段，近年来得到了快速发展。在实际应用中，此项技术通过采用变频技术、优化制冷循环和改进热交换效率，实现了显著的能效提升。例如，通过引入高效制冷系统，根据室内外温差自动调节制冷量，不仅降低了能耗，还提高了系统的可靠性和稳定性；通过采用自然冷却技术，利用外部低温环境进行散热，进一步降低数据中心的 PUE 值；通过利用自然冷源、利用高效制冷设备、就近制冷、提升机房温度、制冷系统寻优控制等技术领域，在架构、设备、控制等层面的优化能够促成金融数据中心制冷系统能效提升。

（二）液冷技术发展趋势与应用

液冷技术以其高效散热特性，成为数据中心冷却技术的热点。液冷技术通过使用液体作为冷却介质，能够更有效地传递热量，适用于高功率密度的数据中心环境，主要包括浸没式冷却、冷板式冷却及喷淋式等方式。而从风冷转换为液冷的最佳实践路径是采用冷板式，不论从投入成本、改造难度还是从后期运维等角度都更适合当下的情况。一些金融机构引入液冷服务器，对服务器发热元件采用冷板覆盖，通过水循环对服务器进行散热，与传统风冷服务器系统相比，机房整体能耗降低 30%，相当于同等电力资源下最大增加 40% 的液冷服务器部署能力，单机柜部署密度提升 40% 以上。

（三）余热回收技术应用与效益

余热回收技术通过捕获数据中心设备运行过程中产生的废热，并将其转换为可利用的热能，为数据中心带来能源利用和成本节约的双重效益。某金融机构应用阶梯式余热回收节能技术，冬季通过热管热回收机组回收机房吊顶内热通道的热量，为靠近机房模块的走道和维护区域供热。同时将冷凝废热通过板式热交换器回收，作为距离较远的办公楼的冬季空调热源和夏季生活热水，机房减少制冷量、生活辅助区域减少制热量合计约 1580 千瓦，每年可节约用电约 110 万度。

（四）AI 与大数据技术提升运维效率应用

通过收集和分析数据中心运行数据，AI 和大数据技术能够帮助运维团队进行自动化决策，优化资源分配和负载调度。一些金融机构借助 AI 和大数据技术加强对机房能耗的管理，实时采集设备的能耗、温度数据，全方位实时监测机房、机柜、设备、业务的能耗信息，为决策、预测提供可靠依据，机柜利用率从 50% 提升至 70% 以上，减少 15% 以上的能源消耗。

六　实践与探索

（一）中国工商银行数据中心最佳实践

1. 液冷散热技术研究与实践

中国工商银行（以下简称"工商银行"）液冷服务器主要采用冷板式液冷散热方案，服务器主要热源 CPU、内存等部件产热可通过液冷板带走，液冷散热占比约 70%，室外采用中高温水做冷媒，可实现全年自然冷却，空调系统能耗降低 80%，有效降低了设备规模快速增长带来的能源消耗。相较于传统风冷，液冷系统设施包含供回液管道、CDU、Vcdu、循环泵、液冷塔等配套基础设施，系统复杂度增加。为保障液冷基础设施安全稳定高效，工商银行采用优化的高可用架构设计，不断完善液冷运维、监控、应急手段措施，打造安全可靠高效的液冷资源域。

2. 环境搭建自动化研究与实践

工商银行开展环境搭建自动化创新研究与应用工作，结合生产环境搭建应用场景及设备高可用部署规则，通过生产环境数据采集与分析、算法优化、自动分配策略研究等，建立一套自动化管理生产环境搭建的工具，实现环境搭建自动化，提升生产环境搭建分配效率，缓解机房资源碎片，提高机房资源利用率。

3. 预制化综合管理研究与实践

工商银行预制化数据中心产品在原有 20 尺集装箱/40 尺集装箱产品的基础上，搭载新技术与部件升级：集群式集装箱数据中心由制冷箱体、配电箱体、IT 设备箱体、管控箱体等若干个集装箱结构组成，通过类似搭积木式方式并柜。

在源头引入太阳能发电技术减轻对电网负荷的依赖，配套光伏发电可补充总系统 10% 的电能。采用间接蒸发冷却技术，在室外进风处采取细水雾喷淋设计，使喷淋细水雾在进风口处蒸发吸热，同时喷淋水流经芯体，经过降温后的新风和回风热交换，进一步加强蒸发冷效果。

（二）重庆农村商业银行数据中心最佳实践

重庆农村商业银行对数据中心进行了绿色化、智能化转型升级，具体措施包括：选用低能耗、绿色环保、自动化水平高的动力设备；采用冷热通道分隔模式和湿膜加湿技术，实现自动调节冷热量，达到节能效果；引入动力环境监控系统，实现硬件设备的可视化能耗数据分析，提高运维效率；引入虚拟化 IaaS 私有云平台，实现资源的统一管理和按需分配，提高服务器利用率；依托动力环境监控系统，实现了 24 小时全面实时监控机房内动力设备、环境等的相关参数。

（三）中国民生银行模块化数据中心最佳实践

中国民生银行济南分行通过构建模块化数据中心实施绿色节能策略，采用先进技术和设计概念，实现了系统的模块化、标准化和产品化配置，具备灵活性、快速部署、低成本、高效节能等优势，有效减少了资源浪费和能源消耗。

该数据中心包括"2+1"的行间空调系统、服务器及网络机柜支撑系统、动力及环境监控系统、供配电系统等，所有内容均打包在一个模块内，便于整体系统的灵活扩容和平滑升级。通过优化布局节能设备，将高功耗设备集中部署在行间空调周围，优化机房的气流组织，降低能耗。通过精细化的温度控制和科学的资产用电管理，避免不必要的能耗。科学完善运维制度，通过设备标准参数设置、照明管理和基础设施实施监控等方式细化节能管理，防止能源浪费。通过采用低载高效的 UPS 设备、变频精密空调设备、封闭冷通道气流组织技术和 DCIM 智能调控等先进技术，成功将 PUE 值从 2.1 降低到目前的 1.4 左右，达到了显著的节能效果。

参考文献

新华通讯社：《习近平在第七十五届联合国大会一般性辩论上的讲话（全文）》。
中国人民银行：《金融科技发展规划（2022—2025）》。
工业和信息化部：《信息通信行业绿色低碳发展行动计划（2022—2025）》。
工业和信息化部：《工业能效提升行动计划》。
中国人民银行：《金融业数据能力建设指引》。
中国信息通信研究院：《数据中心白皮书（2022 年）》。

B.17
安全泛在的金融网络架设实践[*]

中国农业银行股份有限公司 中国建设银行股份有限公司 华为技术有限公司

摘 要： 随着金融数字化转型的深入发展，金融行业上云进程不断加速。《金融科技发展规划（2022—2025）年》中提出"提升金融网络健壮性和服务能力，为金融数字化转型架设通信高速公路"任务要求。金融云网以"IPv6+"技术的发展创新为驱动，成为打通算力资源之间、算力资源与算力需求之间的通道。本报告在分析金融云网技术架构、应用场景和技术实现的基础上，聚焦 IPv6 规模部署、云网边界协同、产品和解决方案研发等热点课题，遴选有代表性的创新实践案例进行论述，从而为安全泛在的金融网络发展与建设提供参考。

关键词： 金融云网 IPv6 "IPv6+" 云网协同

《金融科技发展规划（2022—2025 年）》提出"架设安全泛在的金融网络"的重点任务目标。高速泛在、融合互联、安全可靠的金融网络将海量的数据和不竭的算力相连接，释放出数据的红利和价值，是云管边端高效协同、灵活调度、弹性部署的新型算力体系的关键要素之一。

近年来，金融机构持续加强金融网络基础设施的建设和部署。金融云网的建设发展成为金融网络的重要创新方向。《关于推进 IPv6 技术演进和应用创新发展的实施意见》中提出"通过 IPv6 技术演进升级，促进数据中心、

---

[*] 执笔人：马超、许青邦、王天润，中国农业银行股份有限公司；彭飞龙、陈必仙、罗霁，中国建设银行股份有限公司；徐晓宇、周洋、敖斌、江俊、王世媛、孙亚军，华为技术有限公司。

云计算和网络协同发展"的任务要求，金融行业在金融云网建设过程中积极践行，全面推进 IPv6/IPv6+技术创新与融合应用，实现 IPv6 从能用向好用转变。并通过应用分段路由、软件定义网络等技术，加快推进流量调度智能化、运维管理自动化，着力提升金融网络健壮性和服务能力。

一　金融云网发展总体情况

（一）金融云网技术发展概述

随着金融数字化转型的深入，越来越多的金融机构开始拥抱云计算技术的优势，金融上云已经成为大势所趋，并从全面上云过渡到深度用云。云资源及架构越发复杂，如何把云、网络、算力有机结合和一体化运行，成为金融数字化转型技术发展的新课题。云原生技术的引入成为实现业务逻辑和底层资源完全解耦的关键。通过面向服务的容器编排调度能力，实现服务编排面向算网资源的能力开放，实现对泛在计算能力的统一纳管。

从网络协议看，"IPv6+"网络创新体系在 IPv6 提供海量基础连接的基础上，增加了 SRv6、随流检测等以提升网络智能可编程能力。在金融云网的研究和实践中，开展"IPv6+"技术创新与融合应用试点，形成可复制可推广的融合模式应用场景，极大地增强了传统 IPv6 网络对金融业数字化转型升级的支撑能力。

从网络能力看，业界持续推进网络开放，探索基于可编程网络架构、无损网络、RoCE 等技术在金融网络的应用，不断增强网络对敏捷业务提供的适配能力和承载能力。

随着 ChatGPT 的出现，生成式人工智能（AIGC）在金融行业的应用成为热点。算力网络不再是狭义上的计算能力，而是云网融合发展的升级，成为算力、存力、运力于一体的新型生产力。在计算资源管理和调度方面的进一步拓展和延伸，打通算力资源之间、算力资源与算力需求之间的通道，实现算力连接和算力资源共享，为用户提供综合算力服务，并对网络运营、算力服务、资源管控、业务创新等带来重要的影响。

（二）金融云网技术架构

金融云网基础架构可分成云内网络、云间网络、入云连接三部分。

云内网络：以 VPC 为载体，将数据中心基础设施资源虚拟化，进行计算、存储与网络资源的灵活配置与管理，按需提供云服务能力。

云间网络：提供多云多中心间的高效互联，实现跨地域的云上云下数据可靠传输。

入云连接：用户通过专线、VPN、SD-WAN、5G 等方式，实现简单、灵活的入云连接。

在金融分布式多云发展下，金融机构可以围绕以下五个方面来构建云网技术架构，通过金融多云部署、云边协同、一体化服务等技术能力提升自身竞争优势，提供无处不在的金融服务。

1. 多云互联

多云全连接的金融网络需具备高容量、高性能、高可靠的泛在智能承载能力，实现多地多云的覆盖连接、云应用感知和智能化调度等能力，满足网随云动、业务快速上云等诉求。

从互联协议上来看，以 SRv6 为代表的"IPv6+"技术已在金融业得到广泛验证和商业部署，通过可编程网络实现了流量按需调度并大幅提升数据转发质量，成为驱动金融数字化转型的强力引擎。

从互联介质上来看，随着专线线路类型多样化和分支机构业务的推陈出新，金融机构传统广域网已无法实现线路资源的充分利用。在 MSTP 专线基础上引入低成本线路，如 MV、5G、互联网线路等，通过动态选路方式最大化地利用网络资源，保障业务应用的传输质量。

2. 弹性可扩展

金融机构的数据中心布局从"两地三中心集中式"向"多地多中心分布式"演进，云网架构设计应具备弹性扩展能力，随业务发展和流量增长可灵活、高效扩展，并能够面向应用级网络流量灵活调整，从而最大化地保护网络投资。

3. 服务体验保障

金融业务上云，网络需提供面向云业务的可靠连接服务保障能力。通过多层冗余备用、QoS 机制、资源动态调度、网络切片等技术实现差异化服务保障，包括关键业务的确定性时延、按需带宽、高可用性等。同时网络开通需要具备敏捷交付能力，以适应云资源的快速部署与灵活调度。

4. 安全可信

安全成为云网融合发展的关键衡量要素之一。通过云、端、网 三个关键角色的安全联动方案，构筑网络内生安全保障和高可信安全架构，增加网络层级的安全保障能力，同时将网络安全能力服务化，并提供给云端和终端。

5. 开放能力服务化

依据云网融合运营服务和生态发展的需要，网络须不断提升服务化开放能力。通过高内聚、低耦合的服务抽象与建模及业务接口 API 化，实现自动化业务发放和智能运维。通过引入异常主动感知、智能根因定位等关键技术，大幅提升网络运维的自动化程度，驱动金融云网由人工运维走向智能运维，由被动运维走向主动运维。

（三）金融云网应用场景和技术实现

1. 金融云网 IPv6 化

近年，金融行业积极部署和推进 IPv6 技术创新与融合应用，持续开展网络、应用、终端的 IPv6 升级改造工作。范围从金融机构互联网服务区逐步深入内网。部分金融机构通过采用"IPv6+"等先进技术构建金融云网底座，统一多云互联架构，实现了广域智能选路和流量动态按需调度能力，极大提升了网络带宽利用率以及差异化服务保障能力。同时，多家银行通过部署随流检测 IFIT 技术，实现业务质量实时监测和分钟级故障定位；通过 APN6 技术创新，实现网络感知应用、应用驱动网络编程，提升海量应用的精细化运营能力。

2. 云网边界协同能力

随着分布式数据中心建设的推进，数据中心间流量不断增大，需要通过部署大容量、无阻塞和低时延的 DCI 网络，实现数据中心间东西向流量的快速转发和高效承载。金融数据中心云计算网络普遍采用 VXLAN 隧道技术，骨干网采用 SRv6 技术承载，跨数据中心互通需要无缝衔接两种协议，实现端到端的 Overlay 连通。通过在数据中心和骨干网的边界设备启用 VXLAN/SRv6 协议转换功能，实现 VXLAN VPN 和 SRv6 VPN 的平滑对接；通过骨干网核心节点之间部署 SRv6 DCI（VXLAN over SRv6），实现跨中心资源共享以及应用多中心灵活部署，打通云上云下 Overlay 网络。

3. 5G 金融云专网

5G 网络不仅仅是一张通信网络，更是融合了云计算、边缘计算、应用平台等全面定制的综合解决方案。5G 网络原生具备高带宽、大连接、低时延和高安全性等诸多优势，5G 金融云专网依托网元虚拟化、架构开放化和编排智能化等技术，提供综合型、具备差异化能力和服务质量保障及灵活便捷的"专属"网络。5G 网络结合 SD-WAN 技术，实现应用识别、智能选路，灵活配置线路资源。

4. 无损以太网络

由于技术体系和架构的封闭性，传统数据中心的 FC 网络和 IB 网络难以实现 IPv6 互联，也无法匹配数据中心云化的自主发展诉求，亟须加快推进数据中心网络向全 IP 全以太化开放架构演进。通过 RoCEv2 协议来降低 CPU 的处理和延迟，提升应用的性能。采用流量控制、拥塞控制、流量调度技术和应用融合技术构建无损以太网络，通过 AI 智能无损算法，解决"多打一"流量模型下的瞬时突发拥塞导致丢包问题，提供"无丢包、低时延、高吞吐"的网络能力。

随着大模型技术的加速推广，AI 训练和推理在金融场景逐步得到应用。数据中心网络要满足 GPU 智能算力对极高带宽、极致吞吐以及算力感知的要求。基于无损以太网络并采用网络级负载均衡算法（NSLB）等创新技术，实现大规模组网节点间负载均衡度高达 95% 以上，计算和存储性能的全面释放。

5. 云网资源管控

提供面向云网融合的统一管控系统，能够屏蔽金融云网底层基础设施的差异化，将其抽象为通用能力与服务，支撑业务系统实现实时、按需、动态化的部署。通过网络数字地图和建模仿真技术打造云网高精地图，实现网络拓扑还原、业务路径导航、云网拓扑可视以及应用与网络映射透视，从而突破运维边界，实现云、网、应用的统一智能化运维。

二　安全泛在的金融网络创新实践

（一）中国农业银行 IPv6 部署规划项目实践

中国农业银行（简称"农行"）坚持对网络技术创新进行持续探索和研究，建设自主可控、安全高效的金融基础设施体系。随着数字化转型和分布式改造的深入进行，农行创新性地提出 ABC ONE+ 开放网络体系架构，构筑领先的金融网络底座。

1. 政策引领，稳中求进推进 IPv6 改造

自 2017 年开始，农行紧密跟踪落实《推进互联网协议第六版（IPv6）规模部署行动计划》《金融科技发展规划（2022—2025 年）》等政策要求，创新性地开展 IPv6/IPv6+ 技术创新与融合应用工作。

近两年来，农行通过端到端"IPv6+"创新项目，将行内已有的"IPv6+"技术体系从 1.0 阶段逐步升级到 3.0 阶段，在成功完成生产环境的部署实践的同时，深入挖掘网络新技术对业务的最大价值。本创新项目获得了 2022 年金融科技发展奖二等奖，并入围中央网信办主办的首届 IPv6 技术创新和融合应用综合试点，获评优秀项目。

农行端到端"IPv6+"创新项目覆盖全行网络域，总体架构如图 1 所示，重点围绕 4 个方面开展"IPv6+"技术创新：通过云网协同工程无缝衔接服务域和通道域，实现跨域资源调度；通过端到端 SRv6 工程统一全行骨干网和接入网承载方式，实现自上而下的统一配置和 VPN 业务快速开通；

通过端到端 iFIT 工程验证端到端流量可视化监控能力，提升故障定位效率和保障业务连续性；通过应用感知网络（APN6）工程实现在端侧直接携带 APN6 标记到网络侧，实现应用级粒度的服务质量保障。

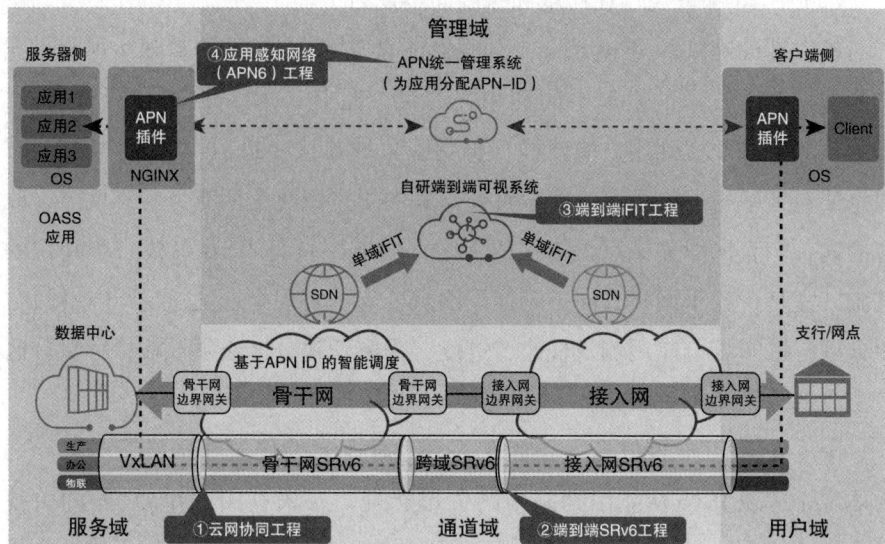

图 1 农行端到端"IPv6+"创新项目总体架构

注：①服务域主要指总行和一级分行数据中心服务器接入区域；②通道域分为骨干网和接入网，包括数据中心之间、一级分行至数据中心之间、网点到一级分行之间的线路；③用户域指全行各类终端的接入区域。

2. 面向未来，IPv6 部署规划项目实践

随着国家层面 IPv6 部署工作目标的逐步细化和近年农行 IPv6 改造工作的持续开展，在农行科技产品布局的统一筹划下，开始启动 IPv6 部署规划项目，为未来全行 IPv6 的演进和部署进行全面的蓝图规划。

（1）农行 IPv6 技术架构演进的三大目标

业务目标：以满足业务需求为驱动，利用 IPv6 技术实现业务价值。网络、系统、应用、安全、运维、终端六大领域支持 IPv6，实现应用级服务保障、全链路智能运维、全场景信息可溯。

技术目标：利用 SRv6、iFIT、APN6 等"IPv6+"技术实现业务价值。

在总行、分行各机构实现"IPv6+"技术的广泛应用。

时间目标：遵循中网办 15 号发文"2030 年左右，完成向 IPv6 单栈的演进过渡"要求，统筹规划、分段部署、积极推进。

（2）IPv6 部署规划在广度和深度同步发力

扩大基础网络的 IPv6 覆盖。加强影响全局 IPv6 演进的基础性规划，充分考虑后续新技术的发展空间和相关约束。在 IPv6 网络演进路径选择上，规划从服务域双栈到用户域双栈，再到服务域单栈，最后实现用户域单栈，以保证业务平稳运行及网络安全可控。其中用户域覆盖所有分行和网点，改造周期长，宜采取先试点再推广的策略；通道域具备 IPv6 单栈一步到位的基础，宜基于骨干网模式向下延伸到网点分支，实现全通道域 IPv6 单栈化；服务域应紧密配合应用侧双栈改造进度，采取新建分区必须双栈、存量分区按需改造的策略推进实施。

深度发掘 IPv6 价值场景和特性。关注对业务的价值和网络服务化能力的体现，实现 IPv6 从能用到好用的关键转变。深入利用"IPv6+"相关技术，如智能调优、随流检测和数据消冗等，规划应用全链路可视可维的全景视图。用户域重点关注海量终端接入后，利用 APN6 等创新技术实现管理效率提升及终端与应用之间端到端的双向服务质量保障；通道域当前已部署了 SRv6 和 IFIT 技术。一是骨干网已全部完成 SRv6 部署，接入网在 3 家分行试点 SRv6-SDWAN。二是完成骨干网隧道级 IFIT 功能部署，完成自研 IFIT 管理模块上线部署和端到端五元组 IFIT 功能验证。重点关注新一代"IPv6+"技术的孵化和创新，稳健推动在生产中部署；服务域已经在内网应用试点 APN6 技术，验证客户端与应用通信的报文携带 APNID 信息。重点关注全栈云、容器框架上如何实现 APN6 的大规模部署、APNID 的分配及基于 APN6 ID 的服务质量保障规则等重点问题。

农行以 ABC ONE+开放网络体系架构蓝图为指引，坚持稳妥推进、安全第一的原则，持续迭代并深入推进 IPv6 部署规划项目，为银行业务和服务的数字化转型升级贡献新动能。

（二）中国建设银行云网边界协同网络实践

面向金融数字化转型和业务系统上云浪潮，中国建设银行（简称"建行"）致力于构建高效、智能、安全、开放的高速信息网络。随着建行云的快速发展，云资源及架构越发复杂，如何实现跨地域、跨中心、跨云实例的云计算资源协同调度以及云网一体化运行成为未来数字化发展的技术目标。

1. 积极探索云网协同网络创新体系

云网协同网络创新体系是一个系统性架构设计。建行从弹性可扩展、服务体验保障、安全可信、开放服务化等方面构建云网协同融合发展能力。云网协同网络建设采用逐步推进的策略，按照初期云网边界协同、中期云网融合、后期云网一体三个阶段逐步推进。

云网边界协同阶段：以云服务与网络服务的整合为重点，确保两者能够协同工作，提供一站式的服务体验。

云网融合阶段：将进一步深化云服务和网络服务的集成，实现资源共享和统一管理。

云网一体阶段：将实现网络与云计算的完全融合，构建一个高度自动化、智能化的网络环境。

2. 中国建设银行云网边界协同网络实践

（1）打造 SRv6 新一代核心骨干网

在分布式数据中心和业务全面云化的趋势下，银行数据流量模型发生了根本性的变化，业务快速上云及云互联互通成为常态化需求。而骨干网作为网络的中心枢纽，是网络架构改革的重中之重。

建行 2020 年底正式上线新一代核心骨干网，架构升级满足了核心网流量智能调度的诉求，并成为首个跳过 SRv6 BE 直接上线 SRv6 Policy 的金融网络创新实践案例。2022 年，建行进一步探索接入网 SRv6，匹配业务云化、网点智慧化、分行物联智能等业务发展趋势。经持续创新和建设，基于"IPv6+"技术的 SRv6 智能云骨干与 SRv6 智能接入网完成整合，实现了金融行业首个端到端"IPv6+"智能云广域网。

（2）构建具备云网边界协同能力的云联网

为满足不同服务对象、监管合规要求，云联网从业务视角划分功能区，支撑不同业务在云上的部署（见图2）。建行云划分为多个业务功能专区，如部署政务类业务的政务区、部署金融类业务的金融区、部署集团内业务的自用区等。每个功能专区下可以有多个云实例，每个云实例可以有多个地域、多个可用区。

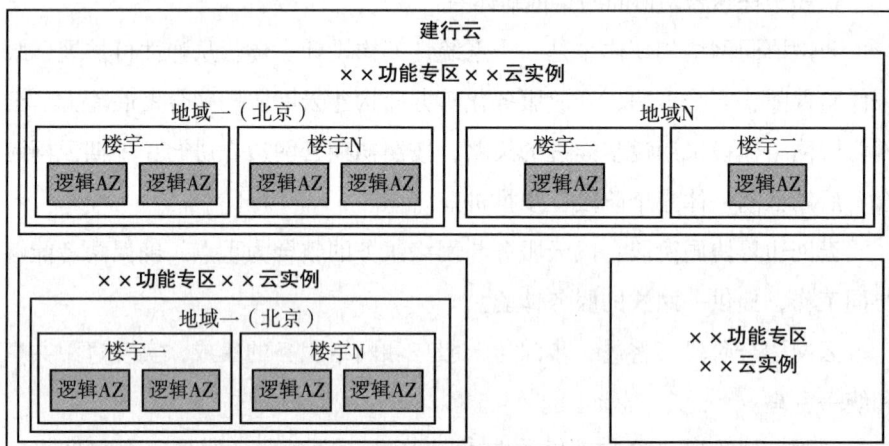

图2　建行多云实例部署

多地多中心的分布式部署成为常态，这要求网络不仅要支持数据的高速传输，而且要确保不同云计算平台间的互联互通和不同租户之间的安全隔离。基于此，建行依托核心骨干网构建出一张虚拟的灵活的云联网，并自研面向云上、云下、多云实例的统一服务接口的云联网系统。

3. 下一步创新实践方向

随着数字化转型的不断深入和生成式人工智能（AIGC）在金融行业的探索应用，未来的网络管理将更加智能化，多云和混合云环境的应用将更深化，未来不同云平台间将无缝集成和互操作。

建行将继续践行国家金融科技发展战略，积极推进云网融合、云网一体的技术发展，依托计算和网络两大基础设施，大力发展算力服务，制定网络架构和接口标准，指引云网相关产品开发、商用落地和运营维护。利用人工智能和机器学习等技术，实现网络流量的自动化调度、故障的预测性维护和安全威胁的智能识别。从而为客户提供更加安全、高效、智能的金融服务。

（三）华为技术有限公司金融网络技术创新实践

华为技术有限公司（简称"华为"）是金融行业领先的 ICT 解决方案供应商。2021 年，基于对金融科技发展的理解和信息通信领域的技术积累，华为发布了全新的金融云网解决方案。2023 年，发布金融云网 2.0 解决方案，面向金融数据中心网络、金融广域网络、金融园区网络、金融网络安全四大场景核心网络技术创新，从网络增强向场景增强演进。

1. 金融数据中心网络

华为采用独创的 AI 机器学习算法、网络地图引擎和形式化建模仿真技术，打造出数据中心全网高精"数字地图"，实现了数据中心网络拓扑动态还原、业务路径一键导航、云网拓扑可视以及应用与网络映射透视的能力，从而突破运维边界，实现云、网、应用的统一智能化运维。

面对金融行业大模型技术的加速推广，AI 算力流量在数据中心网络流量比例逐渐增大，华为创新应用 AI 网络加速的网络级负载均衡（NSLB）算法，实现全局网络调优，大幅提升网络有效吞吐率，提高 AI 大模型训练效率，均衡全网负载。同时，将 NSLB 与 AI 数字地图两种技术进行融合创新，展示网络拓扑中的服务器 Host、流量吞吐和转发路径等信息，实现算力效果可视化。

2. 金融广域网络

分布式多数据中心演进带来了 DCI 流量的激增，线路租用费用带来极大成本压力。华为通过与金融客户联合创新，成功研发路由器内置数据消冗卡。此项创新无须额外增加压缩设备，支持多点全互联组网，解决点到点压缩无法适配大规模组网问题。同时，支持使用字典压缩方式和在线字典训练，进一步提升压缩率和压缩功能的部署效率，有效提升广域网线路带宽使用效率，节省线路成本。

由于金融骨干网租用链路带宽有限，突发异常流量将威胁核心业务。出现问题后，网流分析厂商采用外挂探针方式对流量进行采样和人工事后分析，效率低、准确性差、溯源困难。华为建立各业务的流量特征基线，创新应用感知算力卡自动 AI 学习、特征推理秒级感知与告警技术，向运维人员智能推荐处置策略，实现风险一键解除和调优处置。如发现拥塞严重无路可调时，可实现源端精准限速。

3. 金融园区网络

企业办公发展迈向数智化，对并发、安全、带宽、体验提出更高的诉求。高清 4K 视频会议、研发办公区内的 AI 协同办公以及开放办公区内的多业务混合并发，需要更高带宽和更低时延，传统 Wi-Fi 5/6 网络已逐渐无法满足需求。

华为领先推出全场景 Wi-Fi 7 高品质网络服务。单 AP 速率是 Wi-Fi 6 的两倍，单终端速率是 Wi-Fi 6 的 3 倍。通过关键业务保障和 VIP 保障技术，确保万人音视频会议零卡顿。从而突破无线技术瓶颈，实现应用的高品质体验。

4. 金融网络安全

一方面，传统的网络数据加密采用点到点的加密方式，设备需要维护加密协议状态，系统开销大。后量子时代，传统的网络数据加密面临安全挑战。华为 xSEC 网络数据加密解决方案支持 FullMesh 组网方式全连接，基于 BGP EVPN 网络数据加密，设备无须维护加密协议状态，减少系统开销。采用后量子加密 PQC 和 QKD 方式加密，抗量子破解，提升安全性。基于 BGP EVPN 网络数据加密减少隧道、加密策略等部署配置，降低运维复杂度。

另一方面，网络中接入的终端类型和数量随网络系统的发展而快速增长，基于终端识别的自动化策略配置和动态授权得到广泛应用。终端仿冒违规接入、网络攻击等问题也日益增多。华为终端防仿冒功能通过内置终端指纹库，学习终端访问网络的流量特征并形成流量行为模型库，借助流量行为模型识别仿冒终端，最终对识别出的仿冒终端自动下发隔离策略，从而实现对终端的信息管理、异常检测和异常管控，有效降低网络受到非法仿冒终端的风险。

三　未来展望

当前，金融机构云网边界协同及网络演进升级，匹配生成式人工智能（AIGC）在金融行业的应用成为热点课题。

一方面，探索采用人工智能手段来辅助提升大规模资源的匹配调度，生成自适应智能规划和调度策略与模型，构建智能化的网络故障自愈引擎，用于进行故障定位、根因分析、预测、优化、自愈等，提供更优的网络数字化体验。

另一方面，为实现多维资源的统一管控与调度，需采用算力网络、区块链等新技术构建面向多维、多方、异构的资源适配与交易体系。以满足新兴业务提出的"随时、随地、随需"的多样化需求，从而解决不同类型云计算节点规模建设后的算力分配与资源共享需求难题。

产业上下游需要紧密协同创新，不断推动金融云网架构和技术发展演进，更好地满足金融数字化转型的深层次需求，实现"高速泛在、融合互联、安全可靠的金融网络通信支撑保障能力全面加强"的发展目标。

B.18
先进高效的算力体系实践

浪潮电子信息产业股份有限公司　新华三技术有限公司

中国联合网络通信有限公司　北京中科金财科技股份有限公司 *

摘　要：　算力是数字经济时代集信息计算力、网络运载力、数据存储力于一体的关键生产力，对推动各领域数字化、智能化转型具有重要作用。当前，算力已成为推动国家数字经济和 GDP 发展的核心力量。数据显示，国家的计算力指数平均每提高 1 点，国家的数字经济和 GDP 将分别增长 3.6‰和 1.7‰，算力对经济具有显著的拉动作用。党的二十大报告指出，要加快新型基础设施建设，推动数字经济和实体经济融合发展。2024 年政府工作报告提出"大力推进现代化产业体系建设，加快发展新质生产力"，强调"适度超前建设数字基础设施，加快形成全国一体化算力体系"。算力已成为经济社会高质量发展的重要驱动力，算力基础设施作为算力的主要载体，是支撑数字经济发展的重要资源，对实现数字化转型、培育未来产业等方面具有重要作用。本报告分析了云计算、AI 计算、边缘计算、绿色计算、量子计算的发展现状，重点阐述了各算力体系在金融行业的应用场景和实践效果。同时，围绕各算力体系对金融行业目前所遇到的问题和挑战进行了详细分析，为建设先进高效的算力体系提出了发展建议。

关键词：　云计算　AI 计算　边缘计算　绿色计算　量子计算

---

* 执笔人：王雨田、王晔华，浪潮电子信息产业股份有限公司；王旭东、李培，新华三技术有限公司；卢薇青、孙宝安、陈长青，中国联合网络通信有限公司；刘龙飞，北京中科金财科技股份有限公司。

一 发展现状

（一）云计算

云计算已经不局限于传统的信息技术领域，而是成为支撑各行各业数字化转型的新型基础设施。这意味着云计算成为数字技术发展和服务模式创新的集中体现，也是推动全球数字经济发展的重要载体。

"十四五"期间，随着全球经济回暖，金融行业"上云用数"加速推进，云计算迎来了蓬勃发展的黄金时期。中国信息通信研究院发布的《云计算白皮书（2023）》显示，2023年中国云计算市场年复合增长率超40%，处于高位增长区间。预计到2025年，中国云计算整体市场规模将超万亿元。

（二）AI计算

当前，人工智能发展持续演进，企业正加速从业务数字化迈向业务智能化。大模型的突破和生成式人工智能的兴起为企业实现产品、流程的创新提供先进生产工具，引领企业和产业迈入智能创新的新阶段。对于企业而言，其将不再局限于思考"如何在产品、流程中增加智能化能力"，而需要更多地关注"如何使用人工智能实现产品、流程的创新"。

大模型和生成式人工智能的发展显著拉动了人工智能服务器市场的增长。丰富的应用场景和对技术创新迭代的热忱，让中国市场对于人工智能服务器的关注度和需求量均明显增长。数据显示，2023年中国人工智能服务器市场规模达到91亿美元，同比增长82.5%，预计2027年将达到134亿美元，5年年复合增长率达21.8%。

（三）边缘计算

人工智能算力正在向边缘侧延伸，推动了边缘服务器应用场景多样化发展和市场持续增长。数据显示，2023年中国边缘计算市场增速为17%。

随着"十四五"规划的实施，金融行业对于提升服务效率和响应速度的需求日益增长，因此边缘计算成为金融科技领域的关键技术之一。金融机构正在积极探索如何利用边缘计算来优化支付系统、自动化交易、智能合约执行等金融服务，以实现更快的交易处理速度和更高的安全性。

（四）绿色计算

绿色发展是高质量发展的底色，算力新质生产力应该成为绿色生产力，助力实现"碳达峰、碳中和"。中国政府推出了多项鼓励节能减排的政策，支持金融机构采用绿色技术和服务。工业和信息化部在《"十四五"信息通信行业发展规划》中提出，持续提高数据中心绿色发展水平，鼓励新建大型超大型数据中心应用液冷高效制冷方案。

目前各大国有银行正在规划数十万节点级的超大规模数据中心，以液冷、高密度、模块化为特征的新一代绿色节能数据中心建设成为行业趋势。

（五）量子计算

量子计算是基于量子力学原理发展而来的新型计算体系。发展至今，量子计算已进入 NISQ（Noisy Intermediate-Scale Quantum）时代，即含噪中型量子时代。量子计算机的规模在逐步增加，目前可达数百至上千量子比特级别，多种技术路线也都在稳步探索发展，主要包括超导量子、光量子等。

光量子方面中国处于国际领先地位，中国科学技术大学研究团队构建的光量子计算原型机"九章"已从初代的 76 个光子提升到了第三代的 255 个光子，"九章三号"求解高斯玻色取样数学问题比目前全球最快的超级计算机快一亿亿倍，不断刷新光量子信息的技术水平和量子计算优越性的世界纪录。

二 金融应用实践

（一）云计算

当前，金融机构的云建设以私有云为主，在此基础上搭建金融属性的平台及应用服务。以云计算作为创新技术路径已成为金融行业在高质量发展道路上的统一认知。金融行业云计算应用发展呈现三个特点。

一是基础架构层面。随着金融信息技术应用创新工作的推进，算力多元化、一云多芯成为主流趋势，基于 x86、ARM、GPU、DPU 等多元化架构算力构建的云计算支撑平台，已成为金融行业创新应用首选的运行时环境。

二是组织流程方面。围绕金融业务上云的组织架构体系逐步成熟，通过工作思维、管理方式、协作模式的革新，从组织、人员层面适配现代化数据中心发展思路。

三是业务创新方面。逐步结合"DevOps"与金融创新应用，重视用户诉求，形成敏捷需求管理与领域化开发体系，加速科技供给与用户需求之间的"最后一公里"，加速金融服务创新。

（二）AI 计算

在金融领域，AI 应用主要聚焦于风险控制、客户营销、产品服务、运营管理等领域，具体细分场景应用百余项。

一是金融大模型。金融大模型已在金融资讯、产品介绍、内容及图片文本生成、虚拟客服在线交互等方面得到实际应用，随着业务的融合与技术能力的提升，基于"大数据+大算力+强算法"的金融大模型将在更多细分的金融场景带来新技术的变革。

二是商业智能（BI）。BI 在金融行业主要应用领域包括风险管理与合规性（包括反洗钱、客户身份识别等），为投资决策、贷款审批、产品定价等提供决策支持，应用于客户关系管理、优化运营流程、降低成本和运营效率、财务绩效分析及精细化管理、市场动态监测、产品与服务创新等领域。

三是 Agent 智能体。能够感知环境、进行决策和执行动作的智能实体。不同于传统的人工智能，Agent 智能体具备通过独立思考、调用工具去逐步完成给定目标的能力。

四是低代码平台应用。通过提供可视化的开发工具和预先构建模块，搭建起适用于金融业务的敏捷开发平台，在满足金融从业人员对于机构数字化转型过程中的诸多开发需求的同时，实现机构金融数字化业务效能的提升。

（三）边缘计算

边缘计算在金融科技领域的应用实践是实现金融服务高效化和智能化的关键技术路径。当前，边缘计算在金融行业主要有如下应用。

一是实时数据处理。边缘计算通过在数据产生的地点附近进行数据处理，极大减少了数据处理的延迟，为金融服务提供了实时性数据。在高频交易等对时间敏感的应用场景中，边缘计算能够提供快速的交易执行和决策支持。

二是移动金融服务。随着移动设备的普及，边缘计算在移动支付和个人金融服务中的应用越来越广泛。金融机构利用边缘计算技术，为移动银行和移动支付提供更加稳定和安全的服务。

三是物联网（IoT）集成。边缘计算与物联网技术的结合为金融行业带来了新的业务模式。例如，通过在边缘设备上集成传感器，金融机构能够实时监控资产状态，提高供应链金融的透明度和效率。

（四）绿色计算

中国人民银行印发的《金融科技发展规划（2022—2025 年）》提出"打造新型数字基础设施"的关键点之一是"建设绿色高可用数据中心"。如何在保证可靠性的基础上，通过液冷、模块化等新技术践行绿色低碳的可持续发展目标，成为金融机构关注的重要议题。

金融机构现有机房液冷改造主要以北京、上海两地为集中地，从中国大型银行和保险公司的数据中心分布情况来看，北京有 15 个，上海有 13 个，合肥有 4 个，武汉有 3 个，深圳有 3 个，成都有 2 个，呼和浩特有 2 个，佛山有 2 个。相比于西部地区，京沪地区数字经济更发达和活跃，液冷技术在助力数据中心的升级改造以获得实现更高的算力密度、节省更多的机柜空间方面具有较大价值。

随着"东数西算"战略的推进，液冷方案将进一步在金融机构新建大规模数据中心中释放潜能。

（五）量子计算

作为一种革命性的计算技术，量子计算在金融科技领域的应用尚处于探索阶段，但其潜在影响力已经在多个金融场景中呈现出来。

一是算法优化与模型分析。量子计算的超强计算能力使其在金融模型分析和算法优化方面具有巨大潜力。金融机构正在研究利用量子算法来解决复杂的优化问题，如投资组合优化、风险评估模型等。

二是高频交易策略。在高频交易领域，量子计算能够处理庞大的数据集，快速执行复杂的交易策略，为金融机构提供决策支持。

三是密码学与安全。量子计算对现有密码体系构成潜在威胁，同时也为金融安全领域带来新的机遇。金融机构正在研究后量子密码学，以应对量子计算带来的安全挑战，并探索利用量子密钥分发技术提高数据传输的安全性。

三 存在的问题

（一）云计算

中国云计算技术已迈入黄金发展期，呈现出一些新特点。同时，与金融高质量发展的要求相比，仍面临若干短板和挑战。

一是云计算服务成本和性能仍需优化提升。调研显示，由于缺少行业标准和合作伙伴、没有相关工具和人员技能不足，95.5%的企业认为需要对云成本进行优化，90%以上的企业认为当前云服务支出存在浪费，超过75%的企业认为云服务使用效果未能达到预期。

二是云资源使用率仍有优化空间。随着 X86、ARM、LoongArch 等多类型架构算力的引入，当业务系统跨架构部署时，开发人员较难直接把控满足应用运行所需申请的云环境算力资源。目前，金融行业正通过完善"一云多芯"环境下的算力评估体系，为业务开发过程中的绝对算力提供合理的评估参考，避免资源浪费。

三是云计算技术的运用在不同类型和规模的金融机构间存在发展不均衡的问题。当前面向金融机构的主力厂商所提供的云计算解决方案，主要是互联网公用架构的私有化部署方案，此类云平台架构复杂、建设和维护成本比较高，超出了中小金融机构的建设和运维能力。

（二）AI计算

2023年以来各类入局企业近500家，对于绝大部分企业而言，面向AI应用建立高效领域专业模型的开发平台，实现模型应用的落地，形成真正的产出和市场价值，是当前的关注点。

一是模型应用落地的复杂性。因为不同技术路线的差异和复杂性，出于安全性、合规性考虑，模型应用与原有系统，特别是与生产系统的结合，业务流程的调整，都将是实际落地过程中需要解决的问题。

二是金融机构间的数据共享、信息安全控制等，对AI技术的运用造成了一定程度的影响。金融领域发展AI，客观上稳健、安全是绝对的前提条件，推进AI发展与整体认知、技术发展与掌握、数字化转型密切结合，需要逐步摸索出一条更加高效可行的路线。

三是行业级的算力共享、新型算力供给模式有待进一步拓展。目前由于监管和商业模式等方面的原因，金融行业一直未能建立类似智算中心类的共享算力基础设施，需进一步在高效算力供给和相关业务运营方面进行探索。

（三）边缘计算

快速发展的边缘计算正在成为一种关键的算力部署模式。然而实际落地中，边缘计算的部署仍然面临挑战。

一是从边缘AI算力需求来看，边缘端汇聚的数据正在呈现出指数级增长的趋势，深度学习推理等算力密集型负载不断增长，用户需要对这些数据进行即时/近即时处理，需要更加强大的算力基础设施。

二是从互联互通来看，千行百业的生产环境中存在大量不同种类的设备、协议和应用程序，设备接口难统一，系统间相互独立，数据难以互联互通，这就需要标准化的平台标准，推动边缘设备、应用的互联互通，满足边缘侧复杂多样的场景需求。

三是从极端环境（恶劣环境）的稳定与耐用性来看，在交通、能源、制造等行业的边缘场景中，常常需要将服务器部署在户外等特殊场景，这意味着其需要在功耗、体积、耐用性、TCO 等方面符合特定的要求，极端高低温、灰尘、腐蚀、震动冲击、电磁干扰等都可能影响设备的正常运行。

（四）绿色计算

绿色计算在金融行业建设中面临的主要问题包括技术成本较高、市场接受度有待提升、行业标准不统一等问题。

一是技术成本较高。绿色计算相较于传统技术而言，通常涉及更为先进和复杂的硬件设备、软件系统以及散热解决方案。这些新技术和新设备的研发和生产成本往往较高，导致金融行业在引入这些技术时需要承担更高的初期投资成本。

二是市场接受度有待提升。虽然绿色和液冷技术具有诸多优点和潜力，但由于其相对较新且技术门槛较高，导致一些金融机构对其了解不够深入，甚至存在疑虑和抵触情绪。

三是行业标准不统一。由于绿色计算技术相对较新，目前尚未形成统一的行业标准和规范，这导致不同金融机构在引入这些技术时可能会采用不同的技术方案和标准，从而增加了系统的复杂性和维护成本。

（五）量子计算

量子计算有望对金融领域产生革命性影响，但受限于目前发展的阶段，其应用也面临着一些重大挑战。首先无法避免的便是量子计算硬件设备的瓶颈，当前的量子计算机量子比特数目还较少，极大限制了所能解决问题的复杂度。并且在有限的量子比特数目条件下，还存在着噪声的影响，严重降低了计算的准确性。

此外，量子算法在金融领域的应用落地也存在问题。量子算法在理论上比经典算法更有效，但通常需要满足一些苛刻的前置条件，例如高效的编码方法、精练的量子模型等，如何在实际应用中满足这些要求仍然是亟须解决的难点。而且目前量子计算对经典算力在具体问题上难以产生明显的优势，对于许多金融问题，经典算法已经可以提供足够的精度和效率，量子算法在实际应用中的优势可能比较有限且成本高昂。

四　算力调优典型案例

面对国内高端算力芯片亟待解决的问题，中科金财积极探索应对策略，提出了"算力调优"的解决方案。"算力调优"是指通过对 AI 场景的性能分析，提出软硬件结合的优化方案，实现在有限算力的情况下提升服务效率。具体服务内容包括训练调优、推理调优以及基础设施调优。

2023 年，中科金财与某公司签订了"算力调优"技术服务合同，这是中科金财落地算力调优业务的首单合同。调优内容涵盖了多方面的优化服务，包括模型训练优化和调整设计，旨在提升在多机多卡场景下的训练速度，优化模型推理性能，通过首 token 返回时长、单用户 token 返回速度、访问延迟和吞吐量四个指标进行评估。此外，还涉及算力资源管理优化，参考 MLPerf 标准，针对一个计算机视觉任务和一个自然语言处理任务进行分布式训练优化。

在自动化运维工具开发服务方面，合同规定了训练监控与模型评估系统，实时监控模型训练指标，并通过大规模集群监控系统预判机器故障风险。还提供日志管理系统、自动生成的训练任务指标报告以及可视化的数据预处理设计。算法开发平台则提供资源隔离的沙箱式开发环境和高效资源调度能力，并支持多租户与任务管理功能，包括资源抢占和任务优先级定义。

在自动化调优工具开发服务方面，合同提供了自动化超参搜索和性能优化工具，用户可以通过简单配置进行超参空间搜索，最终输出性能和指标最优的模型。推理框架及硬件资源最优化配置自动搜索工具则通过自动化尝试不同硬件及推理框架的最优配置，在指定设备上实现最佳推理性能。

该公司是中国 AGI 技术产业化独角兽企业。中科金财为其提供算力资源管理优化、自动化运维工具开发服务、自动化调优工具开发服务等。随着国内算力需求的日益增长，未来，中科金财将积极开拓算力调优业务，通过基础设施优化、底层算子优化、训练及推理阶段优化，助力客户实现算力降本增效，为人工智能业务的快速发展提供技术支撑。

五 发展建议

（一）云计算

未来云计算技术的关注点将持续上移，云计算的发展重心将从应用上云走向用云管云。成本优化、系统稳定性、云原生、云安全将成为发展要点。在全栈化应用运行环境支撑方面，松耦合、可组装、易操作的能力要求亦已获得广泛关注。云计算技术在一云多"芯"、一云多"态"的技术、体系逐步成熟，将为更为复杂多变的应用场景和业务需求提供良好、稳定的支撑能力。

下一步，金融机构应该在监管合规的前提下，探索更多样化的云计算模式，除私有云、专有云外，探索行业云、公有云服务，并将云服务从基础设施服务领域拓展到业务服务领域，开展软件即服务（SaaS）、业务即服务（BaaS）新模式。在金融私有云、专有云领域，云计算厂商发展应面向中小型金融机构并适应其 IT 现状的轻量级云平台，实现云计算技术普惠，进一步推动金融行业的云计算发展。

（二）AI 计算

企业需要为人工智能、机器学习和深度学习建设全新的 IT 基础架构，由 CPU 密集型转向搭载 GPU、FPGA、ASIC 芯片的加速计算密集型，且越来越多地使用搭载 GPU、FPGA、ASIC 等加速卡的服务器。协处理器能使企业拥有更高的并行计算和低延迟的计算能力，支持更大容量的内存，以满足当下实时负载增加的需求。

在应用层面上，AI 计算需进一步加强场景化应用开发能力，面向全业务领域积极拓展应用场景，通过将 AI 技术与金融业务场景紧密结合、提高系统集成和流程整合能力，推动 AI 场景化应用。在算力供给方面，探索在监管和主管部门的指导下建设行业智算中心，实现算力共享，创新算力供给模式。

（三）边缘计算

伴随边缘算力的不断增长，数据规模的快速扩张，以及数字化应用对于时延、总体拥有成本（TCO）、稳定性等重要指标的关注，边缘计算正在成长为一种关键的算力部署模式。Gartner 表示，到 2025 年，超过 50% 的企业托管数据将在数据中心或云环境之外（例如在边缘侧）被创建和处理。

为帮助金融机构克服现有挑战，实现边缘计算的高效与安全应用，提出四个方面建议。一是加强边缘设备安全。金融机构需要在边缘设备上实施强大的安全措施，包括加密技术和安全协议，以抵御潜在的网络攻击。二是优化网络基础设施。投资 5G 和下一代网络技术，以支持边缘计算的低延迟和高带宽需求。三是制定明确的战略规划。明确边缘计算在金融机构业务中的作用，制定长期的技术发展和投资规划。四是提高技术兼容性和互操作性。采用标准化的接口和协议，确保不同边缘设备和云平台之间的兼容性。

（四）绿色计算

目前，作为绿色计算产业技术创新的前沿领域，全液冷冷板技术不仅实现"服务器去风扇、数据中心去空调"的运行新模式，达到 PUE 接近于 1 的极限水平，同时还能够以单机柜超过 100kW 的部署密度和去空调化节省 30% 以上的数据中心空间，充分满足金融行业数据中心绿色、节能、低碳、高密度部署需求。

从发展角度看，冷板、浸没、喷淋式液冷技术是目前市面上的主流液冷技术，其中冷板式液冷技术市场占比不断扩大。然而现有冷板式液冷技术在冷板材质选择、结构设计、加工工艺等方面仍存在持续优化的空间，未来的冷板式液冷服务器需要从系统级解决方案出发，创新出一种高能效、易运维、使用更安全，且兼容性更强、液冷覆盖率更高的全液冷冷板结构设计。表1展示了冷板式、浸没式、喷淋式液冷技术对比。

表1　不同液冷技术对比

类型	冷板式	浸没式	喷淋式
优点	• 冷系统改造小 • 运维方便 • 算力密度高	• 散热能力强 • 功率密度高 • 静音	• 节省液体 • 避免冷板堵塞 • 静音
不足	• 风冷补偿	• 结构改造较大 • 不支持机械硬盘 • 液体兼容性要求高	• 系统改造大 • 不支持机械硬盘 • 流量控制不精准
关键技术	• 漏液预防 • 防堵塞设计	• 结构设计 • 流场优化	• 喷淋流量设计
运维影响	• 系统定期补液	• 液体挥发、补充 • 液体残留、冲洗 • 吊臂插拔	• 维护频繁,补充液体频繁 • 液体残留和清洗不方便
成本	• 初投资较低,运维成本低	• 初投资及运维成本高	• 结构改造及液体消耗成本大,液冷系统成本低

（五）量子计算

量子计算是新兴的前沿计算技术，金融机构应积极培育既熟悉量子计算又了解金融领域的复合型人才。

此外，当下应该充分发挥量子计算作为新质生产力的作用。随着量子计算机规模的不断扩大，量子计算已具备解决一些实际问题的能力，量子计算不应被视为传统计算的替代品，而应被视为一种补充，与经典算力相结合来解决实际问题，包括：探索金融领域中可以从量子计算中受益的特定任务或者是子任务，适配当前规模的量子计算机；开发利用量子和经典计算优势的混合算法，以提高效率和准确性；充分发挥量子计算云平台，使金融机构能够轻松访问和利用量子计算资源。量子计算有潜力彻底改变金融业，但重要的是要采用战略性方法，以克服挑战并充分发挥其潜力。

参考文献

工业和信息化部官网：《算力基础设施高质量发展行动计划》，2023。

新华社：《政府工作报告》，2024。

IDC：《2022-2023 全球计算力指数报告》，2023。

中国信息通信研究院：《云计算白皮书（2023 年）》，2023。

IDC：《2023—2024 年中国人工智能算力发展评估报告》，2023。

艾瑞咨询：《中国人工智能产业研究报告（VI）》，2023。

英特尔、浪潮信息：《白皮书推荐 | 以开放能力加速边缘算力拓展》，2024。

中国信息通信研究院：《绿色算力技术创新研究报告》，2024。

金融科技治理篇

B.19
金融科技治理体系现状与展望

中国邮政储蓄银行股份有限公司　重庆国家金融科技认证中心*

摘　要： 近年来，随着金融科技的飞速发展，金融管理部门坚决贯彻中共中央、国务院的决策部署，深入落实国家创新驱动发展战略，积极完善金融科技治理的政策框架、持续优化监管机制、丰富监管工具，在金融科技治理领域取得了优异成果。本报告深入阐述金融科技治理体系在监管领域、风控领域及其他重要领域现状，从金融科技治理、金融风险管理、监管科技应用、金融科技业态方面分析当前存在的问题及挑战，并从监管科技创新、监管生态建设、监管法律体系角度提出后续发展方向和政策建议。

关键词： 金融科技　金融风险　监管法律法规

---

* 执笔人：吕亚南、郑鑫、朱昌堆、赵一薇，中国邮政储蓄银行股份有限公司；毕小文、秦逞、吴娟，重庆国家金融科技认证中心。

一 金融科技治理体系现状

（一）金融科技治理体系发展回顾

党的十八大以来，习近平总书记关于中国金融事业发展的一系列重要论述内容，为我国金融高质量发展指明了方向。党的十九大报告指出金融体制改革和健全监管体系的目标。"十四五"规划纲要进一步细化现代监管体系和金融科技监管的方向。党的二十大报告明确现代金融监管的重要性，重申金融稳定的重要意义。

2023 年，是全面落实党的二十大精神的开局之年，我国金融科技治理体系不断优化完善，成效显著，意义深远。党和国家机构改革推进实施，金融监管架构形成"一行一局一会"新格局；中央金融工作会议胜利召开，继续部署完善和健全现代金融监管、全面强化"五大监管"、有效防范金融风险的工作任务；我国金融监管高度重视金融科技领域的监管治理，积极推动监管数字化、标准化、科学化水平提升，丰富监管工作手段，深化监管数据治理，加强监管基础设施建设，出台有关立法与政策规范，逐步形成完善的监管科技生态。

（二）金融科技治理发展现状

1. 金融科技治理体系现状

（1）金融科技监管理念变革

我国正在推动金融监管理念的变革，构建一体化的金融监管框架，实现监管的有效协同。我国继续加快金融体制机制变革，监管机构进行重大调整，监管治理体系日趋健全。2023 年 3 月，《党和国家机构改革方案》印发，提出组建国家金融监督管理总局，对除证券业之外的金融业实行统一监督管理。同年 10 月，国家金融监督管理总局正式实施"三定"（定职责、定机构、定编制）方案，并新设科技监管司，负责信息科技发展和监管事宜。此次改革意义重大，影响深远，是适应新阶段金融发展形势的体制创新，有利于金融监管机构间的统筹协调，提高金融治理效能。

我国金融科技领域监管政策和规则陆续出台，治理机制不断完善。在金融科技伦理方面，2023 年 9 月，《科技伦理审查办法（试行）》发布，为各领域科技伦理审查提供规则和依据。2023 年 11 月，北京金融科技产业联盟推出《金融领域科技伦理自律公约》，促进金融行业在科技伦理领域的自律管理。在信息安全领域，2023 年 7 月，《关于促进网络安全保险规范健康发展的意见》《中国人民银行业务领域数据安全管理办法（征求意见稿）》相继发布，强化网络安全及数据安全重要性。

（2）金融科技监管目标明确

习近平总书记指出，金融监管要"长牙带刺"、有棱有角，这是党中央对金融监管工作鲜明的政治要求。金融科技的监管作为金融业整体监管框架下的重要环节，顶层设计日趋完善，目标逐渐明确。

一是推进行业协同的穿透式监管，在功能性监管基础上，推动审慎监管与行为监管，行业自律组织、中央地方监管等多方同向发力。二是大力推进监管数智化转型，引入更多前沿技术，增强监管与金融服务创新的适配性，加速金融监管技术平台建立，促进监管工具的研发和使用，强化机构间的信息共享，提升监管效能。三是切实关注金融科技发展给消费者带来的影响，加强对金融科技领域相关机构的市场行为监管，规范经营竞争、优化信息披露，保护消费者的合法权益。

（3）金融科技监管方式调整

围绕中央经济工作会议提出的"五大监管"要求，我国监管体系逐渐由传统的分业式监管转向"三纵两横"的矩阵式监管，强调机构的统一性监管，行为的合规性监管，功能的标准化监管，推进监管的协同共享和动态持续。在具体实施过程中，一手紧抓穿透式监管落实，尤其在资金流向、股东股权、业务实质等方面，做到监管一贯到底；一手推进金融科技机构的宏观审慎监管，"2023 全国系统重要性银行名单"和《系统重要性保险公司评估办法》相继公布，逐步完善对系统重要性机构的管理监督。

（4）金融科技监管工具创新

一是监管科技应用不断丰富。金融科技与监管科技应用场景众多，大数据、人工智能、云计算、区块链构成了监管科技的核心技术体系，数字孪生则是未来监管技术发展主要趋势之一。上述技术深度融入监管体系，不仅提供了监管技术解决方案，也促进了金融效率与技术安全的平衡与双赢。如图1所示。

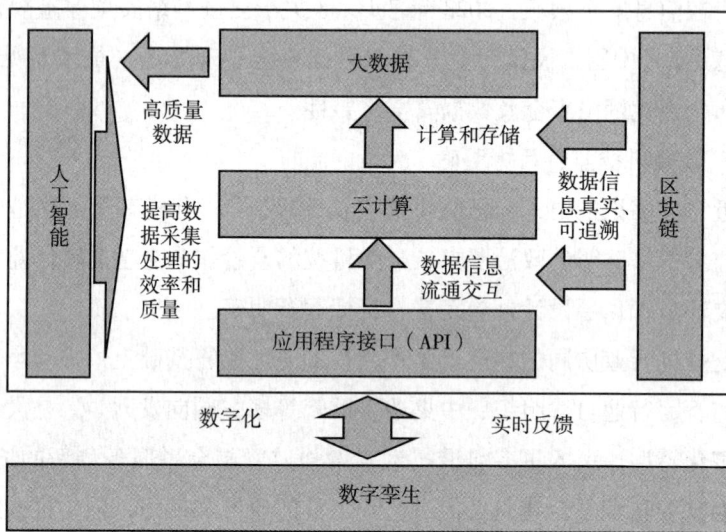

图1 监管科技核心技术

二是"监管沙盒"试点成果显著。2019年，"金融科技创新监管工具"试点工作于北京率先启动实施，意在打造中国版"监管沙盒"。截至2023年，金融科技创新监管工具已在全国范围内全面实施和深入应用，发布白皮书、运行报告，配套出台多项标准规范，推出惠民利企创新应用235个，成功完成测试71个。

（5）金融科技监管与数字经济发展

数字经济蓬勃发展，为我国经济社会的高质量发展带来强劲动力，也为金融科技治理带来风险隐患。常态化监管与暴风式整治相互交织配合，共同推进监管落实到位。2023年3月，国家市场监管总局发布一系列规定，以促进在数字经济领域的平台经济规范经营与健康持续发展。2023 年 7 月，中国人民银行、国家金融监督管理总局、中国证券监督管理委员会针对金融科技平台企业发出巨额罚单，并表示相关整治工作由集中整改转为常态化监管。

以 Chatgpt 为代表的 AIGC 大爆发，成为人工智能发展史上的里程碑事件，推动金融科技向新的领域和业态拓展。2023 年 8 月，《生成式人工智能服务管理暂行办法》迅速出台，体现出我国对于前沿技术发展的密切关注，也是通过立法建规落实监管的重要举措。

2. 金融科技治理风险管控现状

随着金融科技的快速发展，大数据、云计算、人工智能以及区块链等技术不断应用于金融领域，促进了商业银行的产品创新和服务创新，但同时也给金融行业监管带来了数据安全、合规安全、AI 应用、风险联控等领域治理问题。为此国家出台相关政策法规，运用数字化合规管理手段，有效甄别高风险交易和异常交易，实现风险事前预警、事中拦截、事后处置，提升金融风险技防能力，切实将数字技术与银行合规深度融合。

（1）数据安全治理

数据安全治理是企业级数据战略及规划的重要组成。合规保障和风险管控是数据安全治理的基本前提，是实现数据高效开发和安全流转、金融业务健康发展的基本保障。数据安全体系设计需在包括数据采集、传输、处理、存储、备份与恢复、使用、共享等层面，夯实在数据全生命周期不同阶段的数据安全管理策略。平台技术工具产品正从单点能力的建设走向平台化。

（2）产品服务安全合规

金融机构借助金融科技新技术创新金融业务发展，可能面临新的合规问题。金融产品服务数字化需要运用金融科技手段对新产品、新业务、新模式进行合规管理，包括是否违反现有法律法规或监管要求，是否存在用户信息泄漏、隐私保护、反洗钱及反恐怖融资等违规情形。

一是信息泄露和隐私保护领域。通过隐私保护，人工智能，设备指纹、声纹识别、人脸识别、视频核身和图像识别等身份识别技术辅助识别持卡人身份，防范欺诈行为发生，保障账户安全。

二是电信网络诈骗领域。近年来，电信网络诈骗手法不断翻新，技术对抗性持续增强。利用大数据技术强化电信网络诈骗技术治理手段，一是利用机器学习、数据挖掘等技术强化诈骗信息挖掘研判能力；二是加快制定与完善反诈大数据技术标准，研制电信网络诈骗治理标准体系架构；三是推进反诈大数据技术平台建设，汇聚各方反诈数据。

三是反洗钱领域。基于人工智能技术开展反洗钱工作，利用人工智能技术监测和预防与洗钱有关的非法活动，从交易行为自动监控、交易报告自动处理、交易网络自动分析、洗钱风险自动评估等应用场景展开。

四是账户安全管控领域。为落实党中央、中国人民银行提出的商业银行应提高政治站位，落实账户管理主体责任的要求，各家商业银行启动账户风险智能监测系统建设，通过灵活的风险监测模型适应不断变化的涉案账户特征，整合各系统分散信息，提升风险分析、识别能力和识别准确度。

五是内部控制和审计领域。金融行业内部控制管理、合规风险防控的压力持续加大，监管机构对于金融机构内控合规管理已进入常态化的全面监管。当前，内部控制审计依托大数据技术、多维分析模型技术，构建预警体系，实现数字化转型。

（3）AI应用安全风险管控

银行、保险、基金等金融机构目前已将AI应用在智能客服、风险管理、自动化交易、智能核赔、贷款风险评估等业务中，极大地提升了业务处理效率、节约了人力成本、提高了业务处理质量。当前，金融机构对人工智能的底层模型、算法和执行过程的管控更为重视，以避免数据泄露、做出错误决策导致投资失败、客户不满业务执行结果、产生有歧视性或违反合规要求的结果等问题。

（4）金融风险联防联控

为深入贯彻落实国务院部际联席会议精神，我国正在构建更加科学、精准的跨部门、跨行业的治理协同工作机制。一是建立企业信息联网核查系统，积极推进信息共享，打破"信息孤岛"；二是建立涉诈线索联合研判、协同处置机制。

3.金融科技治理重要领域现状

（1）金融科技伦理治理

2023 年，金融科技伦理治理正向着更加成熟和系统的方向发展，在金融科技快速发展的同时，注重伦理和风险的平衡。我国正努力构建一个更加完善的金融科技伦理治理框架，对科技活动进行伦理风险评估，确保科技活动与科技伦理的协调发展；促进负责任的创新，突出创新推动与风险预防的协调一致性、规则制定与自律并重的关键性，将伦理放在首位；培育科技向善的文化观念，确保科技创新的优质进步与稳固安全的相互促进。

《金融领域科技伦理指引》发布，旨在加强金融科技伦理建设，强调促进创新与防范风险的统一及制度规范与自我约束的结合，明确在金融科技实践中应当坚持的七项核心价值和行为准则。《关于强化科技伦理管理的指导意见》发布，旨在优化科技伦理架构，增强科技伦理的管理效能，有效预防和控制科技伦理风险。《科技伦理审查办法（试行）》印发，成为科技伦理风险防控与创新风险治理的准则，旨在将科技领域的探索、技术进步等活动的伦理审查流程标准化，加强科技伦理风险的管理，推动可持续的创新发展。

（2）法规与标准建设

2023 年，金融科技法规制度和标准建设取得积极成效，护航金融科技高质量发展。在法规制度建设方面，持续强化数据安全、网络安全、跨境数据流通、数据资产等重点领域管控，陆续出台一系列重要法规制度，为金融科技安全合规发展提供了重要的制度支撑。在商用密码应用、非银支付监督管理、数字函证、收单外包服务机构管理、互联网贷款业务等技术及应用领域亦发布了相关法规制度。

在标准建设方面，金融科技标准体系更加健全。2023 年，国家标准和行业标准发布总数较 2022 年显著增加，证券行业年发布的标准数量创历史新高；标准建设更加聚焦网络安全、数据安全、风险防控、消费者权益保护等重点领域，发布国家、行业标准 10 余项；团体标准和企业标准发展势头良好，发布数量相比 2022 年有较大提升，先进企业标准引领作用不断增强，更多金融机构积极参与企业标准"领跑者"活动，在企业信息公共服务平台上进行自我申明公开；标准实施应用迈上新台阶，中国人民银行多措并举加大金融标准实施力度，通过完善对标达标工作机制、实施标准自我申明公开和监督、强化标准全生命周期实施导向、推进金融标准实施情况调研和信息反馈、开展标准争先创优活动等多种方式，推动金融机构推广使用标准化方法，更好地发挥标准的规范引领作用。

（3）金融科技治理人才培养

2023 年，金融科技治理人才培养方面取得积极进展，推动金融科技行业的健康和创新发展。《金融科技发展蓝图（2022—2025 年）》将金融科技专业人才的培育和标准化法规体系的建设确定为核心发展目标之一。

各方通过政策支持、规划制定、人才培养合作等多种方式，努力提升金融科技治理人才的培养和储备。多家银行在 2023 年显著增加了科技投入，并重视科技人员培养和组织架构改革。其中，中国农业银行、中国建设银行、中国工商银行等在科技投入上均超过 200 亿元，银行科技人员数量也同步增长。

多地为储备和培养金融科技人才采取多项举措。北京出台《关于加强新时代首都高技能人才队伍建设的实施方案》，聚焦于高技能人才的增长、应用、评估和鼓励等关键领域，制定了 18 项具体措施，致力于加强基础、优化架构、扩大规模、提升素质、建立机制、增强动力，旨在建立一个吸收社会各界参与的高技能人才成长体系，培养适应新时代首都发展需求的高技能人才团队。深圳编写的《金融科技领域人才发展蓝皮书》，深入阐述金融科技领域的进展概览、数据收集及公司调查状况、金融科技职位的人才特征分析和金融科技人才培育的策略建议，旨在协助金融科技企业优化人才与职位的契合度，为政策决策、企业人才招聘、行业进步提供参考和指导，更为金融科技领域的人才发展提供了宝贵的意见和指导。川渝地区互认团体标准《金融科技师》也在建设中，该标准规定了金融科技师能力等级、能力要素、能力要求和能力验证方法，适用于规范引导川渝地区金融机构金融科技师的引进与能力培养。

（三）现阶段金融科技治理面临的挑战

金融科技创新复杂多元，存在诸多风险及隐患。一是金融科技行业发展迅速，行业规模持续扩大，混业结构体系日益复杂；二是金融科技风险传导突破行业限制，引发经营模式和业态变革，亟须全面监督管理；三是现场检查与非现场监管的边界日益模糊，穿透式监管成为当前金融监管的重要要求；四是数据质量与数据治理问题仍然严重，相关行政处罚事件频发。

1. 金融科技融合提升治理难度

金融科技打破业态隔阂，不断衍生出新的融合场景及业务模式，具有创新性、复杂性、多样性，提升了金融科技监管治理难度。

一是金融科技创新影响金融治理预期成效。金融科技相较于传统金融机构的分业运营，监管成本日益上升，表现在监管组织协同成本高昂、混业经营协调监督困难、穿透式监管下监督管理成本增加、交叉领域依然存在监管盲区等方面。二是混业经营模式缺乏统一标准规范。我国已出台一系列穿透式监管领域政策，制定金融科技相关技术标准，但监管套利和监管盲区问题依然存在，国家级政策标准、高层级法律框架、地方性法规政策、多领域控股企业监管方案等依然有待完善。三是金融科技多元化影响监管治理效率。穿透式监管的交易核查依赖金融机构有效的信息披露，不仅涉及数据安全、监管诚信问题，而且必然引起监管成本扩张，同时影响机构原有经营效率。

2. 混业经营加剧金融风险泛化

一是混业经营模式加剧金融系统性风险。金融科技混业经营提升金融自由化，加剧金融体系的内在脆弱性，极易导致风险外溢，引发系统性风险。金融科技企业可通过业务创新利用监管盲区进行套利。加之金融机构和科技企业往往存在紧密上下游关系或复杂嵌套关系，增加业务关联性和复杂性，一旦出现风险，可能迅速蔓延，甚至引发机构间的连锁反应和市场共振。此外，传统金融机构的盈利能力在科技企业大规模涌入的情况下受到严峻挑战；风控难度在创新技术应用的场景下快速增加，尤其易发生操作风险和紧急事件，进一步增加系统性风险的隐患。

二是金融科技创新提升消费者权益保障风险。消费者作为金融市场个体，存在认知和心理偏差，极易受到各方信息影响。技术领域不断创新加剧了经营者与消费者之间的不对称性，加之金融"黑灰产"活动频出，消费者可能面临人工智能算法侵害、过度营销诱导消费、隐私信息泄露等诸多风险，使得消费者的合法权益更易受到侵害。当前监管治理体系仍在不断健全和完善，相关领域的消费者合法权益保护还有待加强。

三是数字化蓬勃发展衍生数据安全风险。数据过度收集、数据滥用等问题日趋严峻，数据市场交易规则、数据资产产权规则仍有待完善；数据质量、数据治理问题仍需受到重视和关注，金融机构应持续加强对数据质量和可信度的监管；金融科技企业存在固有商业模式，海量数据往往集中在少数头部企业，数据资源的平衡与共享也将直接影响业态平衡健康发展。

3. 科技发展提高监管技术要求

金融科技有效实现了金融体系"降本增效"，也提出了技术问题、信息安全、网络安全等新兴风险，对监管技术应用的要求也相应提升。一是监管技术应用标准建设。技术标准是监管技术开发与应用的重要指导和依据，必须建立和健全技术安全和规范标准，以便准确严谨地指导监管技术的应用。二是金融基础设施平台建设。以数据为核心，建立包括社会诚信系统、信息披露体系、监管报送体系等全方位的金融服务基础设施系统，已经成为监管技术领域的迫切要求。

4. 金融科技业态发展仍不平衡

金融科技在动态发展过程中，呈现出时间和空间异质性，对于监管治理的与时俱进、动态匹配提出更高要求。一是区域性金融科技产业发展不平衡。京津冀、长三角、成渝和粤港澳等金融科技中心城市借助自身区位特色、数字产业基础、政策整体规划等优势，其金融科技产业发展明显领先，并已率先开展"监管沙盒"试点。二是金融机构转型不平衡日益突出，在科技研发能力、创新创造动力、适用机制政策等方面存在差异。传统行业秉承稳健经营原则，在业务创新、技术运用等方面谨慎保守，新兴产业则更为灵活激进。随着金融科技行业的深入发展，部分公司之间的差异逐渐缩小，也有部分企业依托数据、技术等先发优势逐渐形成垄断地位，挤压行业内其他企业并可能利用提价、差异定价等方式侵犯消费者权益。

二 金融科技治理后续发展方向及政策建议

金融科技和数字经济的发展已全面深入各行各业，金融科技监管治理既要抓住发展契机，努力推动我国经济高质量发展，又要积极面对发展中的潜在风险和挑战，为金融科技健康规范发展提供有效监督和保障。

（一）积极探索监管科技创新及应用

1. 加强技术能力武装

一是充分了解当前技术发展情况，与监管科技和应用的行业主体开展合作，丰富监管工具，落地应用场景，共同推动监管科技行业发展；二是推进金融监管数字化智能化转型，完善监管基础设施建设，逐步实现各种监督过程的规范化、线上化、透明化；三是加强监管数据治理，实现信息协同与共享，坚决保障监管数据安全。

2. 拓展创新技术应用

一是隐私计算助力金融数据应用安全合规，在信贷风控、反欺诈、人脸识别等场景下具有重要作用（如全密态数据库）；二是可解释人工智能促进人工智能金融应用安全合规，相关监管机构及学术界也在加快推进相关规划、技术标准；三是数字孪生推动监管合规监测与治理体系构建，为开展监管合规的监测与治理提供了新思路；四是技术标准化筑牢监管科技基础设施体系（如监管科技语料库与金融机构法人识别码）。

3. 协同推动数字化转型

在实际推动金融科技监管治理落地过程中，金融科技领域参与各方紧密配合，结合自身优势，加大研发和应用投入，协同推进金融监管线上化能力，发挥监管科技实际应用效果；金融机构通过信息化手段赋能监管，明确自身监管合规能力的建设路径，确保自身数字化转型目标与监管目标保持一致。

（二）大力推进柔性监管生态建设

1. 优化金融创新监管框架

一是充分发挥"一行一局一会"金融监管新格局优越性，厘清各方监管职能，引入"多元联动"公共监督机制，构建涵盖政府监管机构、市场参与主体、行业及社会个体在内的大监管格局；二是持续优化金融科技发展监督规范制度，形成标准制定、履职尽责、监督管理等环节的管理体系；三是不断完善金融创新监管工具箱，稳步推进中国式"监管沙盒"等包容审慎监管工具的探索与应用，主动服务监管对象，激发市场主体活力。

2. 优化金融风险管理机制

一是健全风险防范管理机制，完善重大风险紧急处置预案，提升金融体系风险预警化解能力；二是确保金融机构依法持牌合规经营，监管范围由金融业务拓展至金融活动，消除监管空白和盲区，防止监管套利；三是加强金融机构行为监管，强调金融机构内部控制与合规管理，贯彻实施消费者权益保护等法律法规，践行"金融为民"发展理念。

3. 重视金融科技伦理治理

一是开展数据伦理体系建设，不断创新、构建和完善数据领域相关治理机制，尝试数据伦理框架构建的研究。二是加强金融技术及产品创新的伦理评估，在产品的开发、设计等环节中融入伦理元素；全面合理地开展风险预警与辨识，减少伦理风险。三是积极做好金融技术工作者的伦理培养，从企业制度和人才培养层面完善行为规范和道德教育。四是加快金融消费者伦理意识的形成，带动消费者参与金融科技伦理建设的监督流程，引导其形成意识自觉。五是及时优化伦理行为，平衡好制度规则与政策导向、金融效率与安全；监管机构之间形成伦理共识，避免由于监管重叠和空白造成的伦理挑战。

（三）持续健全监管科技法律法规保障体系

1. 完善法律和制度保障

一是为了防范和遏制金融犯罪以及出现系统性的金融风险，进一步强化金融数据安全保护和执法力度，对相关违法违规行为保持高压态势，推动我国数据开发利用和产业发展步入法治化轨道；实施过程中，根据新形势和实践中的新问题及时调整和修改，推动网络信息法治体系的动态完善。二是充分发挥知识产权的专利权、著作权作为鼓励和保障技术创新的法律手段的作用，激发企业加大研发投入、吸引科技人才，推动金融科技行业的持续创新。

2. 发挥政策及标准引导

在政策管理体系方面，建立健全总体发展纲要、制定整体发展框架，充分发挥政策引导作用，金融管理部门和市场主体共同助力监管科技发展。在标准体系方面，借助先进且合理规范的技术，优化技术标准，提升标准国际化水平，助力高技术创新，促进高水平开放，引领高质量发展。

3. 参与监管科技国际合作

金融科技行业在发展过程中面临着诸多共性问题，加之当前越来越多的金融科技企业布局出海。加强我国与各国的金融监管合作，尤其是监管科技合作，努力达成有关监管标准和框架的国际协议至关重要。我国可以从其他国家政策方案中借鉴成功经验，积极开展与国际组织的监管合作，与其他国家进行沟通交流，为深化金融科技治理寻求有益支持。

B.20
金融科技伦理治理实践

浙商银行股份有限公司　恒丰银行股份有限公司　民生银行股份有限公司*

摘　要：　随着移动互联、大数据、人工智能等为代表金融科技加速发展，其给金融消费者带来跨越时空、渠道畅通、深度感知、物美价廉等金融服务与产品。但在信息不对称、有限理性、维权素质薄弱等诸多制约因素影响下，伴随而来的隐私泄露、数字鸿沟、大数据杀熟、算法歧视等科技伦理失范问题越发严重，已引起金融管理部门、金融机构、研究学者、金融科技从业人员以及社会大众的广泛关注。我国科技伦理（包含金融科技伦理）治理体系建设整体起步较晚。近年来，国家持续强化监管与引导，推进科技伦理，特别是金融科技伦理治理体系建设，围绕守正创新、数据安全、包容普惠、公开透明、公平竞争等伦理价值观，大力健全完善金融科技伦理法规体系，全面规范提升金融机构金融科技创新与应用行为的伦理底线，倡导金融机构、金融科技企业、行业从业人员等相关主体主动积极遵循符合金融市场规范的道德标准与行为方式并取得较大进展。数据安全与个人信息保护已成为金融科技创新应用的底线。强化风险防控、坚持公平公正、消除数字鸿沟等伦理意识已深入人心，明确成为金融机构必须履行的社会责任。深化普惠金融、践行绿色低碳、助力共同富裕等伦理意识也成为金融机构数字化转型的重要目标。中国金融科技伦理治理开始步入有序阶段。

关键词：　金融科技伦理　金融监管　金融服务

---

* 执笔人：张艺、肖郑进、黄凯晖，浙商银行股份有限公司；肖敏、吴岳、吕浩然，恒丰银行股份有限公司；林冠峰，民生银行股份有限公司。

一 金融科技伦理风险及监管纲领

（一）金融科技伦理风险

1.金融科技伦理风险分类

金融领域科技伦理风险主要涉及隐私泄露、算法歧视、数字鸿沟等问题，这些不仅侵害了金融消费者的权益，也与金融科技守正创新的发展初衷背道而驰。

（1）金融消费者隐私泄露

科技与金融的深度融合体现在金融产品的数字化，消费者的个人信息伴随着金融产品使用的全生命周期，消费者信息泄露的可能性大大增加。首先，信息采集阶段，在利益驱使下商家可能过度采集数据，采集内容、频率和数量往往越多越好，而非最小必要。另外"使用前必须授权"的强制授权行为，通过制式合同逃避责任，增加了金融消费者依法维权的难度。其次，信息使用阶段，数据超范围使用、不当使用的现象屡见不鲜，一次性获得数据后难以保证数据的使用范围、处理方式遵循既定目的。最后，在数据共享方面，由于数据产权界定不清晰，部分企业甚至随意共享或售卖数据资源，严重侵害金融消费者合法权益。

金融消费者个人身份信息、财产信息、账户信息、信用信息、交易信息理应受法律保护，享有不被非法知悉、查询和传播的权利。然而，我国现阶段金融立法对金融消费者隐私权保护的规定过于简单零散，欠缺协调性和系统性，无法为金融消费者隐私权提供充分保护。在此背景下，不断出现金融消费者隐私泄露事件。

（2）算法歧视固化形成"社会结构性歧视"

算法是数据服务金融科技的行为逻辑，数据转化为生产要素的关键在于算法，算法实现了计算机对数据分析得到自动化决策结果，其设计、目标、数据筛选均受设计者的主观意愿影响。算法是对人类思维的模拟或提升，自

249

然而然地保留有人类思维的局限性。金融科技领域算法的设计目标主要分为两类，一类是精准营销，另一类是风险防控。在精准营销方面，算法通过挖掘用户的金融行为，利用信息不对称影响其购买意愿。算法的自动化决策存在固化潜在歧视的风险，消费者家庭关系、宗教信仰或是个人缺陷都可能影响其获得的金融服务，最终形成"社会结构性歧视"和"统计性歧视"。在风险防控方面，部分机构或利用算法"黑箱"特性实施差别定价，或与同业达成"算法共谋"形成市场垄断，或利用信息推荐技术，蓄意构建充斥高风险金融产品服务的信息茧房，使"超前消费""过度消费""负债消费"越来越被资信脆弱人群接受。当更多的高风险、低净值人群被吸引进行金融消费时，金融风险也就悄悄开始酝酿，如果任其放大和扩散风险，会给消费者造成损失，迫使消费者进入非正规融资渠道，加上数字鸿沟的存在，可能出现"金融再排斥"，使得普惠金融出现倒退。

（3）金融行业数据垄断影响金融行业稳健发展

数据与算法是金融科技应用的底层基础，复杂度高而且透明度低。这就导致金融科技领域形成了一定程度的技术垄断，其本质在于信息的不对称性，即技术开发机构或人员对所使用的数据处理方式和具体信息内容的掌握程度要远远高于其他关联人，使其在博弈或决策中更具主动权，这种垄断的滥用可能会严重扰乱市场竞争秩序、损害社会公众利益。

部分平台公司在经济利益驱使下，滥用市场支配地位，凭借在电商、社交等领域积累的用户群体规模优势、数字渠道流量优势或闭环商业生态优势，利用网络效应进行不公平竞争，造成线上服务高度集中，形成"赢家通吃"的垄断局面，甚至引发"大而不能倒"风险。更有甚者违背金融科技初心使命，打着"科技创新"的幌子模糊业务边界、层层包装产品、掩盖风险本质，开展无照或超范围经营，绕过现有资本充足率、资产负债率等监管要求，从而游离于金融监管之外、利用监管空白套利，致使潜在风险伴随失德行为蔓延滋长。算法滥用在银行业金融机构中也大量存在，平台公司对于技术或算法垄断，进而引发市场垄断，降低了创新效率。此外，金融科技运行方式将金融服务过程推进更深的"黑箱"，用户无法知晓原理，金融产品变成了无法推敲的成品，机构监管审核环节对服务过程和真实逻辑链的检查都将面临更大难题，市场竞争秩序维护难度进一步增加。①

2. 金融伦理失范的表现形式及其危害

（1）金融伦理失范的表现形式

一是营销手段不道德。部分金融机构与企业在宣传推广产品时采用虚假信息、夸大宣传、诱导性语言等不道德的手段来吸引客户投资，这使得很多客户被误导，从而客户对机构失去信任。

二是逃避监管。一些金融机构和企业为了逃避监管，在运营过程中没有遵守相关法律法规，违规操作，许多投资人由此蒙受损失。

三是偷盗客户信息。一些金融机构与企业为了获取更多客户信息，偷偷收集和销售客户资料，这不仅侵犯了客户隐私，而且可能泄露客户的投资信息。

四是不承担责任。一些金融机构与企业为了避免责任，将责任转嫁给其他公司或客户自己，这使得许多客户投资后无法获得应有的回报，从而对机构产生了质疑。

（2）金融伦理失范对社会的危害主要表现

一是危及客户利益。部分金融机构与企业的不道德行为使得客户的利益受到损害，有可能导致客户无法获得应有的利益，甚至可能造成客户经济上的严重损失。

二是破坏市场秩序。一些金融机构与企业不遵守市场规则和监管要求，通过不正当手段牟取暴利，这会破坏市场的公平竞争环境，从而对整个社会经济产生负面影响。

三是损害社会信任。部分金融机构与企业的不道德行为使得社会对金融行业产生了质疑，失去了对这一行业的信任，这对金融行业的发展产生了不良影响。

---

① 王悦、王秋平：《金融科技伦理治理与消费者权益保护路径研究》，2023。

（二）金融科技伦理监管纲领

金融科技伦理是金融学、伦理学与科技的交叉部分，是科技伦理和金融伦理的有机结合，即既可以认为是科技伦理在金融领域的分支，也可以认为是传统金融伦理因科技创新应用而产生的演变，其重点关注现代科技成果改造或创新金融产品、经营模式、业务流程等过程中涉及的价值观念、社会责任、行为准则和规范，影响各种社会主体，如政府部门、企业、个人在生产、交换、分配、消费等经济活动中的行为与结果。

2021 年 12 月，中国人民银行印发《金融科技发展规划（2022—2025年）》，将加强金融科技伦理建设作为二十八项重点任务之一，并强调加强金融科技伦理建设。坚持促进创新与防范风险相统一、制度规范与自我约束相结合原则，加快出台符合国情、与国际接轨的金融科技伦理制度规则，健全多方参与、协同共治的金融科技伦理治理体系。同时，进一步明确金融机构、行业组织、从业人员的责任，这是金融科技伦理治理目前最权威、最专业、最明确的纲领性行动指南。

2022 年 10 月 10 日，中国人民银行正式发布并实施《金融领域科技伦理指引》，提供了在金融领域开展科技活动需要遵循的守正创新、数据安全、包容普惠、公开透明、公平竞争、风险防控、绿色低碳七个方面的价值理念和行为规范。

这两个金融科技伦理治理属于部门级规章，是金融科技伦理监管的纲领性文件，其与《关于加强科技伦理治理的意见》《科技伦理审查办法（试行）》《中华人民共和国网络安全法》《中华人民共和国数据安全法》《中华人民共和国个人信息保护法》《新一代人工智能发展规划》等各层级法规一起共同构成我国金融科技伦理治理法规体系。

二 中国金融科技伦理治理法规体系

我国以更高一级的科技伦理为管理对象进行统筹规划、系统治理，秉持科技向善、造福人类理念，统一顶层设计，实行分类分级监管，打造以网络安全、数据安全为基础，互联网服务、个人信息保护、人工智能等各类应用安全为领域的可拓展的网格化风险防范架构，并在政策、法律、标准规范等层面形成有机衔接的治理体系，从而覆盖各种金融科技应用场景。

（一）科技伦理监管顶层设计

2019 年 7 月 24 日，习近平总书记主持召开中央全面深化改革委员会第九次会议审议通过了《国家科技伦理委员会组建方案》。并于 2020 年 10 月 21 日成立国家科技伦理委员会作为我国科技伦理治理牵头主管机构，负责指导和统筹协调推进全国科技伦理治理体系建设工作，推动构建覆盖全面、导向明确、规范有序、协调一致的科技伦理治理体系。国家科技伦理委员会于 2022 年 3 月颁布纲领性政策文件《关于加强科技伦理治理的意见》，这标志我国科技伦理治理已完成顶层设计，科技伦理治理体系已初步建成，科技伦理治理迈入新阶段。

2021 年 11 月，习近平总书记主持召开中央全面深化改革委员会第二十三次会议，审议通过了《关于加强科技伦理治理的指导意见》，提出健全多方参与、协同共治的治理体制机制，塑造科技向善的文化理念和保障机制，做到坚持促进创新与防范风险相统一、制度规范与自我约束相结合，强化底线思维和风险意识，把科技伦理要求贯穿到科学研究、技术开发等科技活动全过程。

2021 年 12 月，全国人大审议通过《中华人民共和国科学技术进步法》，明确健全科技监督体系、科技伦理治理体制，营造良好科技创新环境，要求科学技术研究开发机构、高等学校、企业事业单位等应当履行科技伦理管理主体责任，按照国家有关规定建立健全科技伦理审查机制，对科学技术活动开展科技伦理审查，强调禁止危害国家安全、损害社会公共利益、危害人体健康、违背科研诚信和科技伦理的科学技术研究开发和应用活动。

2022 年 3 月，中共中央办公厅、国务院办公厅联合印发《关于加强科技伦理治理的意见》，对科技伦理治理的基本模式、监管框架、制度体系等做出顶层设计，提出了增进人类福祉、尊重生命权利、坚持公平公正、合理控制风险、保持公开透明的原则，并要求从事生命科学、医学、人工智能等科技活动，研究内容涉及科技伦理敏感领域的单位应设立科技伦理（审查）委员会。这是我国首部国家层面、系统部署科技伦理治理工作的指导性文件。

2023年9月，科技部、教育部、工业和信息化部、农业农村部等十部委联合发布《科技伦理审查办法（试行）》，明确了科技伦理审查主体、审查程序、监测机制与应急处理方案，要求科技部负责建设国家科技伦理管理信息登记平台以增强科技伦理治理的刚性控制，并制定了需要开展伦理审查复核的科技活动清单，重点围绕人工智能、生命科学、医学等三大领域。

《科技伦理审查办法（试行）》是我国首部具有清晰的科技伦理审查与监管措施的科技伦理监管专项法规，具有全局性监督指导作用，标志着我国科技伦理治理架构正式落地，为加强科技伦理审查和监管、推动科技活动负责任创新提供了国家级的制度保障。

上述这些国家级的政策与国家科技伦理委员会共同构成我国科技伦理治理的顶层设计。

（二）金融科技伦理监管法规体系

金融科技典型技术为互联网、大数据、人工智能、区块链，与之对应的金融科技伦理法规也可以分为三大细分领域：网络空间与安全、数据安全与个人信息保护、人工智能伦理。

1. 网络空间与安全

20世纪90年代以来，计算机与互联网技术发展迅猛，对人类工作与生活产生颠覆性影响，引发了一系列涉及网络空间与安全的伦理事件，我国先后颁布了一系列伦理监管法规，以规范网络空间行为，确保网络空间安全。

2016年11月7日，全国人大通过了《中华人民共和国网络安全法》（以下简称《网络安全法》），明确了关键信息基础设施保护、数据安全和用户个人信息保护、网络安全等级保护等法规要求。《网络安全法》首次将网络安全管理要求上升到法律层次，是我国网络安全监管法规的上位法，是我国个人信息保护、关键信息基础设施保护，惩治电信诈骗违法犯罪、实施网络安全等级保护等要求的基础，其他法规大多是基于其的细化与补充。《网络安全法》的颁布具有重大的里程碑意义，开启依法监管网络安全的新篇章。

2017年8月15日，中共中央办公厅发布《党委（党组）网络安全工作责任制实施办法》，要求进一步加强网络安全工作，并明确按照谁主管谁负责、属地管理的原则，各级党委（党组）对本地区本部门网络安全工作负主体责任，领导班子主要负责人是第一责任人。

2021年11月，国家网信办等十三部门联合修订发布的《网络安全审查办法》，完善升级国家安全的网络安全审查制度，在原来对关键信息基础设施运营者采购活动进行审查和对部分重要产品等发起审查的基础上，进一步将网络平台运营者开展数据处理活动影响或者可能影响国家安全等情形纳入网络安全审查范围，并明确要求掌握超过100万用户个人信息的网络平台运营者赴国外上市必须申报网络安全审查。

1991年9月，全国人大常委会首次通过《中华人民共和国未成年人保护法》（以下简称《未成年人保护法》），并分别于2006年12月、2020年10月两次进行修订，这是我国第一部保护未成年人身心健康、保障未成年人合法权益的专门法律。2020年修订后，《未成年人保护法》专门新增网络保护章节，强调任何组织或者个人不得通过网络以文字、图片、音视频等形式，对未成年人实施网络欺凌的伦理要求，力图实现对未成年人的线上线下全方位保护。

2022年6月，国家网信办重新修订并发布《移动互联网应用程序信息服务管理规定》，针对互联网应用程序快速发展与广泛应用过程中产生的新形势，要求所有的应用程序提供者和应用程序分发平台应当共同履行维护清朗网络空间、信息内容管理主体责任、不得侵犯他人合法权益等三大合规义务。新规不仅在总则中就明确"弘扬社会主义核心价值观，坚持正确政治方向、舆论导向和价值取向，遵循公序良俗，履行社会责任，维护清朗网络空间"的伦理价值观，还针对特定的网络不良、恶性行为提出规范，要求平台控制虚假流量，不得通过虚假宣传、捆绑下载等行为，通过机器或者人工刷榜、刷量、控评等方式，或者利用违法和不良信息诱导用户下载。

2. 数据安全与个人信息保护

数字时代，数据成为关键生产要素和战略性资源，数据安全已成数据应用的前提与底线，个人信息保护更是数据安全的重中之重，这也是我国金融科技伦理监管法规最健全的领域。

2021年6月，全国人大常委会审议通过《中华人民共和国数据安全法》（以下简称《数据安全法》），这是我国第一部针对数据领域的基础性法律，把数据安全上升到了国家安全层面。这是继《网络安全法》实施后，网络安全行业又一个里程碑式法律，是我国数据安全法规体系最直接的上位法，从法理上明确了数据管理者和运营者的数据保护责任，指明了数据安全保护的工作方向，消除了数据安全建设中的盲区，确保了数据安全治理有法可依。

2021年8月20日，全国人大常委会表决通过《中华人民共和国个人信息保护法》（以下简称《个人信息保护法》），在国家层面明确国家网信部门和国务院负责履行个人信息保护职责，进一步明确细化个人信息保护规范，是中国第一部专门规范个人信息保护的法律。《个人信息保护法》明确了合法、正当、必要和诚信、目的明确、因果相关、影响最小、公开透明、完整、准确、安全等个人信息处理的基本原则，同时增加了智能技术应用的规范条款，要求保证决策的透明度和结果公平、公正，不得对个人实行不合理的差别待遇，保证个人选择权与知情权，以防止产生信息骚扰、"大数据杀熟"等伦理问题，保护个人合法权益。

2015年《刑法修正案（九）》将出售、非法提供公民个人信息罪和非法获取公民个人信息罪进行合并为"侵犯公民个人信息罪"，并明确违法处罚规定，但该刑法未明确情节严重等判定标准。2017年4月，最高人民法院、最高人民检察院联合发布了《关于办理侵犯公民个人信息刑事案件适用法律若干问题的解释》，对公民个人信息范围、情节严重的标准等都做了具体明确的规定，为侵犯公民个人信息犯罪的定罪量刑标准和有关法律适用问题做了全面、系统的规定。

2018 年 5 月发布、2020 年 2 月修订的《信息安全技术个人信息安全规范》（GB/T 35273-2020）是一部关于我国个人信息安全保护的国家标准，其针对个人信息面临的安全问题，严格规定了个人信息处理活动应遵循的原则和安全要求，规范了个人信息控制者在收集、保存、使用、共享、转让、公开披露等信息处理环节中的相关行为。这是个人信息安全领域最基础、最重要和影响最为广泛的推荐性国家标准，虽然不具有强制执行力，但后续许多部门规章与标准规范，如《关于开展 App 违法违规收集使用个人信息专项治理的公告》《App 违法违规收集使用个人信息行为认定方法》《常见类型移动互联网应用程序必要个人信息范围规定》等都沿用其对个人信息控制者的相关要求及背后的立法精神，对后续个人信息保护工作的开展产生深远影响。

《网络安全法》《数据安全法》《个人信息保护法》作为我国数据安全领域的三大基础法规，共同构成国家数据治理与个人信息保护框架，其与《刑法》《民法典》《电子商务法》《消费者权益保护法》《未成年人保护法》《反电信网络诈骗法》《未成年人网络保护条例》等法律中个人信息保护相关条款相互补充、持续健全完善，共同组成一张个人信息保护网，构成我国科技伦理治理领域最健全、最严格的法规体系与流程机制。

3. 人工智能伦理

人工智能相关新技术新应用新业态快速发展，在极大提升社会生产效率、丰富公众生活形态的同时也带来巨大的伦理挑战，我国已将 AI 伦理治理提到新高度，奋起直追，全面加快 AI 伦理、安全、法律法规等领域建设。

2017 年 7 月，国务院公布了《新一代人工智能发展规划》，提出了面向 2030 年我国新一代人工智能发展的指导思想、战略目标、重点任务和保障措施，并明确要建成更加完善的人工智能法律法规、伦理规范和政策体系，形成人工智能安全评估和管控能力。

2021 年 9 月，国家网信办等九部委联合发布《关于加强互联网信息服务算法综合治理的指导意见》（以下简称《意见》），从算法分级分类管理的角度出发，强调高风险类算法的精准治理，规定了构建算法安全监管体系的四大措施，包括算法备案、算法监督检查、算法风险监测、算法安全评估，希望用三年左右时间，逐步建立治理机制健全、监管体系完善、算法生态规范的算法安全综合治理格局。《意见》开启了国家层面的人工智能伦理治理之路。

2022 年 1 月，国家网信办等四部委联合发布《互联网信息服务算法推荐管理规定》（以下简称《规定》），以互联网信息服务算法推荐活动为切入点，明确算法推荐服务的伦理观。《规定》作为全球第一部明确人工智能算法推荐服务从备案、评估、行为规范、监督检查等全方位治理措施的法规，3 月 1 日正式施行后，支撑《规定》中算法备案工作的互联网信息服务算法备案系统也同期正式上线运行，标志迈出中国 AI 治理实质性的第一步，奠定了我国 AI 应用的伦理监管底线，即满足用户算法知情权、算法选择权、公平性、保留投诉入口等基本权益要求，标志着中国对 AI 治理路径日渐清晰，开始贯彻实施实质性监管。随后，我国又颁布《互联网信息服务深度合成管理规定》《生成式人工智能服务管理暂行办法》等部门规章，进一步强化人工智能领域的科技伦理治理。

2021 年 3 月以来，中国人民银行先后印发金融行业标准《人工智能算法金融应用评价规范》《人工智能算法金融应用信息披露指南》，针对人工智能技术应用存在的算法"黑箱"、算法同质化、模型缺陷、信息披露等潜在伦理风险问题，从安全性、可解释性、精准性和性能等方面建立了人工智能算法金融应用评价框架，并规范算法信息披露活动，增强人工智能算法的可解释性和透明度，维护金融消费者合法权益。

2023 年 10 月 18 日，我国发布《全球人工智能治理倡议》，聚焦以人为本、智能向善、相互尊重、平等互利、安全可靠可控、公平性非歧视等科技伦理价值观，呼吁在充分尊重各国政策和实践基础上，构建具有广泛共识的全球人工智能治理框架和标准规范，加强面向发展中国家的国际合作与援助，弥合智能鸿沟和治理差距等。此外，我国还参与世界卫生组织《卫生健康领域人工智能伦理与治理指南》、联合国教科文组织《人工智能伦理问题建议书》等国际科技伦理规范的制定工作，以在国际科技竞争中掌握科技伦理话语权，占据全球科技伦理治理的道义制高点，为推动构建人类命运共同体提供坚实支撑。

4. 金融消费者权益保护

1993 年 10 月 31 日，第八届全国人民代表大会颁布了《中华人民共和国消费者权益保护法》（2009 年 8 月、2013 年 10 月进行两次修订，以下简称《消费者权益保护法》），《消费者权益保护法》全文虽无伦理字眼，但其主要内容就是以自愿、平等、公平、诚实信用为原则，明确社会责任，规范经营者行为，保护消费者的合法权益，这些都是科技伦理监管的施政理念和根本目标。因此，从目标、内容与实质来看，《消费者权益保护法》可以算我国最早的伦理监管法规。

（三）科技伦理治理法规体系分析

科技伦理治理是个系统工程，受篇幅所限，本报告只讨论了我国科技伦理治理法规体系中最重要的一部分，以《网络安全法》《数据安全法》《个人信息保护法》作为网络安全与数据安全合规治理基础，这也是国内目前科技伦理监管法规最为健全的领域，同时结合《互联网信息服务管理办法》《生成式人工智能服务管理暂行办法》等一系列基于业务应用场景的监管法规，覆盖网络安全、数据安全、互联网服务和人工智能等信息技术主要领域，并由此构成我国金融科技伦理监管政策与法规主体框架，但在区块链等细分领域，我国尚未出台专门性的伦理监管政策。

三　企业级金融科技伦理治理体系建设

金融科技伦理治理法规要求最终要通过相关市场主体来落实执行。《金融领域科技伦理指引》明确要求，建立健全伦理管理组织架构与制度规范，探索设立企业级科技伦理委员会，完善科技伦理审查、信息披露等常态化工作机制，压实各方职责，做好金融科技活动的审查、批准与监督，提前预防、有效化解金融科技活动伦理风险，严防技术滥用、误用。

（一）建立高效协调的治理架构

1. 深入领会理解金融科技伦理治理的内涵和使命

在认清道路之前必须先认清目标。作为承担金融科技伦理治理主体责任的金融机构应秉持践行金融功能性、增进人民群众福祉等伦理观念，在开展金融科技活动时，遵循公开透明、公平竞争、包容普惠等基本原则，践行ESG理念，注重生态环境保护，履行社会责任，提高伦理治理水平。这是金融机构构建企业级金融科技伦理治理框架的目标和方向。

2. 着力构建企业级金融科技伦理治理的组织架构

企业级金融科技伦理治理组织架构，应站在企业整体视角，统筹考虑业务和科技活动的伦理规范性，构建科技伦理治理领导小组、科技伦理治理委员会、科技伦理治理工作专班三级组织，打造战略执行和问题反馈通道，实现业务和科技的高效协同。其中领导小组、治理委员会可以不成立专门的组织，但要将相关职能落实到现有组织中并覆盖如下伦理职责：一是建立并不断优化本组织的金融科技伦理治理体系；二是监督伦理治理的运行情况，确保伦理治理不断发挥作用；三是组织开展伦理审核工作，在开展业务和科技活动的适当环节增加伦理审核控制；四是贯彻国家伦理要求，培养伦理专业人才，宣贯伦理价值理念。

3. 树立金融向善与科技向善的企业文化

科技是器，器无善恶。提升金融科技伦理治理水平应树立金融向善、科技向善的企业文化与伦理价值观。一是遵照法律法规和监管政策，强调金融的政治性和人民性，推动金融回归服务实体经济的本源，提倡在追求经济效益的同时，更加注重社会责任和伦理道德，以服务社会、促进公平为己任；二是正确把握金融科技的核心和本质，守正创新，忠实履行金融的天职和使命，以服务实体经济为宗旨，借助现代科技手段提高金融服务效率、拓宽服务范围，将科技应用能力内化为金融竞争力，从而更好地服务实体经济，增强金融行业的社会责任感和公信力。

4. 深入挖掘现有科技管理体系的伦理属性和特征

金融科技伦理涉及的数据安全、个人隐私保护、算法透明、消费者权益保护等问题在信息科技风险、内控合规、消费者保护等工作中都有涉及，金融科技伦理只是从道德规范的视角对相关进行统一提炼和升华。

因此，金融科技伦理治理并非从零开始，金融机构已经在一些问题出现的时候采取了措施，有些也已经较为成熟，例如在消费者权益保护、数据安全管理等领域，大部分金融机构已经建立了成熟的组织架构、发布了完善的管理制度和流程，并取得了可观的管理成效。在开展金融科技伦理治理工作时，金融机构及其供应链机构应全面识别本机构内存量的与金融科技伦理治理相关的组织架构，在深入理解和领会金融科技伦理的基础上，厘清金融科技伦理与这些存量组织架构的关系，科学、系统地将各类组织和制度纳入伦理治理体系，给存量组织架构和制度规范赋予新的使命，站在企业级伦理治理视角将其统一管理。防止出现重复管理、多头管理等低效、无效的管理。

（二）健全科学规范的制度体系

企业实施金融科技伦理治理离不开健全完善的企业级金融科技伦理治理制度体系。一方面要贯彻落实《金融科技发展规划（2022—2025 年）》《金融领域科技伦理指引》等金融科技伦理监管纲领要求，形成企业级的金融科技伦理价值观，强化治理，预防和化解金融科技活动伦理风险。另一方面要结合业务领域，坚守底线思维，健全和优化企业各项规章制度和规范，全面贯彻落实我国金融科技伦理治理法规体系相关要求，包括网络安全、数据安全、个人信息保护、人工智能伦理、消费者权益保护等各领域内容，促进金融科技创新应用的规范化与合规化，并强化对违反金融科技伦理有关行为的责任追究。

（三）建设规范灵活的流程机制

1. 统筹搭建业务与技术融合的科技伦理协同机制

金融科技伦理问题因金融科技的发展而逐步显现，却更多地体现在业务当中，实施金融科技伦理治理，更应强化科技与业务的协同，运用科技思维，立足业务场景，从技术和应用两个层面开展伦理控制。

一是协同构建伦理控制规则。业务和科技的协同主要体现在业务规则需要科技通过技术手段实现，而技术手段的进步又为业务更新提供了更多的可能，两者在发展上的相互促进的关系，要求双方形成良性互动确保任何一方主导的创新都符合伦理要求，通过相互促进补充、相互监督制约的协同逐步形成机构内部的伦理规则。

二是协同开展伦理控制活动。开展伦理治理应对金融科技活动实施针对性的伦理审核，一方面是业务和科技的金融科技活动参与人员应有伦理规则意识，在开展相关活动时，遵守伦理制度的相关要求；另一方面是组建由业务和科技人员组成的审核小组，在金融科技活动开展的重点环节进行伦理审核，确保不出现伦理失范的问题。

三是协同优化伦理控制机制。伦理控制机制应体现在伦理制度体系中，明确伦理规则和伦理控制流程，随着伦理失范问题的不断变化，伦理规则、伦理控制手段都需要及时更新，而这种伦理控制机制也需业务和科技人员共同来制定，业务人员更关注业务规则、业务产品特性等方面的伦理规范性问题，科技人员则需关注业务实现的技术逻辑、技术架构、算法合规、数据安全等方面的问题，通过协同形成技术与业务的一致性控制机制。

2. 持续建设全生命周期覆盖的科技伦理管控流程

在金融科技活动开展的全生命周期伦理控制是伦理治理的重要途径，应在立项、需求分析和技术研发全流程增加科技伦理设计与评估，确保金融科技从诞生便符合特定的科技伦理道德。

一是业务产品的设计研发和需求提出阶段，应充分考虑产品本身在金融科技伦理上的规范性，例如遵循业务规则的公平性、产品使用的适老化、监管合规性等。同时，科技人员也应当参与业务设计，基于科技思维与视角，实施伦理审核。

二是技术实现阶段应由精通相关环节伦理要求的专业人员在产品立项、研发、测试、发布、运营等全生命周期实施科技伦理审查，将科技伦理要求嵌入技术设计开发中，特别是算法安全和数据安全要求。同时，业务人员也应参与科技实现逻辑的伦理规范性判断，例如应确保信息系统不过度收集客户数据、确保数据传输的安全性等。

三是业务上线运营阶段。业务人员和科技人员应当分别针对业务运行情况和系统运行情况进行监控，收集客户反馈信息、系统运行状态参数、交易情况等，对伦理失范问题进行预警、处置和优化，直至产品的常态化运行。

四是强化金融科技伦理风险评估。应以国家出台的金融科技伦理战略规划为风向标，结合已经识别出的风险进行伦理追溯，探索风险背后的价值冲突和伦理困境，建立科技伦理审查的质量控制和监督评价机制，定期审查评估金融科技伦理风险。

（四）加强伦理治理的资源保障

1. 切实加强金融科技伦理治理专业人才队伍建设

金融科技伦理治理离不开具备伦理治理经验、拥有金融科技伦理基础知识、了解业务规则、熟悉科技逻辑的综合型人才，这些人才在业务产品打造、科技系统研发、金融科技伦理规范审查等环节都会发挥着关键性作用。金融机构应积极培养这类综合型人才，通过组织伦理培训、建设资格认证体系、开展知识竞赛等活动培育和建设一支金融科技伦理队伍，为开展伦理治理储备一批人才，确保开展伦理工作的人力资源得到保障。

2. 广泛开展金融科技伦理宣贯与培训

做好金融科技伦理宣贯工作是开展伦理治理的重要的保障。一方面，要强化伦理宣贯，引导企业员工增强员工伦理意识，树立正确伦理观念。另一方面，要推进金融生态圈的科技伦理互动交流，对同业、客户及社会公众进行科技伦理宣传，提升全社会的金融伦理认知水平，能够缩小甚至消除认知差异，建立基础的伦理规则意识，为顺利推进伦理治理工作铺平道路。

3.积极创新金融科技伦理治理审查监控参与机制

创新金融科技伦理治理模式，可以尝试引入行业协会与自律组织、第三方评估机构、金融消费者等对自身的金融科技产品与服务进行审查、评估与监督，增强伦理管控的客观性和全面性。

B.21
金融科技法规制度与标准建设（2023）

重庆国家金融科技认证中心　北京银联金卡科技有限公司

北京芯盾时代科技有限公司　重庆大学*

摘　要： 2023年，金融科技法规制度和标准体系不断更新和完善。在法规制度方面，强化了数据安全、网络安全、数据跨境流通、数据要素、商用密码、支付结算等领域的相关要求，为支持金融科技发展提供了重要制度环境。在标准建设方面，金融数据安全、网络安全、金融信息基础设施、金融风险防控等重点领域标准陆续发布。在标准实施应用方面，中国人民银行正多措并举加大金融标准实施推广力度。

关键词： 金融标准　金融科技　数据安全

一　发展情况概述

金融法规制度与标准是金融行业高质量发展的两大支柱，在维护金融市场的稳定性、规范性和透明度上发挥着重要作用。2023年，为深入贯彻实施《国家标准化发展纲要》《金融标准化"十四五"发展规划》，金融科技法规制度体系和金融科技标准体系持续完善，共同为金融行业提供一个坚实的治理框架。

法律法规方面，强化金融数据网络安全领域法规建设，出台了《关于加强第三方合作中网络和数据安全管理的通知》《促进和规范数据跨境流动

---
* 执笔人：毕小文、秦逞、吴娟，重庆国家金融科技认证中心；胡盖、原野、杨潇，北京银联金卡科技有限公司；孙悦、康晓中、王雪，北京芯盾时代科技有限公司；陈逢文，重庆大学。

规定》《"数据要素×"三年行动计划（2024—2026年）》等一系列重要法规制度。同时，在金融科技技术及应用方面，针对商用密码、支付结算、技术应用、货币经纪公司数据服务等也出台了一系列的法规制度。

标准建设方面，为充分发挥标准在金融科技的规范引导作用，推进金融数字生态建设，在数据安全、网络安全、金融风险防控、个人信息保护、弥合数字鸿沟等方面均发布了相关国家标准、行业标准及团体标准。同时，随着标准体系的不断健全，中国人民银行加大金融标准宣贯实施力度，坚持以用促建，通过"标准检测认证"和"标准实施效果评估"等多种方式积极推动重要金融标准实施落地。

二　法规制度持续健全

（一）强化金融数据安全及网络安全领域法规建设

2023年以来，国家出台了多项包括个人信息跨境流动、金融数据安全管理、网络安全管理等热点领域的法规及规章，体现了国家对金融数据安全及网络安全的高度重视，同时也兼顾了跨境数据传输便利化，为金融科技安全健康发展和跨境金融活动的高效运营提供了法治保障。

1. 深化金融数据安全及网络安全管理

2023年2月，中国证券监督管理委员会发布《证券期货业网络和信息安全管理办法》，旨在保障证券期货业网络和信息安全，保护投资者合法权益。2023年7月，为规范中国人民银行业务领域数据的安全管理，中国人民银行发布了《中国人民银行业务领域数据安全管理办法（征求意见稿）》，指导督促相关数据处理者依法依规开展数据处理活动，履行数据安全保护义务。2023年6月，国家金融监督管理总局发布《关于加强第三方合作中网络和数据安全管理的通知》，要求加强金融科技风险的监测，将银行保险机构数字生态合作纳入其外包风险管理范畴，加强金融机构外包网络和数据安全管理，全面开展自查。2023年7月，工业和信息化部及国家金融监督管理总局公布了《关于促进网络安全保险规范健康发展的意见》，针对"网络安全保险"这一险种的发展与运营管理事宜，提出建立健全配套政策标准体系等诸多指导意见。

2. 强化数据跨境流通管理

2023 年 4 月，中国人民银行发布《内地与香港利率互换市场互联互通合作管理暂行办法》，旨在保护境内外投资者合法权益，维护利率互换市场秩序。2023 年 7 月，国务院发布的《关于进一步优化外商投资环境加大吸引外商投资力度的意见》明确指出将"探索便利化的数据跨境流动安全管理机制"作为未来工作任务。2023 年 9 月，中央网信办发布《规范和促进数据跨境流动规定（征求意见稿）》，就跨国企业（包括国际金融集团）关心的多个数据出境场景下的安全评估、签署出境标准合同等义务予以豁免，并同时明确了重要数据范围应以各行业或地区主管部门颁布的重要数据目录为准的原则。该文件如获颁布，将大幅降低机构的数据出境合规成本，有利于促进跨国金融机构、跨境金融活动的高效运营。2023 年 12 月，国务院发布《全面对接国际高标准经贸规则 推进中国（上海）自由贸易试验区高水平制度型开放总体方案》，提出在国家数据跨境传输安全管理制度框架下，允许金融机构向境外传输日常经营所需的数据；涉及金融数据出境的，金融管理部门可基于国家安全和审慎原则采取监管措施；企业和个人因业务需要确需向境外提供数据，且符合国家数据跨境传输安全管理要求的，可以向境外提供；按照数据分类分级保护制度，支持上海自贸试验区率先制定重要数据目录；指导数据处理者开展数据出境风险自评估，探索建立合法安全便利的数据跨境流动机制，提升数据跨境流动便利性。

3. 促进金融服务与数据要素深度融合

2023 年 8 月，财政部发布《企业数据资源相关会计处理暂行规定》，对数据资源入表相关规则进行了进一步厘清与明确。2023 年 9 月，中国资产评估协会发布《数据资产评估指导意见》，明确了数据资产的属性定义、评估对象、操作要求、评估方法和披露要求，为规范化的数据资产评估行为提供了有力指导。2023 年 12 月，国家数据局等 17 部门联合印发《"数据要素×"

三年行动计划（2024—2026 年）》，在将"数据要素×金融服务"应用作为
12 个领域的重点行动之一的同时，明确支持金融机构间共享风控类数据，
融合分析金融市场、信贷资产、风险核查等多维数据，以发挥金融科技和数
据要素的驱动作用。12 月，财政部发布了《关于加强数据资产管理的指导
意见》，将"加快构建分类科学的数据资产产权体系""推动技术、安全、
质量、分类、价值评估、管理运营等数据资产相关标准建设"纳入主要任
务范畴。

4. 加强网络安全审查

2023 年 12 月 25 日，中国网络安全审查认证和市场监管大数据中心正
式挂牌成立，主要承担网络安全审查与认证相关标准研究和技术支撑、大数
据分析应用、市场监管信息化建设、智慧监管建设等工作。

（二）完善金融科技技术及应用领域法规建设

1. 深化商用密码应用

2023 年 5 月，中华人民共和国国务院修订发布《商用密码管理条例》
（以下简称《条例》），对 1999 年版的《条例》进行了全面的修订，从商用
密码科技创新与标准化、电子认证、检测认证、进出口、应用促进、监督管
理、法律责任等各个方面对商用密码管理制度进行了结构性的重塑。《条
例》是对《中华人民共和国密码法》的进一步细化阐述，也对我国商用密
码管理体系建设的系统性、整体性有具体的指导，更是我国商用密码发展的
重要里程碑。《条例》的发布实施有助于规范商业密码应用和管理，鼓励和
促进商业密码产业发展，对于保障网络与信息安全，维护国家安全和社会公
共利益，保护公民、法人和其他组织的合法权益都具有重要意义。

2. 规范支付行业管理

2023 年 10 月，为进一步完善外包服务机构自律机制建设，加强外包市
场风险联防联控，提高打击套码套现行为的针对性，中国支付清算协会修订
发布《收单外包服务机构登记及风险信息共享办法》，收单机构报送外包机
构风险新增"合规信息"项，用于描述外包机构是否存在违反收单业务外

包相关监管制度要求的行为。同时，合作的收单机构向协会报送的关于外包机构的风险类型新增 5 项。

2023 年 12 月，国务院正式印发《非银行支付机构监督管理条例》（以下简称《条例》），并于 2024 年 5 月 1 日起实施。作为非银行支付机构监管的第一部行政法规，《条例》将非银行支付机构及其业务活动进一步纳入法治化轨道进行监管。《条例》聚焦防范化解风险、保护消费者合法权益，要求坚持持牌经营，严格准入门槛，明确支付机构注册资本、主要股东、实控人、高管人员等准入条件。同时要求完善支付业务规则，强化风险管理，明确支付机构不得挪用、占用、借用客户备付金，不得伪造、变造支付指令，并依法加大对严重违法违规行为处罚力度。《条例》的落地实施将进一步促进支付行业规范化和健康化发展，标志着支付行业进入崭新阶段。

3. 加强新兴科技应用管理

2023 年 7 月，国家互联网信息办公室等 7 部门联合发布《生成式人工智能服务管理暂行办法》，旨在促进生成式人工智能行业健康发展和服务的规范安全应用，维护国家安全和社会公共利益，保护公民、法人和其他组织的合法权益。2023 年 8 月，国家互联网信息办公室印发《人脸识别技术应用安全管理规定（试行）（征求意见稿）》，旨在规范人脸识别技术的使用，保护个人信息以及人身、财产权益，维护社会秩序和社会公共安全。2023 年 10 月，工业和信息化部、中央网信办、中国人民银行等六部门联合印发《算力基础设施高质量发展行动计划》，提出算力基础设施是支撑数字经济发展的重要资源和基础设施，对于实现数字化转型、培育未来产业，以及形成经济发展新动能等方面具有重要作用。2023 年 12 月，工业和信息化部、中央网信办、国家标准委联合印发《区块链和分布式记账技术标准体系建设指南》的通知，加强区块链和分布式记账技术标准工作顶层设计，促进区块链产业高质量发展，指导推进区块链和分布式记账的标准研制、实施和国际化工作。

4. 规范货币经纪公司数据服务

2023 年 8 月，国家金融监督管理总局、中国人民银行、中国证券监督管理委员会五部门联合印发《关于规范货币经纪公司数据服务有关事项的通知》（以下简称《通知》），要求货币经纪公司加强数据治理，将数据治理纳入公司治理范畴，并规范提供数据标准，提高数据服务质量，同时明确可接受数据服务的机构范围，加强合作管理等。《通知》的发布实施有助于规范货币经纪公司的数据服务，促进数据合法合理利用，确保数据质量安全，对进一步提升市场信息透明度，推动市场公平竞争具有重要意义。

三 标准建设持续推进

（一）金融科技标准发布情况与实施应用情况

2023 年，中国人民银行持续健全金融标准体系，聚焦绿色金融、普惠金融、数字金融等领域不断加强标准供给，切实提升金融风险防控整体水平，护航金融工作高质量发展。截至 2023 年末，金融领域现行有效国家标准 105 项、行业标准 364 项，公开团体标准 303 项、企业标准 7977 项，基本形成了"国家标准保基础、行业标准强支撑、团标企标促发展"的新格局。

1. 金融科技国家标准、行业标准、团体标准等发布情况

在金融科技标准制定方面，2023 年，金融科技领域新增国家标准 18 项，行业标准 35 项，内容涵盖网络安全、数据安全、金融风险防控、弥合数字鸿沟、消费者权益保护等，标准的发布实施对筑牢金融安全底线、推进金融科技创新应用安全、促进金融高质量发展具有重要意义。

国家标准方面，发布了首个国家领域开源标准《金融行业开源软件测评规范》（GB/T 42927—2023），规定了金融行业开源软件的测评体系、测评模型以及测评方法。标准的研制发布将有效规范金融机构在引入开源软件前开展综合评估，帮助金融机构进行技术路线选择和开源软件选型，提升开源软件的质量和成熟度。《互联网金融智能风险防控技术要求》（GB/T 42929—2023）规定了互联网金融场景下智能风险防控技术所需满足的技术

框架、功能要求、技术要求、实现的安全要求以及运行要求等，旨在确保互联网金融业务的稳健运行和风险的有效控制。《互联网金融个人身份识别技术要求》（GB/T 42930—2023）规定了应用于互联网金融服务的个人身份识别技术要求，包括技术框架、凭据技术要求、身份识别技术要求以及安全要求。标准的研制发布有利于在互联网金融服务中实现个人信息保护、信息安全、数据安全与交易便捷之间的良好平衡，有利于实现对个人身份识别可信度的互认，防范洗钱风险、电信诈骗等风险问题。

行业标准方面，发布了《金融数字化能力成熟度指引》（JR/T 0272-2023），提出金融数字化能力的成熟度模型、成熟度计算方法以及数字化能力的分档要求。该标准有助于金融机构衡量金融科技应用和数字化转型发展水平，检视自身数字化发展优势与短板，加速数字化转型，提升企业数字化核心竞争力。《银行业普惠金融业务数字化模式规范》（JR/T 0269—2023）为首个数字普惠领域金融行业标准，规定了银行业金融机构通过数字化模式开展以经营类信贷业务为核心的普惠金融业务规范，为普惠金融服务参与方开展以经营类信贷业务为核心的普惠金融业务提供了可实施的样板路径。此外，2023 年证券期货业行业标准建设取得新突破，全年共发布行业标准 17项，是证标委成立以来行业标准发布数量最多的一年，尤其《上市公司公告电子化规范》系列行业标准，将上市公司公开披露公告根据业务现状进行了分类，从多个角度规范上市公司信息披露业务范围和技术要求，进一步提升了上市公司信息披露的标准化程度，充分体现了标准化工作对资本市场全面注册制改革的贡献。

团体标准方面，2023 年，中国互联网金融协会发布了《网上银行服务应用安全规范》（T/NIFA 28—2023）、《移动金融客户端应用软件无障碍设计指南》（T/NIFA 27—2023）、《金融数据安全技术防护规范》（T/NIFA 21—2023）等 14 项金融团体标准。北京金融科技产业联盟发布了《金融信息数据交换系统接口规范》（T/BFIA 026—2023）、《金融数据中心能效管理指南》（T/BFIA 025—2023）、《基于交互式风险防控的反欺诈技术指南》（T/BFIA 024—2023）等 12 项金融团体标准。中国银行业协会发布了《银

行函证服务平台 应用编程接口 第 1 部分：直连函证服务平台》（T/CBA 213.1—2023）、《银行函证服务平台　候选分布式账本技术节点接入要求》（T/CBA 215-2023）、《银行函证服务平台　总体框架》（T/CBA 210—2024）等函证标准，促进函证数字化稳步发展。此外，2023 年，证券期货业发布了《资产管理业务数据报告规范 第 1 部分：投资顾问业务信息》《基金管理公司移动互联网应用程序技术规范》等 2 项团体标准，实现了证券期货行业团体标准"零"的突破。

企业标准方面，先进标准引领作用不断增强，金融机构积极参与企业标准"领跑者"活动，在企业信息服务平台上进行企业标准的自我申明公开。自 2019 年金融领域开展企业标准"领跑者"活动以来，"领跑者"重点领域逐年增加，目前，重要领域覆盖网上银行服务、数字函证服务、移动金融客户端应用、商业银行应用程序接口服务、智慧金融服务等。

2. 金融科技标准实施应用情况

2023 年，中国人民银行在加大重点金融标准供给的同时，扎实推进金融标准实施应用，通过"标准检测认证""标准实施评估"等多种方式提升标准应用绩效。

在金融标准检测认证方面，不断完善金融科技标准检测认证体系，形成"政府主导、企业为主、多方参与、社会监督"的多元共治的布局。认证依据上，从过去以金融行标为主，逐步发展为国标、行标、地标、团标及企标等多个层次，确保通过多层次、多维度的检测认证推动金融标准落地实施。认证对象上，范围不断扩大，目前覆盖金融产品认证、金融服务认证、金融基础设施认证、管理体系认证以及人员认证等多个维度。认证产品目录上，2024 年 4 月，国家市场监督管理总局与中国人民银行进一步发布《金融科技产品认证目录（第三批）》，共 15 类产品，推动人民币现金机具行业高质量发展。目前，纳入国家统一推行的认证体系中的金融科技产品认证目录累计 29 种产品，包括客户端软件、安全芯片、安全载体、声纹识别系统、云计算平台、区块链技术产品、商业银行应用程序接口、多方安全计算金融应用、自助/非自助批量硬币鉴别机具、自助/非自助单枚硬币鉴别装置等。

在金融标准实施应用方面，2024 年 2 月，中国人民银行发布《中国人民银行 关于加强金融领域标准实施工作的通知》，进一步强化金融标准基础性制度作用，并多措并举加大金融标准实施应用力度。一是突出金融标准全生命周期实施导向，将标准实施贯穿在立项、制定、发布、复审、修订全流程；二是完善对标达标工作机制，梳理需要对标达标的标准清单，通过测量、试验、比较等方法进行标准的符合性测评；三是实行标准自我声明公开和监督机制，鼓励金融机构声明公开其执行的产品服务标准清单；四是持续做好实施评估和反馈，不断拓展实施评估的广度和深度；五是积极开展标准争先创优活动，深入实施企业标准"领跑者"制度；六是发挥标准在重点领域的支撑作用，如数据融合应用、服务小微、金融无障碍服务、防范化解金融风险等；七是常态化开展标准宣传推广，引导金融机构自觉执行标准。

（二）持续推进金融科技专项技术标准建设

1. 人工智能

发布了《人工智能算法金融应用信息披露指南》（JR/T 0287—2023）、《机器人流程自动化技术金融应用指南》（JR/T 0298—2023）等行业标准，其他相关行业标准，如《人脸识别线下支付安全应用技术规范》正在送审中，《联邦学习技术金融应用规范》正在草案中。

2. 区块链及分布式账本

行业标准方面，发布了《保险行业区块链应用规范 再保险》（JR/T 0277—2023）、《保险行业区块链应用规范 数字保单》（JR/T 0278—2023）等行业标准。在国际标准方面，我国积极参与区块链国际标准工作，截至 2023 年 12 月，ITU-T（国际电信联盟电信标准分局）、ISO（国际标准化组织）等国际标准化组织共有 15 个标准工作研究小组，我国参与了 13 个。其中 ITU-T 发布的 27 项区块链国际标准中，我国共参与 10 项，ISO/TC 307 发布的 11 项区块链国际标准中，我国共参与 3 项。

中国互联网金融协会发布《金融分布式账本技术资金管理应用技术要求》（T/NIFA 25—2023）和《金融分布式账本技术资金管理应用业务要求》

（T/NIFA 24—2023）团体标准。大批分布式账本相关行业标准已完成立项，目前正在起草编制中，如《金融分布式账本技术互联互通规范》《金融分布式身份统一参考模型》《分布式数据库技术金融应用规范 开发设计要求》《分布式数据库技术金融应用规范 接口要求》《分布式数据库技术金融应用规范 测试要求》，其中《贸易金融分布式账本技术要求》已经送审。

3. 云计算

《云计算金融行业应用检测规范 容灾》《云计算技术金融应用检测规范 技术架构》《云计算技术金融应用检测规范 安全技术要求》已进入报批阶段，即将发布。

4. 物联网

基于物联网现有的系列国家标准，如《物联网 信息共享和交换平台通用要求》《物联网 生命体征感知设备通用规范》《物联网 生命体征感知设备数据接口》，中国人民银行积极推动《物联网技术应用指南》金融行业标准建设，目前标准送审中。研究报告方面，2023 年 6 月，北京金融科技产业联盟组织发布《物联网技术金融应用研究报告》，分析了物联网技术金融应用现阶段面临的机遇和挑战，并对未来发展提出建议。

5. 开源软件

国家标准方面，国家市场监督管理总局、国家标准化管理委员会发布了《金融行业开源软件测评规范》（GB/T 42927—2023）。行业标准方面，中国人民银行发布了《金融业开源软件应用 评估规范》（JR/T 0291—2024）、《金融业开源软件应用 管理指南》（JR/T 0290—2024）、《金融业开源技术术语》（JR/T 0289—2024）。此外，北京金融科技产业联盟发布《银行业开源生态发展报告》，从银行业开源生态现状、开源风险与痛点分析、开源发展趋势以及对策建议四个方面对银行业的开源生态发展情况进行解读。

（三）完善金融数据安全标准建设

加强数据安全管理是当前数字化时代背景下的一项重要任务，2023 年，金融业以《金融标准化"十四五"发展规划》《金融科技发展规划

（2022—2025 年）》等为指导，在多层次的数据安全标准体系规划下，持续完善数据安全标准建设，多项国家标准、行业标准、团体标准相继发布。

1. 国家标准建设

2023 年，发布信息和数据安全领域相关国家标准 5 项。其中，《证券期货业数据安全风险防控 数据分类分级指引》（GB/T 42775—2023）以"证券期货行业数据模型"的业务条线划分为基础，结合行业特点提出了一种从业务到数据逐级划分的数据分类分级方法，同时提供数据分类分级管理的相关建议，供证券期货行业相关机构参考。《金融服务 个人识别码管理与安全》是一系列金融服务领域个人识别码（PIN）管理的国家标准，规范了PIN 的生成、处理、传输和存储的安全要求，旨在保障金融交易中个人识别码的安全性和可靠性。正在征求意见的国家标准《信息安全技术 数据安全风险评估方法》，围绕如何对组织内数据资产面临的潜在威胁、脆弱性，以及由此产生的安全风险进行识别、分析和评价，可用于指导数据处理者、第三方评估机构开展数据安全风险评估，也可供有关金融管理部门实施数据安全检查评估时参考。

2. 行业标准建设

2023 年，发布信息与数据安全领域相关行业标准 2 项，在建行业标准10 余项。其中，《基于数字证书的移动终端金融安全身份认证规范》明确了基于数字证书的移动终端金融安全身份认证的服务描述、移动终端全生命周期管理、服务全生命周期管理、密钥管理、安全及功能、风险控制和运营管理的要求，有助于规范在移动终端上开展数字证书电子认证服务，提升金融行业业务安全水平。此外，为了进一步健全金融数据安全防护体系，有效应对各类数据安全威胁和挑战，中国人民银行正在有序推动一系列相关行业标准征集意见及送审发布，如《银行间市场数据脱敏技术评估规范》《银行间市场数据分级分类实施指南》《金融数据安全 数据安全评估规范》《金融数据跨境安全要求》《银行与合作方业务数据一致性处理规范》《聚合支付安全技术规范》等。

3. 团体标准建设

2023 年，中国互联网金融协会发布数据安全领域相关团体标准共 4 项，包括《金融数据安全技术防护规范》《金融数据安全应急响应和处置指引》《金融数据资产管理指南》等。北京产业联盟发布团体标准《金融数据资源目录编制指南》，填补了金融行业在数据资源目录编制方面的空白，帮助金融机构清晰掌握数据资源，实现数据的分级分类管理，促进数据共享应用。此外，北京产业联盟发布《金融数据保护治理白皮书》，涵盖国内外数据保护政策、法律和标准，以及金融数据保护治理的重要关注领域和体系。北京前沿金融监管科技研究院发布《中国金融数据安全发展与研究报告》，阐述了目前我国金融行业数据安全发展现状以及面临的安全挑战，着重强调了金融行业数据安全治理与实施之道。

（四）强化金融信息基础设施标准建设

1. 数据中心

2023 年，中国人民银行发布金融基础设施重要行业标准《金融数据中心能力建设指引》（JR/T 0265—2023），规定了金融数据中心治理、场地环境、网络通信、运行管理和风险管控的能力要求，指导金融数据中心建设。同时，北京产业联盟陆续发布了《金融业绿色数据中心白皮书》《金融数据中心网络数字化能力建设研究报告》《金融数据中心人工智能算力建设指引》《金融业分布式信息系统运维技术研究报告》等一系列相关研究报告，支持金融业形成安全可靠、绿色智能、布局合理的数据中心体系。此外，目前金融行业在建标准还有《金融业数据中心智能运维规范》《金融数据中心容灾建设指引》《金融信息基础设施运行指标体系》等。

2. IPv6

为推动互联网协议第六版（IPv6）规模部署，落实中国人民银行《金融科技发展规划（2022—2025 年）》提出的"全面推进 IPv6 技术创新与融合应用，实现从能用向好用转变、从数量到质量转变、从外部推动向内生驱动转变"要求，中国人民银行积极推动相关行业标准建设，《IPv6 技术金融应用规范》正在送审流程中，《基于 SRv6 的金融广域网络技术要求》正在征集意见中。2023 年 5 月，北京金融科技产业联盟发布《金融业 IPv6 发展演进白皮书》，总结 IPv6 的发展经验和创新思路，探索 IPv6 发展演进路径。

3.云平台

持续健全金融云平台标准体系，中国人民银行正推动行业标准《金融业上云指引》的研制。

（五）健全金融网络安全标准建设

发布金融网络安全相关国家标准 2 项，行业标准 1 项。其中《金融信息系统网络安全风险评估规范》（GB/T 42926—2023）在成熟的风险评估方法论基础上，结合金融信息系统特点以及信息系统安全建设需求，提出了面向金融业务和金融信息系统共性的网络安全风险评估模型、流程和风险评估方法。《金融网络安全威胁信息共享指南》（GB/T 42708—2023）给出了金融网络安全威胁信息的共享框架、共享原则、共享流程、共享方式、安全管理、质量管理、保障机制等方面的建议，旨在建立金融行业网络安全威胁信息共享机制，基于共享价值对结构化网络安全威胁数据进行分析，畅通网络安全威胁信息的共享通道，制定威胁信息的数据标准。

B.22
金融科技人才高质量发展路径探索

北京国家金融科技认证中心有限公司 *

摘　要： 在当今金融科技日新月异的背景下，为深入实施"五篇大文章"，强化金融科技赋能新质生产力发展，加大金融科技复合型人才培养工作至关重要。国家层面高度重视金融科技人才发展，顶层规划助力金融科技人才梯队建设。行业和地方积极响应，结合实际情况，制定差异化政策，为金融科技人才培养、引进提供制度保障，加速金融科技人才队伍建设。然而，从供给侧看，金融科技人才短缺问题仍较为突出，高等教育和职业教育需进一步优化跨学科复合型人才培养体系。从需求侧来看，金融机构科技人员比例虽有提升，但数字化转型的深入推进仍在加剧金融科技人才的供需矛盾。目前，金融科技人才发展面临多重挑战，如区域发展不均衡、交叉学科理解不足、职业培训质量参差不齐及人才认证体系不完善等。针对以上问题，本文提出四点建议：一是建立金融科技人才认证体系，促进人才跨区域流动；二是制定金融科技人才激励政策，完善人才采信机制；三是强化学校与职业教育衔接，搭建成长快车道；四是构建政产学研合作培养模式，激发人才创新活力。这些建议旨在有力推动金融科技人才体系建立健全，为金融业数字化转型提供坚实的人才支撑，助力金融行业高质量发展行稳致远。

关键词： 金融科技　人才发展　培养路径　认证体系

近年来，金融科技蓬勃发展，正深刻影响金融行业生态格局，重塑金融

---

* 执笔人：李振、段力畑、付小康、魏璐然，北京国家金融科技认证中心有限公司。

服务形态。相较传统金融业态，金融科技在推动金融服务数字化转型过程中对人才提出了更高要求。金融科技人才需要具备金融、信息技术、法律合规等多方面、多维度、多学科交融的知识和技能，具备金融风险意识和良好的职业道德。因此，建立健全对金融科技人才的培养、能力认定体系，完善人才发展环境，构建开放的金融科技人才价值体系，成为金融行业未来发展的重要课题。本文旨在探讨金融科技人才的高质量发展路径，分析当前政策环境、行业现状、面临的挑战，并提出相应的思路与建议。

一　金融科技人才发展政策形势

（一）国家政策宏观引领

近年来，国家高度重视人才培养工作，2024 年的政府工作报告中提出要"加快建立以创新价值、能力、贡献为导向的人才评价体系"，为人才评价工作指明了方向。2024 年 4 月，人力资源和社会保障部等九部门联合发布《加快数字人才培育支撑数字经济发展行动方案（2024—2026 年）》，明确指出要发挥数字人才支撑数字经济的基础性作用，加快推动形成新质生产力，为高质量发展赋能蓄力。国家层面通过培养模式、激励机制、平台建设等多维度，围绕数字人才的育、引、留、用给出指导意见，为金融科技人才可持续发展提供坚实支撑。

（二）行业政策衔接指导

金融行业为推进数字化转型，弥合数字鸿沟，更好服务实体经济，发布了一系列相关政策以促进金融科技发展和人才队伍建设。中国人民银行印发的《金融科技发展规划（2022—2025 年）》中明确提出通过制定金融科技人才相关标准、优化金融科技人才需求目录和引进模式、加快金融科技人才梯队建设等措施做好金融科技人才培养。原中国银行保险监督管理委员会印发的《银行业保险业数字化转型指导意见》提出要"大力引进和培养数字化人才，进一步指出要注重引进和培养金融、科技、数据复合型人才和积极引入数字化运营人才"。金融行业管理部门为夯实金融科技人才发展基础，提高从业人员技能水平，减少人才结构不平衡等问题指明了发展方向，为建立起金融科技人才"选才、育才、用才、留才"的良好生态提供了制度保障。

（三）地方管理灵活施策

当前各地方管理部门因地制宜，结合区域产业特点差异化制定金融科技人才"选育用留"相关政策。例如，北京市印发的《关于首都金融科技创新发展的指导意见》中指出"积极鼓励在京高校和科研机构发挥跨学科优势，采取多种形式设立金融科技研究机构，建设金融科技人才培养基地，培养专业化金融科技人才"；深圳市印发的《深圳市扶持金融科技发展若干措施（征求意见稿）》中指出"支持相关机构开办深圳金融领军人才金融科技研修班和深港澳金融科技师专题培训"；杭州市印发的《杭州国际金融科技中心建设规划》提出"研究制定相关政策措施，以政府采购、财政补贴、合作办学等多种形式，支持高等院校和社会化培训机构开展多层次的金融科技人才培训，促进金融科技人才的知识更新和持续成长"；成都市印发的《成都市金融科技发展规划（2020—2022 年）》提出"努力形成多层次金融科技人才涌现的格局，推动成都金融科技人才持续高质增长，建立适应金融科技发展的跨行业复合型人才梯队，构建完善的金融科技人才支撑体系"；江苏省印发的《江苏省"十四五"科技人才发展规划》提出"着力建设高质量科技人才队伍、打造高能级科技人才发展平台、推进科技人才发展体制机制改革"。现阶段，全国多地已出台支持建设高质量的金融科技人才队伍相关政策规划，为进一步营造良好科技人才发展环境、打造科技人才集聚高地提供了有力支撑。

二 金融科技人才发展行业现状

为加快推进金融行业数字化转型，促进金融服务与金融科技融合化、场景化、智能化、绿色化发展，各大机构不断加强金融科技人才投入。从供给侧来看，尽管金融科技人才供给不断增加，但现阶段仍存在人才短缺情况。一是当前金融科技人才培育机制尚不成熟，覆盖业务场景、知识技能、业务管理、风险合规、前沿创新等多维度的职业培养体系有待完善。二是金融科技人才选用制度尚未建立。尽管《中华人民共和国职业分类大典（2022 年版）》已将金融科技师作为数字化职业纳入其中，但尚未形成具有公信力的金融科技人才能力认定方案，用人单位面临人才选用难题。从需求侧看，金融行业数字化转型纵深推进仍在加大金融科技人才缺口，一是金融科技领域需要金融业务与信息技术融合的跨界人才，而现有从业人员在金融业务知识、技术能力水平方面发展不均衡。二是金融数字化运营依赖对数据资产确权、估值、入表等相关数据资产运营的相关人才，催生了新的金融科技人才需求。

（一）金融科技人才需求显著增长

随着金融与科技的深度融合，金融科技产业发展急剧加速，对专业人才的需求不断攀升。《产业数字人才研究与发展报告（2023）》显示，我国数字人才缺口为 2500 万~3000 万人，且缺口仍在持续，凸显出人才供需失衡的严峻现状。金融机构、科技公司、初创企业以及监管机构等都需要兼具金融与技术的复合型人才，以驱动产品创新、提升服务效率、加强风险管理，应对日益复杂的市场环境。由此可见，科技与传统金融相结合的新兴业态要求加大金融科技人才培养，只有供给侧和需求侧双向发力，才能夯实金融数字化发展基础。

（二）金融机构科技人员比重攀升

近年来，金融机构不断加大科技投入，将金融科技作为经营发展的关键动能，为加速数字化转型，传统金融机构正不断调整人才结构，充实科技队伍力量，提升队伍整体素质。从科技人员数量来看，2023 年，国有六大银行的金融科技人才数量和占比均显示出明显的增长趋势，科技人员总数达94891 人。其中，工商银行在金融科技人才的数量上稳居榜首，达到约 3.6 万人；其次是建设银行、中国银行、农业银行和交通银行，科技人员数量分别为 16331 人、14541 人、13150 人和 7814 人；邮储银行的 IT 队伍人数也超过了7000人。从科技人员占比来看，工商银行的金融科技人才占全行员工的比例最高，达到8.6%；交通银行的科技人才占比为8.29%，较上年年末增长了33.30%，显示出强劲的增长势头；建设银行、中国银行、邮储银行和农业银行的科技人员占比分别为4.33%、4.74%、3.58%和2.9%，均呈现同比增长的发展趋势（见表1）。此外，受不同类型银行吸收金融科技人才能力、数字化转型进展不同等因素影响，大型、中小型金融机构的科技人才在规模和增速存在差异，但整体均呈现增长的发展趋势。

表1　全国性商业银行科技人员占比

单位：%

序号	银行	科技人数	占比	序号	银行	科技人数	占比
1	工商银行	36000	8.60	10	浦发银行	6447	10.47
2	农业银行	13150	2.90	11	平安银行	5739	13.31
3	中国银行	14541	4.74	12	民生银行	4559	7.49
4	建设银行	16331	4.33	13	光大银行	3685	7.74
5	交通银行	7814	8.29	14	华夏银行	—	—
6	邮储银行	7055	3.58	15	浙商银行	1615	9.60
7	招商银行	10650	9.14	16	广发银行	2093	5.55
8	中信银行	5626	8.41	17	恒丰银行	1203	9.76
9	兴业银行	7828	13.91	18	渤海银行	1271	9.57

资料来源：各银行年度报告。

（三）金融科技人才培养逐年加强

随着金融科技行业的迅猛发展，对专业人才的需求日益增长，针对金融科技人才培养，我国在高等教育与职业教育两大领域内持续发力，取得显著进展，有效推动了金融科技人才的产出与质量提升。面对金融科技行业的人才缺口，高等教育机构响应市场需求，加大金融科技相关专业的建设和人才培养力度。一是金融科技本科专业高校增多。截至2024年二季度，根据中国教育在线相关信息，我国内地覆盖29个省市地区共117所公办及民办院校开设了金融科技本科专业（专业代码：020310T），授予经济学学士学位。

其中，包含 4 所 985 院校，11 所 211 院校，12 所"双一流"院校，高校地理位置分布呈现出"东部地区及北部地区居多"的特点，具体金融科技本科专业高校分布情况见表 2。二是高等教育培养模式不断深化。高校积极探索多元化的教育路径，如"高校+高校""高校+企业"等联合培养机制，通过整合教育资源与行业实践，促进理论与实践的深度融合，为金融科技行业输送更多实战型人才，具体模式案例见表 3。

表 2　设立金融科技本科专业高校分布情况

地区	高校数量	地区	高校数量
广东	11	吉林	3
广西	10	河北	3
北京	10	福建	3
山东	9	山西	2
湖北	8	江西	2
河南	8	甘肃	2
四川	6	云南	1
浙江	5	新疆	1
江苏	5	青海	1
上海	4	内蒙古	1
陕西	4	黑龙江	1
辽宁	4	海南	1
湖南	4	贵州	1
重庆	3	安徽	1
天津	3	西藏、宁夏	0

资料来源：中国教育在线官网。

表 3　高校金融科技人才培养形式

联合培养形式	案例
高校+高校	电子科技大学成都学院和西南财经大学天府学院联合开办的"计算机科学与技术+金融学"联合学士学位项目，授予"工学"和"金融学"双学位
高校+企业	西安交通大学与建设银行联合举办"建行金融科技精英班"培养计划，采用"基础课程+前沿讲座+业界案例+业务场景实习"等多样化课程设置，有效强化了产业前沿与课程的教学融合
高校+企业	深圳大学数学科学学院联合深圳点宽网络科技有限公司面向相关专业学生开展"金融人工智能实训""Python 编程实训""量化投资实训""人工智能与深度学习实训"等金融科技系列培训

职业教育在金融科技人才培养方面，同样展现出蓬勃发展和日益完善的态势。地方政府支持发展了多个金融科技相关的人才培养项目，如"深港澳金融科技师"专才计划、中国银行业协会金融科技师、上海高金特许全球金融科技师等，为金融科技从业人员提供专业技能培训和资质认证，提高了行业人才的专业化水平。以"深港澳金融科技师"专才计划为例，该计划建立区域性人才培养机制，通过线上考试和区块链技术实现考生的广泛参与和证书的三地互认，目前已经为 2500 余名考生颁发一级证书。金融科技人才职业教育的发展进一步丰富人才培养体系，为金融科技行业的持续创新与健康发展提供强有力的人力资源支撑。

三 金融科技人才发展面临的问题和挑战

在金融数字化发展的新业态模式下，金融产品、金融服务以及金融监管正在加速重构，这也对金融科技人才能力提出更高要求，金融科技人才的发展也面临着多方面的问题和挑战，围绕人才的"选育用留"总结为以下四点。

（一）人才培养存在区域发展不均衡

金融科技人才的培养和人才引进呈现显著的地域差异，以北京、上海、深圳为代表的一线城市由于政策支持、产业聚集和教育资源丰富，处于金融科技人才发展的第一梯队，而其他地区则相对滞后。在人才政策方面，各地政策支持力度不一，部分地区因地制宜地出台了满足区域发展需要的金融科技人才职称对接、资金支持等激励机制，虽然在一定程度上为金融科技人才培养提供了发展环境，但加速了金融科技人才中心集聚效应，导致人才发展不均衡。在人才培养方面，目前市场上较为成熟的金融科技职业教育项目包括"深港澳金融科技师"专才计划、中国银行业协会金融科技师和上海高金特许全球金融科技师等，主要聚集在上海、深圳和北京等地。金融科技职业教育资源供给覆盖不全面，进一步扩大了区域差异。

（二）金融科技交叉学科理解不清晰

金融科技作为金融与科技深度融合的产物，其对人才的要求超越了单一学科的范畴，但目前业界对金融和科技融合的深度理解和有效应用仍然存在界限模糊。一是金融科技不仅横跨金融学、经济学、信息技术等多学科领域，而且在实际应用中还涵盖了数据分析、人工智能、区块链、网络安全等多个技术分支，如何在有限培养期限内平衡金融与科技知识的比重成为一大难题。二是培养懂科技的金融人才还是懂金融的科技人才，这两者的培养路径和重点内容存在显著差异，但现实中的教育方案往往未能清晰区分，导致学生在专业知识的深度与广度上难以兼得，无法实现理论所学与实践所需的有效衔接。三是现阶段金融科技人才培养在金融场景与金融科技融合程度不足，仍停留在金融与技术融合层面，未能将金融科技向金融场景渗透，导致金融科技人才在金融场景数字化方面业技融合、产品创新、前瞻思维等方面能力偏弱，一定程度地削弱了金融科技支撑金融数字化发展质效。

（三）金融科技职业培训供给参差不齐

目前市场上存在一些金融科技相关的培训项目，但课程设置和培训师资缺乏统一的标准和资质认证，培训效果难以保证，培训难以有效满足行业对高标准金融科技专业人才的迫切需求。一是培训课程的开发与实施大多依赖于各培训机构自身的探索，缺乏国家或行业层面的统筹规划与执行标准，导致许多培训课程配套教材内容单一且实用性不足。二是不同机构间的培训体系与教学内容呈现出较大的异质性，难以形成统一的教育质量基准。三是现阶段培训机构讲师资质、专业水平尚未形成基准，而金融科技人才培养除提供金融、信息科技等基础学科支持外，仍需要具有丰富的金融业务背景的师资支持。

（四）金融科技人才认证体系不健全

行业级金融科技人才评价体系缺失，评价标准、评价方式尚未形成共识，人才评价机制的"指挥棒"作用未能得到充分发挥。一是缺乏统一的金融科技人才能力规范和评价标准，金融科技人才能力框架与评价标准的缺失，这在一定程度上阻碍人才质量的标准化评估，影响了人才识别与价值匹配的准确性。二是缺乏金融科技人才认证的第三方专业机构，职业培训机构普遍采取"考培一体"的运营模式，由于培训与考试认证过程的高度耦合，使得培训成果在行业内公信力不足，采信力度较弱。三是金融科技人才认证采信机制尚未健全。虽然部分地区在人才引进的激励机制上对现行金融科技人才培养结果进行政策倾斜与采信，但围绕"金融管理部门—认证机构—用人部门—持证人员"的闭环采信机制有待完善。四是持证人"一证通用"通道尚未打通。现阶段，部分区域先行先试进行金融科技人才能力评价并颁发金融科技师证书，但尚未实现各机构间、区域间的认证证书与人才资质互认，人才孤岛问题较为突出。

四　金融科技人才高质量发展思路及建议

推动金融科技人才培养步入正轨并实现持续稳步发展，对于促进人才结构升级、有效应对日益增长的市场数字化需求而言，具有重要的战略意义。鉴于金融科技人才发展领域当前的现状及面临的问题，为促进金融科技人才的高质量发展，本文提出以下四点建议。

（一）建立金融科技人才认证体系，促进人才跨区域流动

金融科技人才队伍高质量发展的关键在于建立科学规范、公开公平、同标同质的人才评价体系。在金融科技人才评价标准方面，建立围绕伦理道德、知识、技能、业绩和贡献等多维评价指标，制定行业金融科技人才能力规范和评价体系；在金融科技人才认证方面，建议充分结合行业金融科技人才岗位设置、职责分工，制定分类分级的金融科技人才认证制度，形成金融科技人才评价行业基准；在金融科技人才继续教育方面，建议推行以金融科技人才持证人继续教育为主的全周期的金融科技人才培养体系，面向持证人

进行知识技能体系更新，广泛接触行业前沿，持续满足金融科技产业发展需求，为金融科技产业发展注入不竭动力。

（二）制定金融科技人才激励政策，完善人才采信机制

为了进一步提升金融科技行业创新动能并有效缓解地域性人才分布不均现状，建议各级政府和相关管理部门积极制定并完善前瞻性的金融科技人才激励机制。地方政府和金融机构可结合金融科技人才认证结果推出更具竞争力的人才引进政策，如提供住房补贴、税收优惠、岗位对接及快速职业晋升通道等，吸引更多国内外优秀金融科技人才，有效缓解人才区域不平衡问题。此外，建议各地方政府依据人才的不同级别与资质，实施差异化的奖励机制，激励人才的成长和发展。旨在进一步完善金融科技人才梯队建设，为行业培养更多高素质、专业化的金融科技人才，促进人才的持续成长与行业的良性循环。

（三）强化学校与职业教育衔接，搭建成长快车道

高等教育与职业教育作为金融科技人才培育的双引擎，其紧密衔接并构建兼顾理论基础和专业实践的培养方案，是夯实金融科技人才专业能力的重要途径。一方面，建议高等教育机构积极调整优化金融科技相关专业设置，紧贴市场需求优化人才培养方案，创新教学组织方式，加强国际交流合作与行业联合培养，输出符合金融行业实际需求的复合型、高素质人才。另一方面，建议职业教育体系需在此基础上进一步发力，培训机构需依据能力评价准则和教材体系，针对金融科技细分领域深化实践技能的培养，助力金融科技人才资质认证，提升金融科技人才供给质量与可持续发展水平。通过高等教育与职业教育双支柱的有效衔接，为金融科技人才搭建成长的快车道，实现人才培育的系统性和连贯性。

（四）构建政产学研合作培养模式，激发人才创新活力

政府、高校、研究机构和企业应加强合作，共同开展科研项目、案例研

究和技术创新，为金融科技人才提供实战平台，激发其创新潜能，促进知识向生产力转化。一方面，建议集合各方优势，在高校建立金融科技实验室、建立案例库、构建产教融合培养新模式。另一方面，建议政产学研联合构建一个协同创新的生态系统，其中政府提供政策引导与支持，高校贡献理论基础与教学资源，研究机构深入探索技术前沿，企业对接市场需求与应用场景，共同促进金融科技人才的全面发展，为金融强国建设不断注入金融科技人才新动能。

Abstract

The China Financial Technology Development Report (2024), as a cutting-edge and practical professional report of the financial technology leader, takes the Financial Technology Development Plan (2022−2025) of the People's Bank of China as the guideline, comprehensively reviews and summarizes China's financial technology development in 2023, analyzes the opportunities and challenges faced by the application of new technologies in the financial field, looks forward to the future development trend of the whole industry through practical application cases, and puts forward targeted opinions and suggestions.

This book mainly consists of six parts, including the general report, digital technology application, data element empowerment, digital financial services, digital infrastructure, and financial technology governance. The first part of the overall report reviews the overall development of financial technology in China, and provides an overview of the progress of work such as implementing and refining the "five major articles", improving the governance system, unleashing the value of data elements, building new digital infrastructure, applying key core technologies, and accelerating smart upgrading. Suggestions for the development of financial technology are proposed from exploring ways to improve quality and efficiency, and unleashing the multiplier effect of data elements. The second part of the digital technology application section covers the current application status of new technologies such as distributed databases, blockchain, artificial intelligence, cloud computing, and quantum in typical scenarios of financial institutions. It elaborates on the application of new technologies in the financial field and the main problems and challenges facing the financial application of new technologies. Proposed corresponding measures and solutions, and explored the development direction of related technologies in financial applications. The third part of the data element empowerment article focuses on the relevant requirements for fully unleashing the potential of data elements, systematically analyzing the policy requirements and application status of financial data element governance and security protection in recent years, elaborating on the practice of data element sharing and integration applications, as well as the problems and challenges faced, proposing solutions, and providing industry reference and guidance. The fourth part of the Digital Financial Services section mainly includes topics such as the integrated operation platform of finance, intelligent reengineering of service processes, construction of diversified financing channels, and construction of a digital green service system. It analyzes the practical situation of financial technology empowering financial services to improve quality and efficiency. The fifth part of the Digital Infrastructure section focuses on the requirements for building a new type of digital infrastructure. Based on a detailed review of the development requirements for financial networks and computing power systems, a systematic analysis is conducted on the situation of green and highly available data centers, financial network setup, and computing power system layout. Representative practical cases are selected, and the upgrading ideas and methods for infrastructure in the process of digital transformation are summarized. The sixth part of the Financial Technology Governance section focuses on strengthening the prudent supervision of financial technology, introduces the current situation of financial technology governance, elaborates on the ethical governance of technology in the financial field, analyzes the ethical risks and response measures in the development process of financial technology, summarizes the continuous improvement of laws, regulations, and standard construction in the financial technology field, comprehensively sorts out the practice of cultivating digital talents in financial technology, and lays the foundation for the sustainable development of financial technology.

Keywords: FinTech; Data Elements; Artificial Intelligence

Contents

I   General Report

Abstract: Since the release of the "Financial Technology Development Plan (2022-2025)", financial technology has profoundly understood that finance is the lifeblood of the national economy and an important component of the country's core competitiveness. It has earnestly and meticulously accomplished the "five major tasks" and made remarkable progress in improving the governance system, releasing the value of data elements, building new digital infrastructure, applying key core technologies, unleashing new momentum for digital operations, and accelerating intelligent upgrading. In the future, financial technology will continue to support the completion of the "five major tasks", helping to improve the quality and level of financial services for the real economy; actively explore the development mechanism of digital inclusive finance, strengthen the layout of digital infrastructure construction, improve the barrier-free financial service system, and further promote the digital transformation of small and medium-sized banks; fully release the multiplier effect of data elements, strengthen comprehensive data governance, promote standardized data sharing, deepen data integration and application, and effectively protect data; continuously accumulate the momentum for the development of financial technology, provide strong factor guarantees for the development of financial technology, actively cultivate new-quality productive forces in financial technology, and create a favorable atmosphere for technological development. The development of financial technology should seize opportunities, increase innovation efforts, promote in-depth integration of the industry, academia and research, meet the financial service needs of the people, and contribute to the building of a strong financial country.

Keywords: Fintech Techndogy; Data Elements; Data Fusion

Ⅱ Application of Digital Technology

B.2 The Development and Application Practice of Database in Financial Industry

Industrial and Commercial Bank of China,

Beijing FinTech Industry Alliance / 019

Abstract: Database is one of the important basic software. It effectively supports the digital transformation of the financial industry, solves the difficulties faced by the trend of scenario-based, ecological, and Internet-based services, and improves the quality and efficiency of financial services. This report begins with an analysis of the application of databases in the financial industry in 2023, highlighting the challenges faced by the development of databases in the financial industry, including database selection, transformation, migration, and maintenance. It also provides countermeasures and solutions. Additionally, through the case of the transformation of traditional databases in the Industrial and Commercial Bank of China, it introduces the practice and experience in the research and development, application, and ecosystem of large-scale database technology, providing reference for the in-depth development of databases within the industry.

Keywords: Financial Service; Cloud Database; Distributed Database

B.3　The Development and Application Practice of Block Chain in Financial Industry

China Construction Bank Corporation,

Shenzhen Qianhai WeBank Co., *Ltd.*

and Huatai Securities Co., *Ltd.* / 032

Abstract: After experiencing rapid incremental development, the blockchain technology industry is gradually moving towards a stage of high-quality development, and the financial industry is more focused on expanding the breadth and depth of application scenarios. On the one hand, through industrial practice, standard specifications and other forms, we continuously explore ways to break the shackles of inter chain island effects on industry development. On the other hand, through technologies such as privacy computing and distributed digital identity, we continuously explore the value connotation of data elements, enhance the ability to ensure user privacy and security, and assist in financial services for the real economy. To further enhance the empowerment of blockchain for high-quality financial development, it is necessary to effectively address challenges such as incomplete governance of alliance chains, insufficient commercialization capabilities of blockchain, and weak the promotion to customer. In the coming period, the financial industry will continue to improve and strengthen the construction of blockchain infrastructure. On the basis of ensuring user privacy and data security, it will break down blockchain the data island and help the financial blockchain interconnection and interoperability.

Keywords: Financial Industry; Blockchain Technology; Data Elements

B.4 The Development and Application Practice of Artificial
Intelligence Technology in the Financial Field

Industrial and Commercial Bank of China, *Ant Group Co.*, *Ltd.*,

Shenzhen Tencent Computer Systems Company Limited

and Sinodata Co., *Ltd.* / 042

Abstract: The application of artificial intelligence technology has always been the core field of the digital transformation and intelligent upgrading of financial institutions. Generative AI represented by large language models will further promote the intelligent reengineering of financial services and realize the scale efficiency of financial business enabled by AI services. The application of large language models promotes artificial intelligence technology to a new stage which pays more attention to intelligence and adaptability instead of model training only. And it directly accelerates the intensive engineering landing paradigm of AI application scenarios in the financial industry. This section introduces the latest development of AI technology, represented by LLM, and introduces the significance and development trend of artificial intelligence technology for efficiency improvement, model reengineering, experience optimization, intelligent risk control and other aspects in the financial field from the perspectives of industry, business, service and supervision. At the same time, it introduces typical demonstration cases of artificial intelligence technology landing or exploration in financial business, and introduces the opportunities and challenges therein.

Keywords: Large Language Model; AI; Digitization

B.5   The Development and Application Practice of Cloud Computing Technology in the Financial Field

Agricultural Bank of China Co. , Ltd. ,

Huatai Securities Co. , Ltd. and Huawei Technologies Co. , Ltd. / 057

Abstract: The CPC's 20th report points out that China-style modernization is the modernization of common prosperity for all the people, and common prosperity is the essential requirement of Chinese-style modernization. The financial industry should accurately grasp the connotation of the report, identify the right direction of scientific and technological innovation, steadily promote common prosperity in practice, and accelerate the transformation of scientific and technological achievements into real productive forces. In the process of implementing the requirements of high-level technological self-reliance and self-improvement, financial institutions face up to difficulties, focus on key points, and promote cloud computing innovation in the infrastructure transformation and application of distributed transformation. In this chapter, the development situation of cloud computing technology is summarized from three aspects of policy guidance, financial industry practice and technology innovation and development; secondly, the application of cloud computing technology in financial cloud challenges and opportunities; Thirdly, the best application practices and cases of banking and securities. Finally, the problems and solutions of cloud computing in the financial industry are summarized from the application process of financial technology, and the future technology development trend is discussed.

Keywords: Cloud Computing; Cloud Native; Business Continuity

B.6 The Exploration and Application of Quantum Technology in the Financial Field

Agricultural Bank of China Co. , Ltd. ,

China UnionPay Co. , Ltd. ∕ 070

Abstract: In recent years, the manufacturing costs and process complexity of chips on the supply side have significantly deviated from the original connotations of Moore's Law. However, on the demand side, AIGC technology has set higher requirements for the computing power of chips. Quantum information technology is expected to become a breakthrough in solving the current supply-demand contradiction. The continuous increase in investment in the field of quantum information technology by countries around the world also confirms this view. This paper focuses on the application of quantum technology in the financial industry and attaches great importance to the potential risks brought by this new technology. It takes the development of quantum-resistant cryptography, quantum communication, and quantum computing, as well as their application in the financial industry, as the focus. It introduces the application of related technologies in the financial industry and predicts the future development trends of related technologies. The research shows that quantum information technology is still in the stage of technological research, and the large-scale application of the financial industry is still a long way to go. However, the construction of the financial industry's cryptographic system has entered an important period of generational leap. Studying quantum-resistant cryptography in advance and formulating risk response plans for quantum computing will become a key focus that the financial industry must pay attention to at present.

Keywords: Quantum-resistant Cryptography; Quantum Communication; Quantum Computing; Quantum Information Technology

Abstract: This chapter mainly includes the development process of information technology application innovation in the financial industry, from highly relying on specific key technologies to comprehensively carrying out key core technology innovation research, and the independent controllability of financial infrastructure has been significantly improved. It reviews the technological route transformation of information technology application innovation in the financial industry, from centralized architecture to distributed architecture transformation, from single specific technology to diversified development, and from infrastructure to cloud computing transformation. The key core technology application research plan in the financial industry emphasizes distributed architecture transformation and application innovation substitution, focusing on top-level design and systematic promotion. It analyzes the current challenges faced and shares the practical cases of China Construction Bank in the construction of distributed banking core systems and software supply chain governance.

Keywords: Distributed Architecture; Cloud Computing; Supply Chain Governance

III   Digital Elements Empowerment

Abstract: Data is one of the key production factors in the era of digital economy, and the value of data can only be better utilized with the circulation of data. Under the background of the strong advocacy of "promoting the compliant and efficient circulation and use of data" in China, data sharing has become an important part of enterprises to accelerate the pace of digital transformation, effectively promoting the release and multiplication of data value. For financial data, due to its high value, financial data sharing plays an important role in reducing transaction costs, promoting service innovation and optimizing resource allocation. However, the legal characteristics of data, as well as digital gaps and barriers between firms, have also created some barriers to sharing. This report systematically compiles and analyses the current status of policy, legislation, market and technology related to the sharing of financial data elements in recent years, describes the excellent practices of financial data sharing, analyses the problems enterprises face in the process of data sharing, such as incomplete policies and standards, difficulty in determining the rights and interests of data, unclear identification of responsibilities, prominent contradiction between sharing and security, insufficient business and scenario driving, and security risks caused by data sharing technologies and products. It also puts forward solutions and countermeasures in terms of continuously promoting the construction of a compliance regulatory system, accelerating the construction of a technical standard system for financial data sharing, creating a financial data sharing system, and increasing the research, development and application of new data sharing technologies, so as to realize the safe sharing and effective use of financial data.

Keywords: Financial Data; Data Sharing; Privacy Compute

B.9 The Fusion Application Practice of Financial Data Elements

Hengfeng Bank Co., Ltd, China Telecom Bestpay Co., Ltd.

and Hua Xia Bank Co., Limited / 107

Abstract: In the context of the digital economy, the role of data elements in the development of the financial industry is becoming increasingly important. Deepening the application of data integration and promoting orderly data sharing have become a key trend in the current digital transformation of the financial industry. Driven by policies and technologies, the depth and breadth of financial data integration have further improved, bringing new growth drivers to the financial sector. This advancement has led to multiplier effects in enhancing decision-making efficiency, promoting innovation in financial products and services, optimizing risk management capabilities, and improving customer service levels across various scenarios. At the same time, the application of financial data integration faces challenges in terms of data quality, technology dissemination, and multi-party collaboration. This report details the intrinsic and extrinsic driving forces of financial data elements and integration applications, introduces the practical applications of financial data element integration among different data subjects, analyzes the challenges faced by financial data element integration, including the improvement of data quality and supply, the refinement of legal regulations and regulatory policies, the strengthening of cross-domain and cross-industry collaborative cooperation, the promotion of new technologies and innovation practices, and the security of data integration applications. Additionally, it provides an outlook on the future development prospects of financial data element integration applications.

Keywords: Financial Data Elements; Data Fusion; Data Security

B. 10 The Application Practice in the Governance of Financial Data Elements

Fudan University, University of Science and Technology Beijing

and Bank of China Software Center / 119

Abstract: Currently, the financial industry is entering a critical period of digital transformation, and the governance of financial data elements has become an essential foundation for high-quality financial development. Financial institutions are still exploring ways to strengthen the governance of financial data elements. With the implementation and guidance of a series of national policies, the governance of financial data elements has gradually focused on areas such as secure and compliant application of data, and operation and management of data assets. Against the backdrop of new developments and requirements, the financial industry needs to enhance its comprehensive data element governance capabilities. This report systematically sorts out and analyzes the specific policy focus directions of national regulatory authorities on the governance and application of financial data elements in the past year, identifies the key areas that need attention in the process of financial data element governance, summarizes and analyzes the current status of financial data element governance practices, and provides references and construction ideas for financial data element governance with practical cases.

Keywords: Data Elements; Data Governance; Data Application

B.11 The Application Practice of Financial Data Security Protection

Beijing Unionpay Card Technology Co. , Ltd. , Postal Savings Bank of China and Shenzhen Tencent Computer Systems Co. , Ltd. / 132

Abstract: As the acceleration of digital transformation in the financial sector continues, the value of data is increasingly prominent, and data has become one of the most valued core assets for financial institutions. The deep integration and application of financial data with emerging technologies have had a significant impact on the business models, product services, and technological innovation of the financial industry, continuously empowering financial services to improve quality and efficiency. Financial data security serves as the foundational safeguard for the development of digital finance, and the protection of data security has become an important issue for financial institutions. Due to changes in the regulatory landscape, the utilization of data elements, and the application of innovative technologies, financial institutions are facing data security risks and challenges from multiple fronts. This article introduces the latest progress and current practices in financial data security protection, analyzes the main issues and challenges faced by the financial industry in protecting data security, including the multifaceted compliance challenges brought about by the new regulatory landscape, the challenge of balancing data element innovation and application with security protection, and the challenges of unknown risks embedded in the process of applying new technologies. Against this backdrop, it outlines strategies and systems for data security protection, key technologies, and other protective approaches. It also elaborates on the management of financial institutions´ data asset security and the construction of a security defense system, along with relevant cases of intelligent data security protection, providing a reference for financial institutions to carry out data security protection work.

Keywords: Financial Industry; Data Security; Data Application

Ⅳ   Digital Financial Services

B.12   The Practice of Integrated Operation Middle Platform in Securities Institutions

Huatai Securities Co. , Ltd. / 145

Abstract: The integrated operation platform serves as a highly cohesive and collaborative platform system developed by financial institutions and enterprises. This report utilizes the intelligent marketing platform, post‑transaction operation platform, and customer onboarding platform as case studies to illustrate practical examples of establishing business platforms, data&AI platforms, and technology platforms within securities institutions. It emphasizes the transformation of organizational structures and business processes. By integrating key business scenarios, this report examines how financial institutions can enhance their core business capabilities, data assets, and technological competencies in a platform‑based, digitalized, and intelligent manner. Furthermore, it proposes a pragmatic approach for the effective integration and unified management of resources, data, and technology.

Keywords: Integrated Operation Middle Platform; Business Platform; Technology Platform; Data & AI Platform

B.13　The Practical Implementation of Intelligent Reengineering in Financial Service Processes

Postal Savings Bank of China / 158

Abstract: Amidst the concurrent forces of policy directives, rapid technological advancements, and the ongoing evolution of user demands, the smart upgrading of financial service processes has become a pivotal force driving industry innovation. Financial institutions are optimizing service processes with unprecedented vigor, deeply integrating online and offline resources, meticulously refining service nuances to elevate both the accessibility and quality of financial services, thereby contributing new momentum to the high-level growth of the economy. This report delves into the macro backdrop, current implementation strategies, and forecasts future trends of the financial sector's transition toward intelligence. Through a series of vivid practical cases, it showcases the efficient pathways of smart process reforms and their notable achievements, furnishing industry peers with a highly valuable set of reference examples.

Keywords: Financial Services; Intelligent Service Processes; Intelligent Reconstruction

B.14　The Construction Practice of Diversified Financial Services Integration Channels

China United Network Communications Group Co. , Ltd,

Shanghai Pudong Development Bank Credit Card Center / 172

Abstract: This paper explores the critical role of channel construction in banking operations and digital transformation. First, it analyzes the significant importance of channel construction for customer service, relationship maintenance, and value creation, highlighting that channel digitization is a core approach to improving service efficiency and enhancing customer experience. Next, it presents the current state of multi-channel construction, emphasizing that omni-channel coordinated operations have become a trend, and showcases innovative practices in this field through real cases. The paper also discusses the challenges faced in channel digitization, such as technological complexity, data security, and organizational adjustments, and proposes corresponding strategic recommendations.

Keywords: Banking Channels; Digitization; Customer Services

B. 15 The Development Innovation of Digital Green Finance and Practice

Industrial Bank Co. , Ltd. , China ZheShang Bank Co. , Ltd. / 184

Abstract: With the escalating severity of global climate change and environmental challenges, green finance is increasingly being recognized as a pivotal domain within the financial sector. The convergence of digital technology and green finance, termed as digital green finance, leverages digital tools to facilitate the sustainable development of the environment, society, and the economy. Notable for its efficiency, inclusiveness, and sustainability, this integration has emerged as a novel paradigm for the financial industry to enhance green financial services. The objective of this report is to provide a thorough analysis of the concept and current status of digital green finance, to explore the development strategies for the financial industry in the growth of green finance, to investigate and dissect the cutting-edge practical innovations in digital green finance within the sector, and to offer a forward-looking perspective on the future trajectory of digital green financial services, accompanied by pertinent recommendations to foster the sustainable and high-quality advancement of green finance in our nation.

Keywords: Digital Finance; Green Finance; FinTech

V Digital Infrastructure

B.16 The Construction Practice of Green and Highly Available Data Centers in the Financial Industry

Industrial and Commercial Bank of China,

New H3C Technologies Co., *Ltd.*

and Ieit Systems Co., *Ltd.* / 196

Abstract: As the core hub of financial institutions, the data center is responsible for carrying financial business operations and providing data storage, processing and management. Under the guidance of the national "dual carbon" strategy and the five major articles of the Central Financial Work Conference, the data center of the financial industry continues to develop in the direction of green, efficient and high availability, and has carried out practices in geographical layout, energy efficiency management, intelligent operation and maintenance, etc., and continuously consolidates the "digital foundation" of financial innovation and development with practical actions. This report reviews the construction process of green and high-availability data centers in the domestic financial industry in recent years, and summarizes six aspects: background policy, planning and design, construction and transformation, operation and maintenance management, application innovation, and practical exploration, in order to show the achievements of the financial industry in improving the scientific and technological content and adhering to the path of green and sustainable development.

Keywords: Green Data Center; High Availability; Finincial Industry

B.17   The Practice of Security Ubiquitous Financial Network

Agricultural Bank of China Co. , Ltd. , China Construction Bank

Corporation and Huawei Technologies Co. , Ltd. / 209

Abstract: With the further development of financial digital transformation, the process of cloud migration in the financial industry continues to accelerate. The "FinTech Development Plan (2022 – 2025)" proposes the task of "improving the robustness and service capabilities of financial networks and building a communication highway for financial digital transformation." Driven by the development and innovation of "IPv6 +" technology, the financial cloud-network has become a path that connects computing resources and between computing resources and computing power needs. Based on the analysis of the technical architecture, application scenarios and technical implementation of financial cloud-networks, this report focuses on hot topics such as IPv6 large-scale deployment, cloud-network boundary synergy, research and development of product and solution, then selects representative innovative practice cases to discuss. This paper provides reference for the development and construction of secure ubiquitous financial networks.

Keywords: Financial Cloud-network; IPv6; "IPv6 +"; Cloud-Network Synergy

B.18   The Practice of Advanced and Efficient Computing

Power System

Ieit Systems Co. , Ltd. , New H3C Technologies Co. , Ltd. ,

China United Network Communications Limited

and Sinodata Co. , Ltd. / 222

Abstract: Computing power is a key productivity in the digital economy era that integrates information computing power, network transportation power, and data storage power. It plays an important role in promoting digital and intelligent transformation in various fields. Currently, computing power has become the core force driving the development of a country's digital economy and GDP. Data shows that for every 1 point increase in a country's computing power index, the country's digital economy and GDP will grow by 3. 6 ‰ and 1. 7 ‰ respectively. Computing power has a significant driving effect on the economy.

The report of the 20th National Congress of the Communist Party of China pointes out the needs of accelerating the construction of new infrastructure and promoting the integration and development of the digital economy and the real economy. The 2024 government work report proposes to vigorously promote the construction of a modern industrial system and accelerate the development of new quality productive forces, emphasizing the moderate advancement of digital infrastructure construction and the acceleration of the formation of a national integrated computing power system. With computing power becoming an important driving force for high-quality economic and social development, computing infrastructure, as the main carrier of computing power, is an important resource to support the development of the digital economy, and plays an important role in achieving digital transformation and cultivating future industries. This chapter analyzes the development status of computing power systems such as cloud computing, AI computing, edge computing, green computing, and quantum computing, and focuses on the application scenarios and practical effects of each computing power system in the financial industry. This chapter also provides a detailed analysis of the problems and challenges currently faced by the financial industry around each computing power system, and proposes development suggestions for building an advanced and efficient computing power system.

Keywords: Cloud Computing; AI Computing; Edge Computing; Green Computing; Quantum Computing

VI Governance of FinTech

Abstract: In recent years, with the rapid development of financial technology, the financial regulatory authorities have resolutely implemented the decisions and deployments of the Central Committee of the Communist Party of China and the State Council, deeply implemented the national innovation-driven development strategy, actively improved the policy framework for financial technology governance, continuously optimized regulatory mechanisms, enriched regulatory tools, and achieved excellent results in the field of financial technology governance. This article deeply elaborates on the current situation of the financial technology governance system in the regulatory, risk control and other important fields, analyzes the existing problems and challenges from the aspects of financial technology governance, financial risk management, regulatory technology application, financial technology industry, etc., and proposes the future development direction and policy suggestions from the perspectives of regulatory technology innovation, regulatory ecosystem construction, and regulatory legal system.

Keywords: FinTech; Financial Risk; Regulatory Laws and Regulations

Abstract: With the accelerated development of financial technology represented by mobile internet, big data, artificial intelligence, etc., bringing financial services and products that transcend time and space, have smooth channels, deep perception, and are cost-effective to financial consumers. However, under the influence of many restrictive factors such as information asymmetry, bounded rationality, and weak quality of rights protection, the accompanying issues of privacy leakage, digital divide, big data murder, algorithm discrimination, and other ethical violations in technology have become increasingly serious, resulting in the inability of the general public to fairly and justly benefit from the development dividends brought by extensive financial technology. This has attracted widespread attention from national regulatory authorities, financial institutions, researchers, financial technology practitioners, and the general public. The overall construction of China's technology ethics (including fintech ethics) governance system started relatively late. In recent years, the country has continuously strengthened supervision and guidance, promoted the construction of technology ethics, especially the governance system of financial technology ethics. Focusing on ethical values such as upholding integrity and innovation, data security, inclusiveness and inclusiveness, openness and transparency, and fair competition, the country has vigorously improved and perfected the legal system of financial technology ethics, comprehensively standardized and enhanced the ethical bottom line of financial technology innovation and application behavior of financial institutions, advocated for financial institutions, financial technology enterprises, industry practitioners and other relevant entities to actively follow ethical standards and behavior that comply with financial market norms, and made significant progress. Data security and personal information protection have become the bottom line and red line for innovative applications of financial technology. Strengthening risk prevention and control, adhering to fairness and justice, and eliminating the digital divide have deeply penetrated people's hearts and become clear social responsibilities that financial institutions must fulfill. Deepening inclusive finance, practicing green and low-carbon practices, and promoting common prosperity have also become important goals of digital transformation for financial institutions. The ethical governance of financial technology in China has entered an orderly stage.

Keywords: Ethical Construction in FinTech; Financial Regulation; Financial Services

B.21　The Construction of FinTech Regulatory System and Standard System

National Fintech Certification Center （Chongqing）, Beijing UnionPay CardTechnology Co. , Ltd. , Beijing Trusfort Technology Co. , Ltd. and Chongqing University / 265

Abstract: In 2023, the fintech laws, regulations and standard system is continuously updated and improved, in terms of laws and regulations, relevant requirements in the fields of data security, network security, cross-border flow of data, data elements, commercial passwords, payment and settlement, have been strengthened, providing an important institutional environment for the innovation and development of financial technology. In terms of standard construction, standards in key areas such as financial data security, network security, financial information infrastructure, and financial risk prevention and control have been released one after another. In terms of the implementation and application of standards, the People's Bank of China is taking multiple measures to increase the implementation and promotion of financial standards.

Keywords: Financial Standards; Financial Technology; Data Security

B.22　The Exploration of High-Quality Development Path of FinTech Personnel

National Financial Technology Certification Center / 278

Abstract: In the context of today's fast-changing financial technology, in order to further implement the "five big articles", strengthen the development of new quality productivity enabled by financial technology, and increase the training of financial science and technology composite talents is crucial. The national level attaches great importance to the development of financial technology talents, and top-level planning helps the construction of financial technology talents. The industry and local governments have responded positively, formulated differentiated policies in light of the actual situation, provided institutional guarantees for the training and introduction of fintech talents, and accelerated the construction of fintech talents. However, from the supply side, the shortage of fintech talents is still more prominent, and higher education and vocational education need to further optimize the interdisciplinary and composite talent training system. From the demand side, although the proportion of scientific and technological personnel in financial institutions has increased, the in-depth promotion of digital transformation is still aggravating the contradiction between supply and demand of financial technology talents. At present, the development of fintech talents faces multiple challenges, such as uneven regional development, insufficient cross-disciplinary understanding, uneven quality of vocational training and imperfect talent certification system. In response to the above problems, this paper puts forward four suggestions: Firstly, establish a fintech talent certification system to facilitate the cross-regional mobility of professionals; secondly, formulate incentive policies for financial technology experts and enhance the talent credit framework; thirdly, reinforce collaboration between academic institutions and vocational education providers to create a fast-track growth pathway; and fourthly, implement a collaborative training model involving government, industry, academia, and research institutions to invigorate talent innovation. These suggestions are intended to vigorously promote the establishment and improvement of the fintech talent system, provide solid talent support for the digital transformation of the financial industry, and help the high-quality development of the financial industry to be stable and long-term.

Keywords: FinTech; Talent Development; Training Path; Certification System

社会科学文献出版社

皮书

智库成果出版与传播平台

❖ 皮书定义 ❖

皮书是对中国与世界发展状况和热点问题进行年度监测，以专业的角度、专家的视野和实证研究方法，针对某一领域或区域现状与发展态势展开分析和预测，具备前沿性、原创性、实证性、连续性、时效性等特点的公开出版物，由一系列权威研究报告组成。

❖ 皮书作者 ❖

皮书系列报告作者以国内外一流研究机构、知名高校等重点智库的研究人员为主，多为相关领域一流专家学者，他们的观点代表了当下学界对中国与世界的现实和未来最高水平的解读与分析。

❖ 皮书荣誉 ❖

皮书作为中国社会科学院基础理论研究与应用对策研究融合发展的代表性成果，不仅是哲学社会科学工作者服务中国特色社会主义现代化建设的重要成果，更是助力中国特色新型智库建设、构建中国特色哲学社会科学"三大体系"的重要平台。皮书系列先后被列入"十二五""十三五""十四五"时期国家重点出版物出版专项规划项目；自2013年起，重点皮书被列入中国社会科学院国家哲学社会科学创新工程项目。

皮书网

（网址：www.pishu.cn）

发布皮书研创资讯，传播皮书精彩内容
引领皮书出版潮流，打造皮书服务平台

栏目设置

◆ **关于皮书**
何谓皮书、皮书分类、皮书大事记、
皮书荣誉、皮书出版第一人、皮书编辑部

◆ **最新资讯**
通知公告、新闻动态、媒体聚焦、
网站专题、视频直播、下载专区

◆ **皮书研创**
皮书规范、皮书出版、
皮书研究、研创团队

◆ **皮书评奖评价**
指标体系、皮书评价、皮书评奖

所获荣誉

◆ 2008 年、2011 年、2014 年，皮书网均
在全国新闻出版业网站荣誉评选中获得
"最具商业价值网站"称号；
◆ 2012 年，获得"出版业网站百强"称号。

网库合一

2014 年，皮书网与皮书数据库端口合
一，实现资源共享，搭建智库成果融合创
新平台。

皮书网

"皮书说"
微信公众号

权威报告·连续出版·独家资源

皮书数据库
ANNUAL REPORT(YEARBOOK)
DATABASE

分析解读当下中国发展变迁的高端智库平台

所获荣誉

- 2022年，入选技术赋能"新闻+"推荐案例
- 2020年，入选全国新闻出版深度融合发展创新案例
- 2019年，入选国家新闻出版署数字出版精品遴选推荐计划
- 2016年，入选"十三五"国家重点电子出版物出版规划骨干工程
- 2013年，荣获"中国出版政府奖·网络出版物奖"提名奖

皮书数据库　　"社科数托邦"
微信公众号

成为用户

登录网址www.pishu.com.cn访问皮书数据库网站或下载皮书数据库APP，通过手机号码验证或邮箱验证即可成为皮书数据库用户。

用户福利

- 已注册用户购书后可免费获赠100元皮书数据库充值卡。刮开充值卡涂层获取充值密码，登录并进入"会员中心"—"在线充值"—"充值卡充值"，充值成功即可购买和查看数据库内容。
- 用户福利最终解释权归社会科学文献出版社所有。

数据库服务热线：010-59367265
数据库服务QQ：2475522410
数据库服务邮箱：database@ssap.cn
图书销售热线：010-59367070/7028
图书服务QQ：1265056568
图书服务邮箱：duzhe@ssap.cn

社会科学文献出版社 皮书系列
SOCIAL SCIENCES ACADEMIC PRESS (CHINA)
卡号：452651788413
密码：

S 基本子库
SUB DATABASE

中国社会发展数据库（下设 12 个专题子库）

紧扣人口、政治、外交、法律、教育、医疗卫生、资源环境等 12 个社会发展领域的前沿和热点，全面整合专业著作、智库报告、学术资讯、调研数据等类型资源，帮助用户追踪中国社会发展动态、研究社会发展战略与政策、了解社会热点问题、分析社会发展趋势。

中国经济发展数据库（下设 12 专题子库）

内容涵盖宏观经济、产业经济、工业经济、农业经济、财政金融、房地产经济、城市经济、商业贸易等 12 个重点经济领域，为把握经济运行态势、洞察经济发展规律、研判经济发展趋势、进行经济调控决策提供参考和依据。

中国行业发展数据库（下设 17 个专题子库）

以中国国民经济行业分类为依据，覆盖金融业、旅游业、交通运输业、能源矿产业、制造业等 100 多个行业，跟踪分析国民经济相关行业市场运行状况和政策导向，汇集行业发展前沿资讯，为投资、从业及各种经济决策提供理论支撑和实践指导。

中国区域发展数据库（下设 4 个专题子库）

对中国特定区域内的经济、社会、文化等领域现状与发展情况进行深度分析和预测，涉及省级行政区、城市群、城市、农村等不同维度，研究层级至县及县以下行政区，为学者研究地方经济社会宏观态势、经验模式、发展案例提供支撑，为地方政府决策提供参考。

中国文化传媒数据库（下设 18 个专题子库）

内容覆盖文化产业、新闻传播、电影娱乐、文学艺术、群众文化、图书情报等 18 个重点研究领域，聚焦文化传媒领域发展前沿、热点话题、行业实践，服务用户的教学科研、文化投资、企业规划等需要。

世界经济与国际关系数据库（下设 6 个专题子库）

整合世界经济、国际政治、世界文化与科技、全球性问题、国际组织与国际法、区域研究 6 大领域研究成果，对世界经济形势、国际形势进行连续性深度分析，对年度热点问题进行专题解读，为研判全球发展趋势提供事实和数据支持。

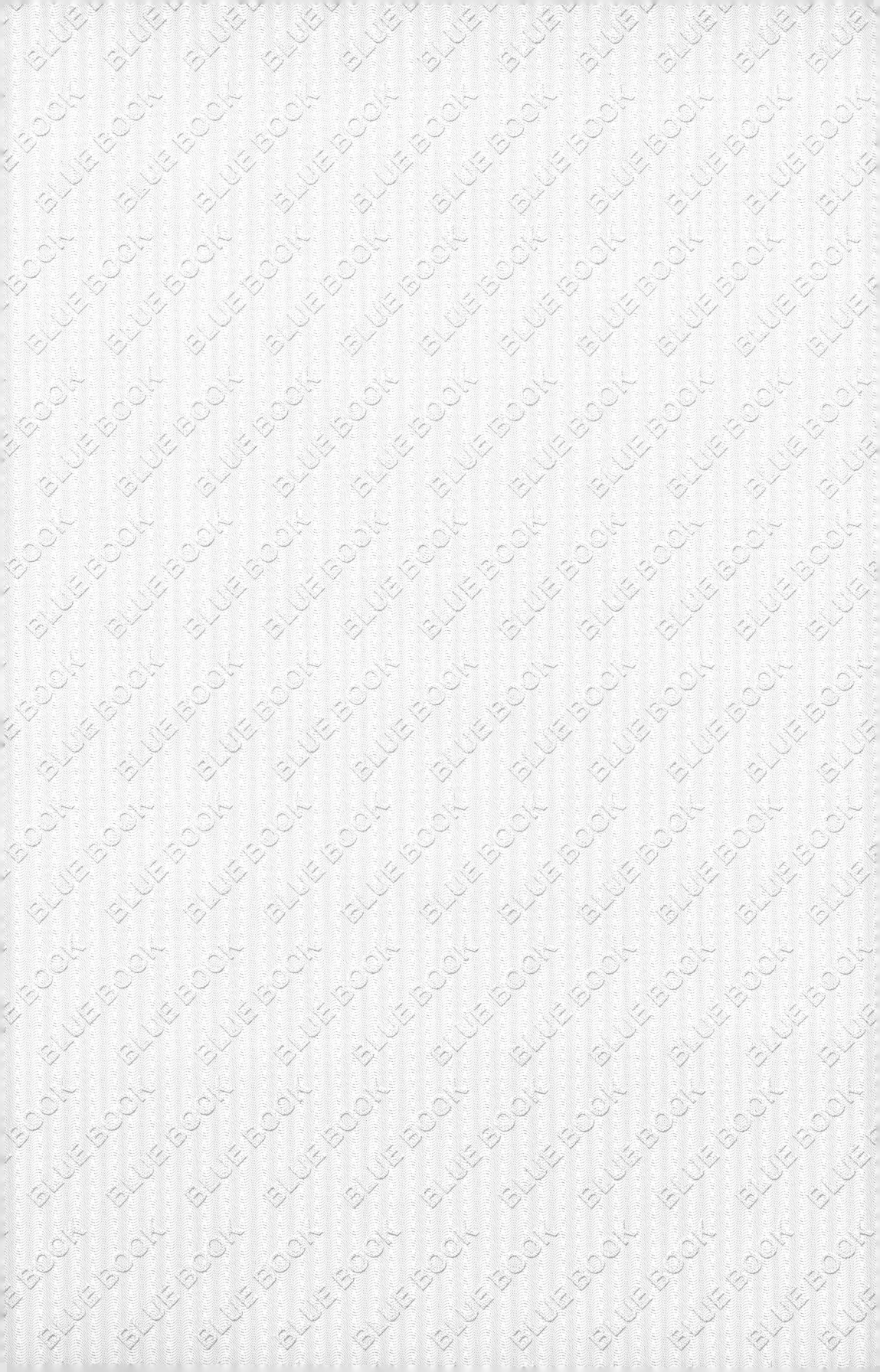